旧城少年·小憩 | 左马

DUKU

读库

2203

主编　张立宪

新 星 出 版 社　NEW STAR PRESS

DUKU 读库	特约编辑	杨 雪
	装帧设计	艾 莉
	图片编辑	黎 亮
	助理美编	崔 玥

特约审校：马国兴 | 潘艳 | 黄英 | 吴晨光 | 李英子 | 刘亚

目录

1 NFT ……………… 汪诘
或许NFT并不是让数据价值变现的唯一解决方案,但至少是目前最有希望的一个解决方案。

58 NFT精神史 ……………… 史中
罐头、青蛙和平凡人的十五分钟英雄梦想。

96 钢琴传奇 ……………… 刘诗昆 口述 | 王天兵 撰写
一位钢琴家的青春成长和命运轨迹。

192 广东打工记 ……………… 田维堂
如果再过三天找不到工作,我们大概就只能在垃圾桶里找吃的了。

239 老农之死 ……………… 张家渝
在2022年的中国自杀率调查中,他可能都变不成一个数据。

263 给郑渊洁写信的孩子 ……………… 冯翔
这本影响一代人的杂志停刊了,围绕它的争论恐怕还会持续很久。

290 人烟稠密处的惊悚 ……………… 沉舟
《后窗》和《怪房客》,这两部电影都把镜头对准了"都市型惊悚"。

324 我心安处 ……………… 傅谨
这些义仆与其说是尽仆人的本分,还不如说是尽"人"的本分。

NFT

汪 诘

或许NFT并不是让数据价值变现的唯一解决方案,但至少是目前最有希望的一个解决方案。

2021年3月11日,佳士得的一场拍卖会,让一个稀奇古怪的名词突然走进普通大众的视线,它叫作NFT(non-fungible token),中文一般翻译为"非同质化代币""不可替代令牌"。

这次拍卖会的拍品是一幅名叫《每天:最初的5000天》(*EVERYDAYS: THE FIRST 5000 DAYS*)的数字绘画作品,作者真名叫迈克尔·约瑟夫·温克尔曼(Michael Joseph Winkelmann),笔名毕普尔(Beeple),是一位在美国很出名的数字艺术家,通俗地讲就是一位用计算机画画的艺术家。毕普尔从2007年5月1日开始,每天都在用计算机绘画,坚持了5000天(约十三年半)。然后,他把这期间绘制的所有作品拼在一起,做成了一张超级巨大的图片(21069×21069)。

数字绘画作品《每天:最初的 5000 天》的 NFT 拍出了 6935 万美元。

《每天:最初的 5000 天》局部。

不过，佳士得拍卖行这次拍卖的，既不是这张图片的电子文件，也不是用这张图片打印出来的照片，甚至也不是这张图片的著作权，而是这张图片的NFT。最终，一位化名为梅塔科万（MetaKovan）的神秘买家以相当于69,346,250美元的高价购得了这幅画的NFT。他很可能并不是用美元支付的，而是用一种叫以太币（ETH）的加密币（也称虚拟币）支付。如果按照作品成交价排名，毕普尔排在所有在世艺术家的第七名。

这场拍卖会的新闻被各大媒体报道出来后，全世界的人都在异口同声地问：NFT是个什么玩意儿？怎么能值这么多钱？

一周后，那位叫梅塔科万的神秘买家的身份也被媒体挖了出来。这个化名的背后，实际上是两个定居在新加坡的印度裔，他们在一篇透露自己身份的博客文章中表示："（拍下NFT）是为了向印度人和有色人种展示，他们也可以成为赞助人，加密币是西方和'其他国家'之间达成平等的力量，南方国家正在崛起。"其中一位真名叫维格尼什·桑达雷桑（Vignesh Sundaresan），他早在2013年就热衷加密币，曾经在加拿大创立过一个加密币交易所。他的第一桶金来自早期对以太币的投资，这是目前除比特币之外全球市值第二大的加密币种。

不过，也有一些知名人士公开质疑这两人和毕普尔一起串谋了这次拍卖，目的就是营销炒作NFT。尽管很多人说拍卖存在作秀的成分，包括我自己也有些怀疑，但确实又没有找到任何证据表明这是一次表演。不管怎么说，这次拍卖确实成了NFT历史上的一次标志性事件。

实际上，在此之前，已经有好多其他NFT的天价交易纪录，不过这些消息只在小圈子中流传，而佳士得的这次拍卖会，终于让NFT成功破圈，成为继比特币、区块链之后，又一个令无数人不明觉厉的新世纪名词。

那么，NFT到底是什么呢？梅塔科万花6935万美元到底买到的是什么？

我先用一句话回答这个问题：梅塔科万买到的是那张照片独一无二的"数据指纹"。重要的是，这次交易记录理论上不可能被抵赖和篡改，且几乎永远不会灭失。

更进一步说，我个人的浅见是：梅塔科万用6935万美元，本质上是成了"一个永不可被篡改和磨灭的故事"的拥有者，他收藏的是一段人类信息技术发展史上的重要故事，并且，他自己就是这个故事的主角之一。当然，由于NFT是一个新兴事物，对它的价值还没有形成广泛共识，所以这仅代表我个人的见解。

如果想彻底弄清楚NFT这个概念，必须非常有耐心。请准备好，跟我做一次大脑体操。要真正搞明白什么是NFT，我们就不能吝啬时间。

理解NFT，有两个无论如何也绕不过去的前置概念："区块链"（Blockchain）和"加密币钱包"（Crypto

Wallet）。这就好像，如果你回到一百多年前，要向鲁迅先生介绍什么是"扫码支付"，就必须先解释"网络"和"手机"这两个概念而绝不可能绕得开一样。

区块链和加密币钱包

区块链解决什么问题

区块链是2009年由化名中本聪的人（或者组织，到今天依然保持神秘）设计出的一种信息技术解决方案，它划时代地找到了一种让特定的数字信息从理论上无法被复制或篡改的技术，它必将成为人类二十一世纪最重要的发明之一。

我们都知道，自第一台可编程的通用计算机"埃尼亚克"1946年诞生以来，计算机中的任何信息，不过就是各种存储器中存储的一串二进制编码数据，如果转换成画面的话，就像电影《黑客帝国》中所展现的那幅景象一样：再绚丽的画面背后，也不过是一串0和1组成的数字而已。正因为这样，我们很容易将计算机中的信息进行复制和粘贴，并且，粘贴出来的"副本"，跟"原本"相比，从理论上来说没有任何区别。即便可以给每条信息打上时间戳，时间戳信息本身也不过是硬盘中的一串数字，它是可以被篡改的。这些特点似乎是由计算机运行的原理决定的，对绝大多数人而言，它们是天经地义的，就像公理一般的存在。

但如果深想就不难发现,计算机信息的易复制和可篡改的特点,固然有万般好处,但也会带来很多麻烦和无奈。

首当其冲就是盗版问题。盗版之所以成为人类进入信息时代后始终挥之不去的社会和经济问题,其原因除盗版成本极低外,更重要的原因是版权方在维权的时候举证困难,很难用技术方法去判断一个电子文件(比如一篇文章)到底是由谁创建的,所以司法成本很高。此外,还有一些深层次的隐患,看似科幻,实则不然。比如说,现在是一个无现金时代,每个人拥有的财富其实就是各自银行账户上的一个数字。而这个数字记录在为数不多的某几台服务器的硬盘中,一旦被黑客篡改,我们一生的积蓄便就此灰飞烟灭。这种事件发生的概率尽管很低,但并不是零。如果再考虑到如地震这样的天灾,或者战争这样的人祸,关键数据(不限于银行存款数据)一旦丢失,后果难以估量。

数字信息的易复制和可篡改,这两块看似坚如磐石的屏障,终于在计算机诞生的六十二年后被奇迹般打破。

2008年10月31日,在一个非常专业的密码学网站上,出现了一篇仅有九页的论文《比特币:一种点对点的电子现金系统》(*Bitcoin: A Peer-to-Peer Electronic Cash System*),署名中本聪(Satoshi Nakamoto)。就是这篇论文,现在被称为"比特币白皮书",它不仅宣告了比特币的诞生,也宣告了区块链技术的诞生。

这位神秘的"中本聪"既是比特币之父,也是区块链之父。但诡异的是,迄今为止,其真实身份依然是一个江湖传说。或许,到下个世纪,人们评选二十一世纪十大悬案时,中本聪身世之谜将上榜。

让我带你了解一下这项具有里程碑意义的信息技术的基本原理。

在接下来的阅读过程中,请始终记着我们要解决的问题是:

一、如何保证信息的完整性和真实性;

二、如何保证信息的不可否认性。

牢记这两个问题,就不至于在后文的阅读中迷失方向。

如何保证信息的完整性和真实性

让我从一个最基本的例子开始给你讲起。

我住上海,老张住北京,我和老张平时交流都是通过"巨信"(我杜撰的某个即时通信工具)打字。

有一天,老张突然对我说:老汪,我突然想到一个问题,细思极恐。

汪诘:什么问题?

老张:我怎么知道你打给我的文字有没有被系统篡改呢?要知道,有时候一句话少了一个字,那意思可能就完全反过来了。

汪诘:老张啊,你咋会有这种担心呢?难道信不过巨信吗?

老张：以前挺信的，现在越来越信不过了，因为，最近我老感觉你话没说完，话里有话，一句话中还经常出现莫名其妙的星号。有没有什么技术手段，能够让我相信你确实是一句话说完整了，而没有被巨信删改呢？

汪诘：方法倒是有的，也不难。

老张：那赶紧说，废话要少！

汪诘：只要用一个公开的算法工具就能解决。1993年，美国国家安全局发布了SHA加密算法，全称是Secure Hash Algorithm，中文一般翻译为"安全散列算法"或者"安全哈希算法"。"Hash"这个词没有对应的中文意译词，如果让我来意译SHA的话，我会翻译为"数字摘要算法"，基本上能表达该加密算法的含义。这个加密算法的目的，就是从一段任意长度的数据中提取出一个特征摘要，学名是"哈希值"，就好像我们每个人都有独一无二的指纹，每一段数据也对应一个独一无二的"指纹"[1]。目前使用比较广泛的是它的第二代算法，简称为SHA-256，这里的"256"表示由这个算法生成的"指纹"长度固定为256比特（bit）。你可以很容易在网上找到在线生成SHA-256指纹的网页，这个算法是公开的，谁都能用。

老张：有点啰唆了，老汪。然后呢？知道这个有啥用？

汪诘：我给你举个例子，比如说，我现在要给你发送一

---

[1]理论上存在极其微小的概率，两段不同数据的哈希值恰好完全一样，但这种概率一般小到被忽略。

句话：如果旅游行不通，你就再请示威总好了。我就可以给你发送这样的信息：

如果旅游行不通，你就再请示威总好了

AEB6CCB6FF66F6CDBC4FAC6A89BDCD4830C8BAA311221FCC4C07E9E029DD8232

第二行的字符串，就是把上面那句话用SHA-256加密算法加密后的密文，也就是我那句话对应的数据"指纹"。

老张：我好像有点懂了，然后我该怎么判断？

汪诘：如果你怀疑这句话被篡改了，就可以把这句话也用公开的SHA-256加密算法算一下，把得到的密文和我发送给你的密文比对一下，假如是一致的，那就说明我发给你的信息是完整的，没有任何改动。这是因为，只要原始信息哪怕再小的一丁点儿改动，算出来的密文也会变得完全不一样，而且变化毫无规律可循，很容易比对。

还用上面的例子。假如你收到的信息是这样：

如果旅游 * 不通，你就再请示 * 总好了

AEB6CCB6FF66F6CDBC4FAC6A89BDCD4830C8BAA311221FCC4C07E9E029DD8232

你收到之后，把"如果旅游 * 不通，你就再请示 * 总好了"这句话用SHA-256加密算法算一下，就会得到这样的密文：

7948159012B626F31DF4AA425A1BFB260658F2D1F90611B51DA5A7544D2383E6

这段新密文和你收到的密文完全不一样，差异显著。这就说明，我发送给你的信息的明文被修改过了，并不是我发送的原始信息，那两个"星号"不是原本就有的。

老张：这个有点意思哈。以后重要的信息我们就可以这样互发。

汪诘：对的。目前为止，世界上还没有任何公开的方法可以破解这个算法。这里所谓"破解"的大意是：根据密文找到一个能产生此密文的明文。现在密码界普遍认为，理论上无法破解。

老张：但问题好像并没有真正解决，刚才那样只能保证信息的完整性，但是无法保证信息的真实性啊。假如巨信的AI更聪明一点，能识别出某个字符串代表的是某句话的密文，那么它只需要把明文和密文一起篡改掉，让明文和密文是匹配的，这样一来，我收到信息后，就没法发现信息被篡改过了。

汪诘：你的思考完全正确。刚才那步确实只能保证信息的完整性，但不能保证信息的真实性。这个问题也有办法解决，简单来说就是，我们可以给密文也加密。但这次的步骤会稍微复杂一些，你需要有点耐心。

老张：那赶紧说，废话要少！

汪诘：刚才给你介绍了SHA-256加密算法，我要再给你介绍一种算法，也就是椭圆曲线算法，简称为ECC算法。它是1985年由两位美国数学家尼尔·库伯利兹（Neal Koblitz）和维克托·米勒（Victor Miller）分别独立提出的，最近十多年里在密码学中得到了广泛使用，数学家真的是很厉害。

ECC与SHA-256算法有很大的不同，SHA-256是一种单向加密算法，只负责加密，不负责解密。而ECC是一种双向加密算法，它既能加密也能解密。解密其实就是加密的逆向计算。

老张：你能举个简单一点的例子来说明吗？

汪诘：比如说，我命名了一种叫PLUS1的算法，它的原理就是把一个单词的每个字母改成字母表上的下一个字母。如果用PLUS1加密一个单词"wall"，密文就变成了"xbmm"。假如用PLUS1解密，逆向操作一下即可。像PLUS1这样的加密和解密是互逆操作的算法，在密码学界也有一个名称，叫作"对称加密算法"。

老张：很形象，加密和解密的步骤就像是沿某个轴旋转对称一样。那ECC算法也是对称算法吗？

汪诘：不是。恰恰相反，ECC算法是"非对称算法"，加密和解密的过程完全不同。

老张：那就再举一个简单一点的例子来说明呗，一定要简单，数学小白也能听懂的那种。

汪诘：好，我试试。比如说，我现在发明了一个叫WJ的加密算法，这个算法的原理非常简单，就是把需要加密或者解密的信息乘以一个特定的数字即可。为了简化，我们规定这个信息只能是一个三位数的整数。

加密时乘的那个特定数字，只有我自己一个人知道，换句话说，只有我才能给某个信息加密。但用于解密的那个特定数字，我可以向所有人公开。这样一来，别人就只能收到密文后解密，但无法把一段明文变成密文。

老张：这听上去有点儿神奇，真有这样的两个数字吗？

汪诘：当然有。比如说，现在有一段明文是：984。

我想用WJ算法给984加密，实际上就是用 $984 \times 91 = 89544$，这里的数字91是只有加密者才知道的特定数字，在密码学界，这个数字就被称作私钥（私人掌管的钥匙）。那么，用这个加密算法加密后得到的密文就是：89544。然后，我宣布解开我这条密文的特定数字是11。任何人只要知道了密文和数字11，就能解出加密前的原始信息。我们来试一下：$89544 \times 11 = 984984$。是不是很有意思？你可以用任何一个三位数的整数，先用91加密，再用11解密。

用于解密的这个数字，在密码界被称为公钥（公开的钥匙）。

WJ算法就是一个非对称加密算法，即用于解密的算法并不是加密算法的逆向操作。加密需要用到私钥，解密需要用到公钥，两把钥匙完全不同（有时也会把加密的称为公钥，解密的称为私钥）。

老张：你说的WJ算法我想了想，看上去很神奇，其实不难理解。$91 \times 11 = 1001$，任何三位整数乘以1001都会得到一个前三位和后三位重复的六位数，这个要证明似乎不难。

汪诘：是的，这是一个极其简化的非对称加密算法的例子，因为太简单，所以没用。略微懂点儿数学的人，只要知道公钥是11，就很容易猜出私钥是91。换句话说，这个算法太容易被破解。对于非对称加密算法来说，最重要的就是绝不能被破解，即不能通过公钥猜出私钥是什么。

老张：看来，你说的椭圆曲线算法ECC就是一个安全的、无法被破解的非对称加密算法。

汪诘：是的。不过，更准确地说，ECC并不能将密文再解回明文，它实际上是用非对称的方式生成数据"指纹"，我们可以用它来给一段信息做校验（鉴别真假）。

老张：原本以为自己懂了，被你这么一个"更准确地说"，我又迷糊了。要不我们还是回到最初的问题，你就直接说，有了这个ECC算法后，我们要怎么做，才能确保咱俩之间发送的信息没被篡改。

汪诘：步骤略微有一点儿复杂，但也不难理解。

首先，ECC也是一个公开的算法，你可以在网上找到在线的加密工具。下面，我们来实战一下：

我要发送给你的还是那句话（明文）：

如果旅游行不通，你就再请示威总好了。

第一步：把这句话用SHA-256加密，得到：

AEB6CCB6FF66F6CDBC4FAC6A89BDCD4830C8BAA311221FCC4C07E9E029DD8232

我们把上面这段密文用"密文1"指代。

第二步：用ECC算法生成一对私钥和公钥。

私钥：

MHQCAQEEIE4/uNFSbvVm3HuNaMk0wOe3ETPvGyAQkjiI2t1uOM5XoAcGBSuBBAAK

oUQDDgAEX2BZgi7M3u+PW0qZOrZywTdmzFjgAPP4wrbLZ9Gs9X5GoenYWuEiqocC

JF8Rf9o4Tp/8gM9TnAcGvvbObUFScA==

公钥：

MFYwEAYHKoZIzj0CAQYFK4EEAAoDQgAEX2BZgi7M3u+PW0qZOrZywTdmzFjgAPP4

wrbLZ9Gs9X5GoenYWuEiqocCJF8Rf9o4Tp/8gM9TnAcGvvbObUFScA==

第三步：再次使用ECC算法，用私钥给"密文1"加密，得到：

MEUCICCM6GrdkgPUo5U1/SYAP+5hmj0B4ldClXFZ9vnClq11AiEAr03QiSOuU5eMTu2VbaD+DqGHu9oAT5UCdK8c6MbSMjE=

我们把上面这段密文用"密文2"指代。

第四步：我将明文、密文1、密文2、公钥这四段信息一起发送给你。

明文：

如果旅游行不通，你就再请示威总好了。

密文1：

AEB6CCB6FF66F6CDBC4FAC6A89BDCD4830C8BAA31122

1FCC4C07E9E029DD8232

密文2：

MEUCICCM6GrdkgPUo5U1/SYAP+5hmj0B4ldClXFZ9vnClq1
1AiEAr03QiSOuU5eMTu2VbaD+DqGHu9oAT5UCdK8c6MbSMjE=

公钥：

MFYwEAYHKoZIzj0CAQYFK4EEAAoDQgAEX2BZgi7M3u+P
W0qZOrZywTdmzFjgAPP4

wrbLZ9Gs9X5GoenYWuEiqocCJF8Rf9o4Tp/8gM9TnAcGvvbO
bUFScA==

老张：收到。我好像知道接下去该怎么办了。假如怀疑明文被篡改，我就做一次校验。首先，在ECC算法中，输入三个参数：公钥、密文1、密文2；然后执行运算，运算过程实际上就是鉴别一下密文2是不是密文1的密文，如果校验通过，说明密文1没有被篡改，是真实的。然后我再将明文用SHA-256生成密文，与密文1进行比对，如果一致，就可以放心地相信我所收到的明文的真实性了。

汪诘：完全正确！

老张：且慢。我怎么觉得，这完全是多此一举啊？既然ECC本身就可以做到非对称校验，那你直接把明文用ECC算出密文，然后把明文、公钥和密文发给我，我校验一下不就结了。何必中间再多一步，来个密文1和密文2呢？

汪诘：的确，如果仅仅是为满足让两个人聊天互发文字信息时确保信息的完整性和真实性，上面那个步骤确实过于烦琐,其实只需要发送信息的人用ECC算法做一次加密,而收到信息的人也用ECC算法做一次校验,就可以达到目的。但我举上面这个例子的目的,只是为了让你理解几个最基础的概念:数据"指纹"(即哈希值)、对称加密和非对称加密。

实际上,在某些较为复杂一点的应用中,这个看似有点儿烦琐的步骤就是必需的。比如说,如果发送方不想让接收方看到明文,只需要让接收方相信明文已经完整且真实地送达了,那就不是多此一举了。

再比如说,发送方要发送的明文不是简单的一句话,而是一个非常大的文件,里面包含海量的数据,那么,直接把这个文件用ECC加密,速度会变得很慢。但SHA-256加密的效率就要高得多,可以瞬间从原始数据中提取出一段只有256位的"指纹"信息。再给这段不长的"指纹"信息用ECC(或者其他非对称加密算法)加密[①],速度就会快得多。

还有很多其他好处,我就不一一列举了。

希望看到这里,你已经理解了计算机专家们是如何解决信息的完整性和真实性的问题。

不过,以上这些技术都是成熟技术,并不是中本聪的发明。真正属于中本聪创造性发明的,是解决信息的不可否认性难题。

[①] 计算机科学界一般把这个过程称作"数字签名",而不是"加密"。本文作者考虑到通俗易懂性,统一用"加密"来表示,便于理解。

如何保证信息的不可否认性

首先需要解释一下什么是信息的"不可否认性"。

比如说,我写完本文后,有一个强烈的愿望:希望任何强权都不能篡改这篇文稿的任何一个字,哪怕是动用国家力量、国际力量都不能篡改。强权最多只能从世界上把我这篇文章彻底销毁,但休想篡改任何一个标点符号。这个需求,在区块链技术诞生之前,几乎是普通人难以企及的梦想。

你可能还是没有真正理解这件事情的含义,我继续给你解释。写完这篇文章后,我把它发表在了网络上,比如微信公众号或者微博等。这时候,假如有一个拥有极大权势的人想跟我恶作剧,他利用自己的权势,修改了我发布在网络上的这篇文章,在文章中加了一句歧视女性的文字,然后宣称汪诘是一个男权主义者。因为他权势很大,可以调动舆论对我进行抹黑。这时候,我基本上就是跳进黄河也洗不清的,因为我根本没法证明有人篡改了我的文章。

有人可能想,那你可以在写完之后去做一个公证嘛,这总不能篡改了吧?但是,我前面说了,假定这个权力很大的人可以调动国家力量,那么,他完全可以命令公证处出一个声明,说是我伪造了公证文书。怎么样,还是跳进黄河也洗不清吧?

哪怕我写完文章后发表在了杂志上,也一样可以把杂志销毁重印,哪怕有这么几本遗留了下来也没用,因为最关键的问题是,我无法自证清白,我拿不出确定无疑的证据来证明自己的原始文章中没有那句话。

凡是你能想到的证据，在某种强权力量面前，其实都不堪一击。你仔细想想是不是这样？但是，区块链技术就能帮我实现这个梦想。

区块链技术的基本设想是这样：让分布在全球各地的计算机自愿结成一个网络，数据一旦被创建后，任何一个节点计算机中都存放了一组一模一样的数据，这组数据的结构就像是一列超长的火车，是一根长长的由一节一节车厢构成的信息长链，每一节车厢就是一个存放一些特定数据的区块，这就是该技术被称为区块链的原因。重点在于：每一台节点计算机的地位都是相同的，没有任何一台计算机是这个网络的中心。只要还有一台计算机没有被销毁，数据长链就可以被完整地重建。这就好比我们人体中的每一个细胞中都含有一根一模一样的基因长链。

区块链存储数据的最基本结构如下：

除了第一个区块（创世区块），之后的每一个区块都包含下面这些信息——

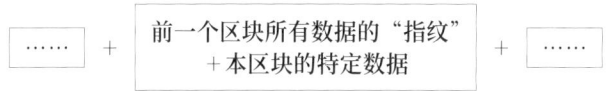

这个世界上许多划时代的发明都有一个特征，在发明之前没人想到，在发明之后，每个人都会感叹"我怎么没想到"，区块链也是这样一类发明。

这是一个简洁而又巧妙的数据结构，每一个区块中包含的那个"指纹"就像锁扣一样，牢牢地锁住了每一个区块。在这个结构中，任何一个区块上的数据只要被改动哪怕一个比特，便会导致这个区块之后的所有数据"指纹"都不同。因此，这条数据长链就具备了"不可否认性"，数据一旦被写入区块，从此再也无法被篡改。换句话说，区块链只能被销毁，不能被改变。

区块链上的每一个节点都可以有机会申请（讲得残酷一点叫"争夺"）向区块链中增加一个区块，这在区块链技术中被称为"记账权"①。获得记账权的计算机将需要写入区块链的数据广播给所有节点计算机，然后，其他节点计算机对收到的数据进行校验，校验的基本原理我已经在上一节介绍过。在确定数据的完整性和真实性之后，所有节点计算机把收到的数据按规定的格式写入本地区块链中。

这几年大名鼎鼎的比特币网络，它是世界上第一条用区块链写成的账本。而所谓的比特币，其实质就是在这条区块链中写入的一系列账目信息，例如：

某时，某账号获得多少比特币；

某时，某账号中的多少比特币转入某账号中。

因为这个账本用数学算法保证了完整性、真实性和不可否认性，所以，上面记录的一切信息，所有人都会认。比特

---

① 如何获得记账权涉及一个非常复杂的概念——共识机制。为不影响文章的连贯性，此处暂不做介绍，这个概念放到文章最后作为扩展知识。

币系统就好像是上帝撰写的一个账本,上面写了谁有多少比特币,谁就有多少比特币,没有人会怀疑它的真实、准确。

自2009年1月3日,比特币网络的创世区块生成至今,已经形成了一个全球性的网络,全世界范围内分布着大约一万个节点。每个节点都储存着一条完整的比特币区块链。

讲到这里,我们回到本节一开始的那个例子,如何利用区块链技术确保本文无法被篡改一个字呢?我只要这样做:

第一步:把这篇文章抄写在纸上,然后拿着它,找人帮忙拍一张文章和我同框的清晰照片;

第二步:用SHA-256生成这张照片的数据"指纹"(哈希值)。

第三步:这是最为关键的一步,我去做一次比特币交易,交易的金额无所谓。在比特币交易过程中,允许在交易信息中写入一串最多八十个字节的自定义信息。我可以这么写:汪诘在2022年3月15日拍下的照片哈希值为×××(就是上一步生成的那个字符串)。现在有人专门提供"比特币网络刻字服务",每次收费大约一两百人民币,就是帮助不知道如何交易比特币的人实现区块链永久保存证据。

好了,完成这三步之后,我的这张照片,或者说我写的这篇文章,就留下了永远不可磨灭的证据,在任何时候,我都可以证明这张照片的真实性。任何了解区块链技术原理的人,都会相信我所出示的那张照片就是原始照片,没有做过任何修改。而且,我相信,全世界没有任何一种人类的力量可以篡改比特币区块链上的那条信息。

区块链技术诞生至今已经超过十三年,除第一条比特币区块链外,全世界又诞生了很多目的不同、节点数量不一的大大小小的区块链。其中以太坊是目前公认的第二知名的区块链项目,它从2014年正式上线,到2022年1月,已在全球分布一万多个节点[1],依托于以太坊区块链的以太币也成为目前市值仅次于比特币的第二大加密币,市值高达4000亿美元左右(大约是比特币的一半)。

就是在以太坊这条区块链上,诞生了这篇文章的主题——NFT。

不过你还是需要有耐心,在正式介绍NFT之前,还有另外一个重要的概念绕不开,那就是"加密币钱包"。

加密币钱包

看到这里,我想你大概已经发现,对于一个区块链来说,节点数量很重要。节点数量越多,分布得越广,这根区块链也就越可靠,任何一个依托于该区块链上的服务也就相应越可靠。所谓皮之不存毛将焉附,就是这个道理。

那么,一个区块链靠什么来吸引全世界各地的人花钱买性能极好、硬盘超大的计算机,自愿成为该区块链的节点呢?还得支付电费、网络服务费,没有好处肯定是无法持久

---

[1] 节点还有"完全节点"和"非完全节点"的概念,本文为了简化,不做区分。

的。目前来说，几乎所有已经形成规模的区块链，给节点的好处就是支付本区块链"发行"的加密币。所以，比特币网络的节点计算机，获得的好处就是比特币；以太坊的节点计算机，获得的好处就是以太币；而所谓"发行"加密币，实际上就是在这根区块链上写上一笔"某账号在某时获得多少个加密币"。这些加密币是凭空创造出来的，因此也有人把加密币戏称为"空气币"。但是，空气取之不竭用之不尽，加密币可不是，任何一种加密币，它生成的规则、奖励的规则以及总量限制（某些加密币有产量上限，如比特币2100万枚），都是写在人人可以查阅的程序代码中。没有任何一个人可以用自我意志控制加密币的产出，游戏规则对于所有参与者都是公开透明的，所以，加密币的实质是一种"共识币"，如果有一种加密币价值归零，原因只有一个，那就是"共识的幻灭"。节点数量越多越广，则意味着该加密币的共识越牢固。在币圈中，判断一种加密币节点数量的增减趋势，也是判断该加密币涨跌大势的重要依据之一。

从理论上来说，你只要有硬件性能达标的计算机，就能安装某个区块链项目的最底层客户端软件，比特币系统把这个软件叫比特币核心（Bitcoin Core），以太坊也有自己的底层客户端。在这些客户端软件第一次启动的时候，都需要下载自该区块链诞生以来的所有区块链数据（Blockchains）。2022年1月，比特币区块链大小约400G，以太坊区块链大小约900G。

有了底层客户端软件，就可以用它来争夺记账权，获得加密币奖励，所以，争夺记账权也被称为"挖矿"，这个俗称很形象，因此广为人知。不过，挖矿的难度极大，我们普通人用普通的家用电脑挖矿，假如倒回十多年前，还有可能成功，但目前成功的概率无限接近于零。当然，你也可以用底层客户端软件来收发加密币（如果你拥有的话）。

可能你看出来了，如果一个人不想挖矿，只想实现收发加密币的功能，也非要装一个这样庞大的客户端软件，那实在是太不方便了。于是，就有第三方开发出"加密币钱包"软件，帮你实现管理加密币的功能，它的基本工作原理是这样：

加密币钱包⇆钱包服务器⇆区块链数据

加密币钱包并不直接与区块链数据打交道，而是把请求发送到钱包服务器，由钱包服务器代为与区块链发生联系，服务器只是把处理的结果通知加密币钱包。这样一来，加密币钱包就可以做得非常小巧轻量，既可以用网页（或者网页插件）实现，也可以是手机上的一个App，或者一个轻巧的客户端软件。

市面上各种加密币钱包已经多如牛毛，至少上百款，但大致可以分为两类，一类是通用型钱包，一类是专用型钱包。通用型钱包就是可以管理各种不同的区块链上的加密币，管你是什么比特币、以太币、莱特币……用一个钱包就能全搞定。比较著名的通用型钱包有Coinbase Wallet、Trust

Wallet、Blockchain Wallet等等。另一种专用型钱包就是只能管理某一个区块链上的加密币,比如MetaMask、Rainbow等,这些钱包只能管理基于以太坊的加密币。以太坊是一项开放式的区块链项目,除自己主链上发行的以太币外,还允许用户生成自己的加密币(这也催生了无数个所谓的ICO项目和一堆试图通过加密币来割韭菜的坏人)。

现在的加密币市场已经呈现出一种井喷的状态,我写此文时简单数了一下,市值超过十亿美元的加密币就有四十七种。不管对"空气币"的批评声和唱衰的声音有多少,加密币已经成为这个世界不可忽视的一股经济力量,不管我们喜不喜欢,它就在那里。

从界面上来看,加密币钱包很像最早期的支付宝界面,甚至它们的工作原理都很像。不过,使用加密币是完全匿名的,在加密币钱包中注册一个账号不需要提供任何有可能暴露身份的信息。匿名性是加密币的基因中自带的,在加密币的世界,谁掌握了私钥,谁就掌握了加密币。除非你想要把加密币兑换成某种法定货币(比如美元、欧元等),才需要实名认证。因为按照很多国家的法律,这相当于是投资收益,需要申报纳税。

尽管加密币钱包与底层客户端相比,存在一定的潜在安全性问题,但总体上还是相当安全的。绝大多数普通人想要使用加密币,完全可以选择上述这些加密币钱包作为媒介。如果想进一步降低被黑客盗窃的风险,可以多注册几个不同的钱包,将你的鸡蛋(加密币)分散存放。

我经常会被问到一个问题:加密币能兑换成"真钱"吗?

我想,之所以会有这个问题,是因为目前加密币能直接消费的场景还很少,只有兑换成法定货币(即"真钱")后,才能用来实实在在地消费。但如果未来有一天,我们需要的服务或者商品基本都可以使用加密币直接支付的话,也就没人关心加密币是否能兑换成法币的问题了。这就有点像现在很少人关心微信支付中的零钱是否能提现、需要多少提现手续费一样,或许有些年轻一点的读者都看不懂"零钱提现"是什么意思。

我个人对未来的预测是:将来,虚拟世界的虚拟服务或者物品,用加密币支付会逐渐成为主流。比如,购买网络游戏中的道具、购买元宇宙中的演唱会门票、购买各种网络应用的会员服务等等。加密币的无国界、匿名性、去中心化等法币不具备的特点,会让加密币在某一些使用场景下变得优势明显,逐渐驱逐法币。这是因为我们每个人似乎都有隐藏自己真实身份的天性,而欧美国家的人对个人隐私又极其看重,假如有选择的话,大多数人都愿意选择以不透露自己真实身份的方式进行交易。

不过,目前世界上主要的一些加密币,比如比特币、以太币,都还无法承担流通货币的重任,因为从技术上来说,它们每秒钟能处理的交易笔数远远不够。比特币大约每秒能处理七笔，以太币约二十五笔，这显然无法满足交易需求，此外，比特币、以太币的产出消耗大量的电力也饱受诟病。但这些问题我相信都是可以被解决的技术问题，比如，从2022年开始，以太币就要逐步修改"共识机制"（由工作量证明改为权益质押证明），通俗地说就是"生产以太币的方法"。一旦新的共识机制转换成功，估计以太币对电力的消耗将会下降99.95%。

讲到这里，我有一个更大胆的预测：十年后，人人都需要一个加密币钱包，就好像现在人人都需要一个支付宝这样的法币钱包一样。加密币钱包和法币钱包的关系是共生关系，并不是谁取代谁的关系，它们各有各的使用场景。但最终，它们会合二为一（或许还需要五十年）。

之所以敢这么预测，是因为法币的基因来自现实世界，而加密币的基因则来自虚拟世界。虚拟世界会逐渐成为现实世界的一个平行世界，其实，现在我们已经同时生活在这两个世界中，只是虚拟世界还处在极早期的雏形阶段。随着技术的不断进步，虚拟世界会变得越来越丰富，占我们生活的比重也会越来越大，而加密币钱包，就是我们在未来虚拟世界中的通行证。就好像在现实世界中不能没有身份证一样，我们在未来的虚拟世界中也不能没有"钱包地址"，这个钱包地址就是一个在虚拟世界中通用的ID，它代表了你在虚拟世界中的身份。未来，会有越来越多的网络服务需要用你的加密币钱包来登录，没有钱包,我们在虚拟世界中将寸步难行。

而当你拥有了一个加密币钱包,就可以自己铸造或者收藏别人铸造的NFT了。

什么是NFT

NFT的历史

有一种画家被称为"数字艺术家",他们不用传统画笔,而是在电脑上用鼠标和数位板来创作美术作品,在日常交流中,我们有时也把他们称为"电脑画师"。相比于传统画家,数字艺术家从诞生以来就有一大烦恼,那就是很难证明一幅作品是自己创作的。数字美术作品一旦在互联网发表,就很容易被复制、分发,任何人都可以声称是自己创作的,哪怕原作者在作品上签了名,可想要改掉那也是分分钟的事情。这个烦恼困扰着很多人,也有很多人试图通过技术手段解决这个问题,其中就包括美国人阿尼尔·达什(Anil Dash)。

达什是一家软件公司的创始人,他对新技术有着职业敏感性,也热爱数字艺术。接触到比特币和区块链这对新概念后,他敏锐地意识到,或许这项新技术在数字艺术领域有潜在应用,可以帮助数字艺术家对作品进行确权。

2014年5月,达什作为技术专家受邀参加纽约新当代艺术博物馆的一项年度活动。这个活动叫"根茎7×7第五届年会"(Rhizome's Seven on Seven 2014),举办者每年都会选出七名顶尖的艺术家和七名顶尖的技术专家配对,去挑战一些新东西。

与达什配对的是数字艺术家凯文·麦考伊(Kevin McCoy),巧合的是,麦考伊过去几个月也在思考如何将区块链技术应用到数字艺术领域,他俩碰面后,就展开了热烈的讨论。他们发现,实际上已经有很多人在各种场合提到过区块链技术可以帮助数字艺术品确权,但遗憾的是,此前从来没有人真正去实践过。达什和麦考伊决定把想法付诸实践,向公众展示如何利用区块链来确立一件数字艺术品的所有权,并且转让这个所有权。

2014年5月3日晚七点左右,在纽约新当代艺术博物馆,达什和麦考伊在很多观众面前,完成了史上第一次数字艺术品在区块链上的交易。

他们当时的做法是这样的:首先,他们在推特上发了一条推文,大致内容就是声明一个名为量子(Quantum)的GIF动画是由麦考伊创作的。然后,达什当众从钱包中掏出四美元,支付给麦考伊。麦考伊则把名为Namecoin的区块链上的一个加密币支付给达什,并且在交易信息中输入这个GIF动画的编码信息(SHA-256哈希值),这些信息就被永久地保存在了Namecoin区块链的#1217706区块中。

达什向现场不明所以的观众解释说,我们交易的这个叫作"货币化图形"(monegraph),这是我们自创的一个词,因为刚才我们交易的那个加密币和这幅叫"量子"的GIF图绑定在一起,它是全世界独一无二的。过去,不管是什么区块链上的加密币,每一个加密币都"长得"一模一样,但我们今天创造了一个与众不同的加密币,或者说,我们创造出一幅独一无二的被赋予了加密币属性的图形[①]。

达什和麦考伊这次有点像行为艺术的展示,并没有在当时引起什么轰动,绝大多数观众完全看不懂他俩在捣鼓什么东西,在场的所有人包括他们自己都不可能料到,七年后,这个玩意在苏富比拍卖行以147.2万美元的价格成交。彼时,NFT这个词还没有被发明,但今天,达什和麦考伊的这次行为被公认为NFT的开端。

这个词正式登上历史舞台还要再等一年多。2015年10月,刚刚上线三个月的以太坊的开发者们齐聚伦敦,讨论着与区块链技术相关的各种前沿话题,这是以太坊首届开发者大会。他们之中恐怕没有人会想到,五年多后,以太币的总市值能飙涨到几百亿美元,成为全球第二大加密币。

在这次开发者大会上,他们启动了一个名为"艾泽里大陆"(Etheria)的游戏项目。这是一个非常简单的小游戏,在一个由六角形瓷砖铺成的大陆上占地造房,有点像"大富翁"游戏。但Etheria的与众不同之处在于,它是一个区块链

[①] 以上内容依据阿尼尔·达什2014年5月10日撰写的文章 *A Bitcoin for Digital Art*。

区块链游戏 Etheria 中,有 457 块瓷砖可以用以太币购买和交易。

游戏,换句话说,游戏数据以区块链的方式存储。在这个游戏中,有457块瓷砖是可以用以太币购买和交易的。这些瓷砖就被开发者称为"NFTs",NFT就是non-fungible token的缩写(结尾那个小写的s表示复数)。

什么意思呢?就是"非同质化代币、不可替代令牌"之意。每一块瓷砖都有一个独一无二的数据"指纹",这些"指纹"信息被记录在以太坊区块链中,它们一旦被购买或者交易,记录在哪个钱包地址的名下,就具有了不可否认性。说得再通俗点,有时候我们会在日常口语中说"钱和钱长得都一样""我的钱就不是钱吗""收谁的钱不是钱",没有人听不懂这些话的含义,这是因为,我们都知道,所有的钱都是"同质化"的,没人在乎用你的一百块钱换我的一百块钱。但NFT就是长得不一样的"加密币",我的这枚加密币和你的那枚不一样，因为它们绑定的图形是不同的。

不过，在Etheria的发布会上，观众们静悄悄的。那个时候，跟区块链有关的各种点子可以说是层出不穷，大家也就把这玩意当作无数新概念中的一个而已，人们很清楚，这些新概念中的99%很快就会被人遗忘。尽管当时每块瓷砖只卖0.43美元，但也没有一个人感兴趣。在此后的五年多中，这些瓷砖的大部分都没有被人买走。此后的疯狂，谁又能未卜先知呢？

时间走到了2017年9月，一些程序员开始在GitHub社区讨论NFT的标准协议，这时候关于NFT的概念已经越来越清晰，它的潜力也被越来越多的人注意到。2018年1月24日，首个NFT标准ERC-721在以太坊官方网站创建，并于6月定稿。一个NFT在以太坊区块链上该如何创建、如何记录、如何交易等等，都有了清晰明确的规范。

至此，NFT终于从一个概念变成了某种共识。

请大家注意一点，ERC-721并不是说只能为以太坊所用，实际上它是一份有关NFT的公开协议，任何区块链都可以遵循这份标准协议，以太坊只不过是第一个支持该协议的区块链。在以太坊之后，有越来越多的区块链项目支持该协议。

在该协议讨论并最终被确立的过程中，出现了不少类似Etheria这样的游戏项目，其中比较出名的是一个叫"加密猫"（CryptoKitties）的收养类游戏，玩家们不惜用十万美元的价格购买一只虚拟猫咪，总成交额超过千万美元。这个项目后来也支持ERC-721协议。

ERC-721的出现，标志着NFT正式登上了历史舞台，这也是NFT历史上最为重要的一份文件。很快，基于该协议的NFT项目越来越多，NFT的拍卖价格也屡创新高。

NFT历史上的另一个标志性项目叫"加密朋克"（CryptoPunks），由两个加拿大人在2017年6月发起，它是一万个不同的像素画风格的头像，每个头像的大小不过24×24像素，大部分是人类，也有僵尸、猿和外星人。这些头像据说完全是由计算机程序生成的，没有任何两个头像相似。

这些头像的编码信息被作为以太币的附加信息，任何人只要有一个加密币钱包就能免费认领，唯一的成本只是一点矿工的打包费用，可当该项目支持ERC-721协议后，这一万个头像就成了一万个NFT，每一个的身价都暴涨，从几万美元飙升到几十万、几百万甚至几千万美元一个。

2021年被称为NFT疯狂年，3月11日，毕普尔的《每天：最初的5000天》以6935万美元成交；两天后的3月13日，Etheria上出售的四百多块六角形瓷砖在二十四小时内全部售罄，总成交额高达140万美元。然后，各种NFT拍卖会此起彼伏，一个又一个令人咋舌的拍卖价让我觉得有点像我们当年的"放卫星"，一个NFT的拍卖价如果少于1000万美元，都上不了新闻。

不仅是图形，任何数据都可以被铸造成NFT，比如音

由计算机程序生成的"加密朋克"头像。

乐、视频、程序代码,甚至某条推特,因为在计算机的存储器中,它们都是一样的数据,并没有什么本质不同,任何只要能够被计算出哈希值的东西,都可以被铸造成NFT拿来售卖。比如说被称为互联网之父的蒂姆·博纳斯-李(Tim Berners-Lee),就把自己当年创建www协议的源代码铸造成了NFT交给苏富比拍卖行拍卖,最终的成交价是543.4万美元。

不过,从2021年11月开始,NFT市场开始降温。加密朋克是最有代表性的NFT项目,它可以被看成是NFT市场的晴雨表,因此,有人专门为它编制价格K线图。比如专门分析加密币市场价值的网站CoinMarketCap.com就有加密朋克的专属网页。

尽管NFT的热潮进入2022年后有所减退,但总体上依然处在高热期,我们可以从一个专门监测加密朋克成交价格的网站上看到,#2681头像在2022年1月初的成交价依然高达309万美元。

面对NFT市场创下的那一个个距离普通人非常遥远的价格天文数字,无数人都看傻了眼,觉得不可思议。那么,天价买下NFT的那些人,是人傻钱多吗?他们是庞氏骗局中的韭菜,是乐于玩击鼓传花的赌徒,还是眼光长远的精明投资者呢?

NFT是赌博还是投资?

在我的印象中,凡是第一次看到NFT天价拍卖新闻,然后简单了解一下什么是NFT的人,往往都会得出一个结论:那些有钱人不是傻就是疯。

但这个结论不符合逻辑。只要随便了解几个用天价拍下NFT的人,就不难发现,他们都是人精,否则也挣不到那么多钱。并且,这些人不但有钱,还往往是特别喜欢了解新事物,始终保持旺盛好奇心和学习力的人。像这样的一些人,怎么可能只是"人傻钱多"呢?如果这些人中偶尔有那么一两个疯了,还说得过去,但NFT的参与者可不是一个两个,他们已经形成了一个平均每天超过百万美元交易额的市场。

假如富人们的一些行为怎么也看不懂，那最有可能的一种情况就是：贫穷限制了我们的想象力。请不妨先用空杯心态，听我给你做一些分析。

现在购买NFT的人，有些确是对NFT完全不了解的人，他们仅仅因为看到大家都在排队买东西，也本能地上去排队。这部分人存在，但不会很多，而且这部分人也不会一出手就去买几百万美元的标的物。这些人本文不做讨论。

大多数人有一个误解，以为买下NFT就是买下了一件数字艺术品的所有权。比如，某人花一百万美元买了一个加密朋克的头像，很多人以为这个人买下了这个头像的著作权，除了买家，别人不能使用这个头像。有很多这样想法的人会去下载那个头像图片，然后换成自己的头像，以为这样就能气死那个花了一百万美元的买家，他们会在网上喊"你看，我一分钱没花，我不也能用这个头像吗，有本事你就来告我啊，哈哈哈哈"。因为下载图片的操作往往是点击右键然后"另存为"，所以这样的心态也有个术语，叫作"右击者心态"（right-clicker mentality）。

实际上，NFT并不是数字作品的著作权。购买NFT是完全可以匿名购买的，真正拥有某个NFT的，从理论上来说并不是某个人，而是某个钱包地址，谁拥有了这个钱包，谁就拥有了该钱包中的NFT。对于艺术家毕普尔来说，他虽然卖掉了自己5000天创作的作品合集的NFT，但完全不影响他用这些作品继续向别的使用者收取授权费。那6935万美元对他而言，就是凭空从天上掉下来的馅饼，天底下还真有这样的好事。

那么，买家到底买的是什么呢？

要回答这个问题，还得回到"收藏"的本质。

先回到传统的艺术品投资市场，有钱人为什么敢于花几百万甚至上亿美元收藏一件艺术品？直接的原因是这件艺术品能保值、升值。那我们继续追问，为什么一幅毕加索的画，或者一个鸡缸杯能保值、升值呢？难道真的是因为这幅画有多"好看"，或者这个瓷杯本身有什么了不得的惊人功能吗？显然也不是，现代人可以画出更好看的画，也可以仿制出完全一模一样的瓷杯。任何艺术品实际上都不具备实用性，至少不具备和其价格相当的实用性。

那为什么大家又会公认它的收藏价值呢？

因为，任何天价艺术品背后，都有一个独一无二的"故事"，一个所有人都承认、永远留在人类艺术史上的故事，而这件艺术品是承载这个故事的象征物，且是独一无二的象征物。哪怕有人能仿制出一模一样的，但依然是"赝品"，赝品是不值钱的，因为它和真品再像，也不是真品本身。如果有一天，那件艺术品背后的故事被所有人遗忘了，或者因为某个原因，导致所有人都承认那个故事是假的，那么，那件艺术品也就会瞬间一文不值。

其实，不仅艺术品，任何可以承载一段故事的事物，都有收藏价值，价值的大小与这个故事在世界的影响力成正比，比如爱因斯坦的手稿、伽利略用过的望远镜等等，都是如此。毫无疑问，霍金用过的那把轮椅，如果拿出来拍卖，也一定是百万美元级别的。

现阶段，投资收藏NFT背后的逻辑，与艺术品收藏投资的逻辑是没有什么区别的。注意，我这里有"现阶段"三个字，至于未来的变化我们到下一节再说。

任何一个拍出天价的NFT，都是以下这几种原因中的一个或者几个：

一、它们已经有故事可以讲，比如那幅名为量子的GIF图、蒂姆·博纳斯-李的源代码。

二、它们正在变成NFT历史上的一个经典故事，比如Etheria中的瓷砖、加密朋克的头像。

三、买家坚信他的购买行为本身就是在创造一个NFT历史上的经典故事，比如毕普尔的那幅画。

这些NFT的买家们，是否能如愿以偿，实现保值、升值，取决于两个基本条件：

一、NFT这个新生事物是否能有持久的生命力，几十年后，NFT是否会变成每个人都知道且每个人都离不开的一种东西。

二、某人买下的那个NFT所承载的故事，是否能越来越深入人心，家喻户晓。

想象一下，假如穿越回2006年，我们会发现苹果公司的乔布斯正在画iPhone手机的图纸，而诺基亚研发团队也在画下一代手机N95的图纸，如果你可以选其中一张设计图的手稿，我想你肯定会毫不犹豫地选择iPhone的设计图，因为这张设计图开创了一个手机新时代，它无疑具有收藏价值和巨大的升值潜力；相比之下，N95手机的设计手稿的收藏价值就小得多。

那些购买NFT的买家，他们坚信今天的NFT就好像十多年前的iPhone，未来能够风靡全球；他们坚信自己的NFT所承载的那段故事能在未来历久弥新。

但如果我们用上帝视角来看的话，即便未来NFT真的成了像手机号一样人人都需要的东西，人类的记忆也装不下那么多关于NFT的创世故事，大多数故事都会被历史尘封，被人遗忘。最终能剩下来的是不多的几个经典故事，而这几个经典故事会越来越值钱。

所以，现在购买NFT是一种风险很高的投资行为，最终的结局很可能会像赌博一样赢家通吃，但赢家确实能获得高昂回报。说到底，现在的NFT依然是有钱人的游戏，离大多数普通人很远。

不知道现在哪个NFT故事最终能被传诵下去，但我有理由相信，NFT未来会成为每个人都知道且人人离不开的东西，人们购买NFT也会逐渐摆脱现在的收藏和投资目的（尽管这个目的也不会消失），而开始挖掘它的实用性。

那么，NFT在未来到底有一些什么样的实际用处呢？

NFT的未来应用

理论上来说，NFT可以应用在任何有必要证明数据所有权的地方。

上面这句话是一个总的纲领，具体落实到哪些应用，从业人员也在不断探索中。因此我下面举的所有例子，无一例外都是"有可能"的应用，并不代表一定能实现。这个世界上满足需求的路径和方法往往都不止一种，最终人们会选择哪种解决方案，受到各种因素（包括某些极其偶然的因素）的影响。

每一个数字艺术家恐怕都会有这样的愿望：我创作的作品，每一次被人使用后，我都能拿到授权费。

这个朴素的愿望在目前的技术条件和社会环境中，只能得到非常微小的满足。以摄影师为例，通常来说，一个摄影师需要与某个图片分享平台签约，上传自己的作品，然后，图片分享平台再将图片销售给有需要的单位或个人。图片分享平台将收到的授权费按照约定的比例再分给摄影师。整个流程不但烦琐，而且高度依赖所有参与者的诚信，一旦摄影师的作品遭到侵权，索赔的司法成本和难度都很大。

但是，NFT有望让所有的流程全部自动化，换句话说，不需要再依赖任何一个参与者的诚信，就能实现数字艺术家的自动获利，当然，这里的"利"指的是某种加密币，而不是法币。

刚才举的例子可以扩展到一切以数据形式体现的作品，

比如一篇文章、一首歌曲、一段视频，甚至是一个图标。这是NFT最令我期待的应用，因为现在，不得不说，网络环境有点恶劣，我辛辛苦苦写的文章能被轻易地盗走，别人无耻洗稿，我也只能干瞪眼。

假如未来再出现一个金庸先生（之所以用"再"字，是因为现在的金庸小说已经不可能再从所有人的电脑中收回了），他写的小说全世界的华人都想看，那个金庸先生可以把他写的每一章小说都铸造成一个NFT，所有阅读该小说（即购买该NFT）的人会自动向他的钱包支付一点加密币，那他很有可能成为新的世界首富。当然，目前的NFT协议还做不到这一点，但随着协议的升级、功能的增强，这样的未来是完全有可能出现的。

或许，你现在有很多疑问，想了解更多技术细节和实现的路径。但本文不想展开讨论，因为这个问题过于专业和复杂。我只想告诉你，目前来说，理论上是可行的，但面临的具体技术和非技术方面的挑战也是巨大的。比如技术方面，现有区块链的运行效率还远远不够，它的高能耗也饱受诟病，区块链技术本身也需要有大的突破；非技术方面，加密币的法律地位问题也还没有形成共识等。

尽管困难重重，但我隐约已经看到了这个大趋势，证据有很多，仅举一例：

2021年10月26日，Adobe公司的首席产品官斯科特·贝尔斯基（Scott Belsky）接受媒体采访时，表示自己是一个

NFT的信仰者，Adobe公司已经在为NFT做准备。这次采访可不是寥寥数语，贝尔斯基用了长篇大论来阐述他们未来会如何利用NFT"改变创造力"（change creativity）。简而言之，未来的PhotoShop可以让设计师一键铸造NFT，至于这个NFT后续怎么用，那不是Adobe公司单方面能完成的任务，他们只是无数基础建设单位中的一员。

我们的个人数据其实也是一种资产，每个人在互联网上的行动轨迹，实际上是属于其个人的数据资产。例如，我在抖音上点赞的数据对抖音就很有用，系统可以据此给我画像，进而给我精准地推送广告。这个数据不仅对抖音有用，对任何一个电商平台都有用，但是，现在还没有技术手段可以让我对这些数据确权，抖音从这些数据中的获利跟我没有关系，这是不公平的。我希望，未来NFT技术可以解决这个问题，可以让我们对自己的互联网行为数据进行确权，任何人想要使用它们，首先需要得到我们的授权，然后需要跟我分利，这才是公平的。

有些人的个人数据甚至非常值钱，例如一个罕见病患者，他的基因数据就是属于他个人的资产，全世界可能有很多研究机构对他的基因数据感兴趣，并且愿意付费使用。利用NFT，就可以让患者对自己的基因数据确权，每一个数据使用者都会通过区块链上的智能合约向其所有者自动付费。

利用NFT，还可以将原本不能分割的资产进行分割。比如，如果你拥有一幅毕加索的画，但是，作为一项遗产，它无法被分割，只能作为一个整体让某个继承者继承。或许在未来，你可以用它铸造一个NFT，这个NFT就可以进行分割，因为以太坊最新的ERC-1155协议允许将一个NFT进行分割。

看到这里，我想将本节一开始的那句话再让你读一遍：理论上来说，NFT可以应用在任何有必要证明数据所有权的地方。

你不妨也跟我一起思考，NFT还可以拓展一些什么意想不到的应用呢？

有一个大趋势几乎是无疑的，那就是，人们的生活会越来越倚重虚拟世界，数据将会变得越来越有价值，或许NFT并不是让这些价值变现的唯一解决方案，但至少是目前最有希望的一个解决方案。

看到这里，你可能已经跃跃欲试，也想尝试一下铸造或者拥有一个属于自己的NFT了。

NFT实战教学

在铸造和收藏NFT之前，你需要做两项准备工作：

一、拥有一个加密币钱包；

二、拥有一定数量的加密币（最好是以太币）。

市场上有各个公司出品的加密币钱包，但请注意，由于受到中国法律的限制，大多数出名的加密币钱包并不能在国内的应用商店直接安装，安卓用户需要下载单独的安装包，而苹果用户需要用非大陆地区的账号登录AppStore。

前面介绍过，NFT的发展历史与以太坊的历史息息相关，所以目前铸造或交易NFT主要是用以太币，因此，下面以世界上最流行的以太坊加密币钱包MetaMask为例，给你讲解如何拥有属于自己的以太币。

MetaMask这个名字就取得很有寓意，大家知道现在非常火的"元宇宙"，英文就是metaverse，即Meta和Universe的组合，那这个MetaMask就可以理解为"元宇宙面具"的意思。这个含义我觉得非常有预言性，因为，未来我们在元宇宙中的唯一标识ID，很可能就是我们的加密币钱包地址。

你可以在各种智能终端设备，比如电脑（既可以是单独的客户端，也可以是网页或者网页插件）、手机、iPad等等上面使用MetaMask，在这里我用大家最熟悉的智能手机举例：

首先，我们需要安装名为MetaMask的App。

第一次使用，需要"创建新钱包"，可以理解为"注册账号"。

加密币钱包的创建步骤简单到可能会令第一次使用的人不太相信，因为我们已经习惯了用自己的手机号或者邮箱来注册账号，但是，请你记住，在加密币的世界，匿名性是它最大的特征，因此要求注册的时候填写任何有可能暴露身份的信息，都是违反加密币世界的"原教旨主义"的。所以，MetaMask创建钱包只需要输入密码，其他什么也不需要。

假如你忘记了密码，找MetaMask的客服是没用的，他们即便愿意帮你也无能为力，因为MetaMask并不会在服务器上存储你的密码信息，密码会被加密保存在你的本地设备上。找回的唯一办法只能是通过下一步创建的"助记词"来恢复钱包，重设密码。

尽管这一步也可以跳过，但我不建议跳过，因为创建一个助记词是有必要的，它的作用就是让你在忘记密码的时候可以恢复钱包。点击开始后，你会得到系统自动创建的一段类似下面这样的助记词：

shallow make load rabbit time fee diesel accuse copper asset murder digital

请将这段助记词用任何你觉得安全的方式保管好，因为这是你恢复钱包的唯一途径。而且，MetaMask的服务器也不会明文存储助记词，它是以加密的形式存储在你本地，理论上也没有办法通过解密来还原出助记词。换句话说，假如你同时忘了密码和助记词，那么，你的加密币就彻底沉没，除求助外星人帮你找回外，地球人是无能为力了。

助记词创建完毕后，你的加密币钱包就创建好了，就是如此简单，不需要手机号、邮箱等任何身份辅助信息。然后出现的页面上就会有你的钱包地址和钱包余额，比如我的钱包地址是：0xA5CD6C12777a7E1d973E0c83dEB1eB4cf415e841。

这个钱包地址是可以在互联网上公开的，它代表了你在以太坊上的身份。请记住，谁拥有了这个钱包地址的使用权,谁就拥有了这个钱包地址中的一切虚拟资产。加密币世界是一个匿名的世界,在踏入这个世界之前,请务必牢记这个特点。

加密币的发送、接收、Swap(从一种加密币兑换成另一种加密币)的操作都极其简洁明了,任何人都可以很快学会,本文不再赘述。这里只需要提醒你一点:发送加密币需要支付Miner fees(矿工费),也被称为打包费。就是说你需要给某台区块链上的节点计算机支付一定的费用,作为它把你的交易信息写入区块链中的奖励。这就跟银行向你收取转账手续费类似。

拥有一个加密币钱包和一定数量的以太币之后,进入NFT世界的准备工作就完成了。下面,你需要找一个NFT交易平台来铸造或者交易NFT,现在已经有很多这样的平台,启动最早也最流行的一个平台叫OpenSea,它有点像是NFT圈子中的淘宝网,下面我就以OpenSea为例来介绍如何铸造自己的NFT。

OpenSea的网址是:https://opensea.io/,打开以后,就可以浏览正在出售中的NFT。

进入OpenSea的第一步是要"连接钱包",换句话说,OpenSea并不要求你在它的服务器上注册账号,就像本文再三说的,这是一个匿名世界,有了钱包就等于有了身份。使用MetaMask接入OpenSea必须使用Chrome、Firefox、Brave、Edge这四个浏览器中的一种,不支持Mac上自带的Safari

浏览器，如果你想用Safari浏览器连接OpenSea，推荐安装Coinbase Wallet。

按照向导装完MetaMask的插件后，在手机上打开你的MetaMask，通过扫描二维码就可以连接上OpenSea，在主菜单上点击"Create"按钮，就进入到NFT铸造页面。

目前，OpenSea支持将图像、音频、视频和3D模型铸造成NFT，但单个文件的最大尺寸不能超过100MB。

所谓铸造，实际上就是一个填表的过程，有点像你在淘宝后台添加一件商品。除了NFT的名称是必填项外，其他所有的都是选填或者默认即可。你可以给自己的NFT填写详细描述、设定一个所属的专辑、链接一个外部的说明网页的网址等等。有一个概念需要特别解释一下，就是Percentage

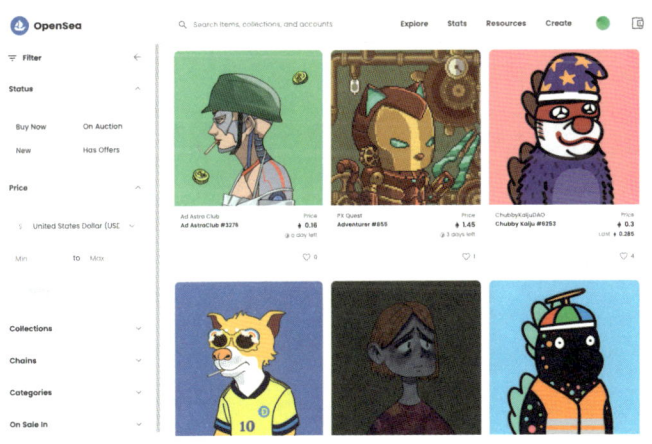

OpenSea 网站上正在出售中的 NFT。

fee，这个可以理解为"版税"或者"提成"。假如你填写了10%，就表示这个NFT每次被交易的时候，以太坊系统会自动从成交金额中提取10%转到你的钱包中。这个比例你可以自定，当然，你设置得太高，明显不合理的话，可能就会导致你的NFT卖不出去。

铸造一个NFT是有成本的，你需要向矿工支付"油费"（gas fee）。这个费用是多少呢？——你多半希望听到的是一个单位为美元或者人民币的价格——首先，你需要知道在NFT的世界中，所有的结算都是用以太币为计价单位，以太币对美元的市场价是很不稳定的，会有大幅度的波动，因此很难简单回答你费用到底是多少。油费本身在不同的时间段也会有波动，我只能告诉你在2022年1月，油费差不多是0.015ETH（差不多等于50美元）。

过去，ETH兑美元的价格很低时，人们还不觉得油费贵，但随着ETH的市场价格不断飙升（2021年12月曾经一度达到每个ETH兑换4800多美元，到2022年1月的价格是4000美元左右），油费就显得越来越贵，NFT的铸造成本也越来越高。于是越来越多的人选择了一种低廉的解决方案，就是不将NFT上到以太坊的主链上，而是上到一个叫Polygon的侧链上。

侧链这个概念要解释起来也有点儿复杂，简单来说就是依附于主链生长出来的一根平行的区块链，可以理解为在以太坊中又发行了一种新的加密币。好处就是新生的侧链加密币（对美元的）市场价格很低，坏处就是销售的时候也只能以价格很低的Polygon来结算。打个比方来说，假如有一样东西我只卖几美分的价格就满意了，但交易手续费居然最低也要一美分（因为美元的最低计价单位就是分，没法比一分更少），这时候，我就干脆用日元来定价，因为用日元结算，就相当于可以有低于一美分的计价单位了。所以，如果你铸造NFT的目的是把自己的作品上到区块链上存证或者用来送人，那就可以选择用Polygon来大大降低铸造成本。

铸造好的NFT可以存着，可以挂到OpenSea的市场上销售，也可以赠送给别人。

绝大多数普通人想在OpenSea上出售NFT挣到钱，目前来说，我觉得可能性微乎其微。原因如下：

一、OpenSea目前还处在很初级的阶段，并不适合陌生人之间的交易。铸造NFT的时候，OpenSea没有能力核实你是否是这个作品的主人。任何人都可以拿任何一幅数字作品铸造成NFT挂到OpenSea上销售，卖家的身份又是完全匿名的。想想看，换作是你，敢买陌生人铸造的NFT吗？

二、现阶段，收藏一个NFT，实际上就是收藏一段故事。不管这个NFT已经有故事还是未来有故事，都行。你不妨问问自己，你铸造的NFT能讲出什么样的故事？如果你讲不出故事，只是说"我这个作品很好看，艺术性很高"，这是没用的，没有故事的NFT是不值钱的，至少现在是这样。

但如果你能讲出一个好故事，并且让熟悉你的人相信你的故事，NFT对你而言就是有用的，你可以用NFT来融资。

比如，我就成功地讲了一个故事，并且靠这个故事将一个我亲手铸造的NFT以三万元人民币的价格卖了出去。现在，我把这个故事给你也讲一遍：我是职业科普人汪诘，我的理想是创作有国际水准的科学纪录片。我正在以编剧、导演、主持人的三重身份创作科学纪录片《寻秘自然》第二季（第一季已在全网免费公映）。2021年12月23日，我在上海举办了《寻秘自然》第二季中《探秘寒武纪》一集的点映会，邀请了一些粉丝前来观影。点映会结束后，我跟观众们说，我计划将影片中出现的一幅油画铸造成NFT拍卖，如果你愿意买下来，既是对我梦想的赞助，也买到了一次投资升值的机会。假如未来我的影片大火，在国产的科学纪录片历史上争得一席之地，或者，即便这部影片不火，但未来我本人终于取得了大成功，那么这个由我亲手铸造的第一个NFT将成为我的一段重要故事，因为它见证了一段历史。

就这样，当天晚上，这个NFT以三万元人民币成交。

于是，我在OpenSea上铸造了自己的第一个NFT，并且将该NFT过户给了买家。同时，我还制作了一张有我亲笔签名的收藏证书，以证明买家收藏的NFT确实是由我亲手铸造。

以上这些信息都永久地保存在了以太坊区块链上，不出意外，这些信息将一直与人类的互联网共存，永不可否认。

我不敢保证自己未来一定能成功，但投资本来就是一种风险与收益并存的行为，可以说，这位买家投资的是我的未来，而这个NFT就是一件信物，它用技术手段保证了我未来不可能抵赖。

不知道我的故事是否能给你带去启发，如果你是一个自信满满的数字艺术家，或许也可以提前以NFT的方式出售自己的作品，但重要的是你会讲故事，你要让别人了解你，并相信你的故事。NFT其实是你跟买家的一份永不能撕毁的契约。

不仅是数字艺术家，其实各行各业的创业者都可以用NFT来出售自己的故事（未来），充分理解NFT的技术原理后，你就可以举一反三，设计属于自己的独一无二的NFT。

有些天使投资人或许会担心自己的投资对象背信弃义，成功后不认账。或许，NFT也可以成为一个解决方案。比如，要求创业者将公司的第一个产品制作成NFT赠送给自己，将来这个产品真的改变了世界，该NFT的价值就不再以创始人的意志为转移了。

结语

阅读至此，并不是一件轻松的事情。或许，本文的叙事方式会引发两类人的反感：

一、对NFT没有好感的人，可能认为我在鼓吹NFT，并且"夹带私货"，是"韭菜收割者"的帮凶。

二、NFT的销售平台从业者，可能认为我在恶意唱衰

NFT，号召人们不要相信那些故事，并且说穿了"NFT不等于著作权"的真相。

坦诚地说，我写文章一向不屑于"夹带私货"，只是在做事实陈述，偶尔有一些观点陈述。事实没有对错，观点没有真伪，你很容易区分我文章中哪些是陈述事实，哪些是陈述观点，假如不喜欢我的观点，可以只看事实陈述部分，忽略所有个人浅见部分。

我对"私货"的理解是，那些作者不愿意明说但又希望能影响读者的观点。如果这个理解正确，为了不让读者认为我在夹带"私货"，为了让你相信我只是在正大光明地陈述观点，在这里再次明确，本文有三个希望影响到读者的观点，总结如下：

一、告诉普通人，不要轻易投资NFT；

二、告诉创业者，要重视NFT；

三、告诉有钱人，搞懂了NFT后可以试，关键是要找到好故事，别弄错了投资逻辑。

好了，抛砖引玉到此，我的任务完成了。剩下的，交给你和时间。

附 共识机制

区块链技术之所以能实现信息不可被篡改,是因为任何一个区块链上的节点计算机中都存放了一组一模一样的信息。每一台节点计算机的地位都是相同的,没有任何一台计算机是这个网络的中心。每一个节点都可以申请向信息链中增加一个区块,这在区块链技术中被称为"记账权",意思就是获得了在账本中写一笔的权利,这种"记账权"是所有节点都争相抢夺的一种权利。

那么,对于一个节点来说,怎样才能获得一次记账权呢?换句话说,记账权争夺的游戏规则是什么呢?这个游戏规则就是区块链技术中的一个核心概念——共识机制。全世界第一个区块链是2009年诞生的比特币网络,它的共识机制被称为"工作量证明"(PoW)。

任何一个节点,都可以用工作量(对于计算机来说,工作量就是计算量)来争夺记账权,你的计算量越大,抢到记账权的概率也就越高。说白了就是按照一个非常简单的规则不停地计算某个特定的随机数,谁的算力大,谁找到答案的概率就更大。打个比方,有一个中奖概率只有几万亿分之一的彩票箱子,每个节点计算机就好像是一只可以去摸彩票的手,计算机的算力越大,表示你摸彩票的频率也越高。比特币的游戏规则是参与摸奖的手越多,彩票的中奖概率也会被调得越低,总之,它要保证平均来说大约每十分钟才能让一个人中奖。之所以要限制中奖的间隔时间,是为了让所有节点都有充足的时间来同步区块链上不断增加的信息区块。

这种共识机制有一个非常严重的缺陷:计算机工作需要电力,越大的计算量,消耗的电力越大。

现在,比特币网络每生成一个区块,意味着大约十多万度电的消耗。这是一个惊人的数字,这些电力完全没有用在工农业生产上,全都消耗在了没有任何实际意义的简单计算上。而每一个区块,允许写入的自定义信息,大约也就是一百多K,相当于五万多个汉字。这个电力成本也决定了它的发展是受到极大制约的,人类可没有那么多能源供我们肆意挥霍,更不要说它带来的环保问题了。

所以,以比特币网络为代表的第一代区块链技术,因为采用的是这种PoW共识机制,从原理上就决定了它不可能成为全世界都用来安全存放信息的区块链,它根本无法承载这个功能。

正是因为看到了比特币网络共识机制的缺陷,人们又发明了另一种共识机制,叫作"权益质押证明"(PoS)。还用那个抽奖的比方,比特币的PoW机制就是谁的算力越大,谁就能获得更多的抽奖频率;而PoS则是谁愿意拿出更多的奖金做质押,那么就给予他越多的抽奖频率。与比特币差不多齐名的以太坊就是先用PoW机制起家的,他们计划在2022年改为PoS共识机制。这种机制的好处就是再也不用消耗大量的电力来争夺记账权了,初步测算,如果以太坊更换共识机制成功，可以节省99.95%的电力。但坏处就是，它有可能逐渐丧失"去中心化"这一区块链的核心理念，记账权有可能逐步向几个最大的玩家那里集中，这有点像马太效应，奖金越多的玩家就有能力拿出越多的奖金质押，那抽奖的频率也就越多，他的奖金也就会越来越多。这样一来，会有越来越多的小玩家因为中奖无望而离场，不再参与抽奖，换句话说，就是不再去当保存完整信息的节点了。

节点数量越少，意味着信息不可被篡改的可靠度就越低，而区块链技术之所以能引发人们的无限遐想，就在于它的可靠度。对于以太坊来说，2022年是非常关键的一年，有可能成为一个重要的转折点。要么走向更大的成功，要么开始走下坡路。

为解决PoS共识机制会逐渐丢失"去中心化"的缺陷，人们又发明了另外一种共识机制，叫作"授权股权证明机制"（DPoS）。如果还用抽奖的比方，DPoS就是通过投票竞选的方式，在全球确定若干个超级节点，然后这些节点的摸奖频率全都一样，这很像是全体股东推选董事会成员，成员的总数固定，但每次当选的人不一样。区别在于公司董事会定期选举，而DPoS是每分每秒都在投票选举，董事会成员随时可以发生变化。目前，采用这种共识机制的最著名的区块链网络叫作EOS，它有一套严格且复杂的节点竞选规则，截止到本文写就时，符合投票和竞选资格的节点在全球有566个，得票最多的21个节点为超级节点，次多的100个为备用节点。著名的谷歌云也在2020年10月底成为其中的一个节点。可以说，这种共识机制是介于比特币和以太坊之间的一种方式，它的可靠度不如比特币，要篡改EOS上的信息，只需要在同一时间收买51%的超级节点，也就是11个节点就够了，当然这也绝对不是一件轻易能办到的事情。但好处就是，超级节点数量少了之后，信息写入和交换的效率得以大大提高。

除了PoW、PoS、DPoS这三种共识机制外，人们还发明了其他一些共识机制，比如阿里巴巴旗下的蚂蚁链，采用的是一种叫作实用拜占庭容错（PBFT）的共识机制。这里不再展开说明。你只需要知道，目前所有的共识机制都是优缺点并存。它们就好像跷跷板的两头，一头是信息可靠度的高低，一头是信息记录的效率高低。比特币网络是可靠度最高，但效率最低。相比之下，蚂蚁链可能就是效率相对高一些，但可靠度低一些。

但共识机制就一定是跷跷板吗？安全和效率真的不能兼顾吗？不是的，并没有哪条数学或者物理法则决定了它一定是跷跷板的两头。之所以我们今天依然没有看到区块链技术消灭公证处、消灭版权登记中心，就是因为人类还没有真正解决区块链技术在全球范围内大规模应用的技术问题。

想要把那些令人充满遐想的区块链应用的概念真正变成现实，需要满足以下两个条件：

一、存在一个或者若干个分布在全世界的区块链网络，其广度和深度足以保证它不可能被任何力量所控制，它是一个依赖于数学法则建立起来的绝对可靠的信息长链；

二、这条信息长链拥有足够高的运行效率，足以满足全世界每时每刻对信息安全存放的需求。

想要达成上面两个条件，区块链技术中的共识机制就必须要有突破性的进展，我认为这就是区块链的技术奇点。我们正在期待着诞生一种全新的共识机制，它能集中所有已有共识机制的优点，去除它们的缺点，以自然选择的方式成为区块链技术的事实标准。

不知道这一天何时到来，但我相信迟早会到来。

NFT 精神史

史 中

罐头、青蛙和平凡人的十五分钟英雄梦想。

9527 和 7523

在周星驰《唐伯虎点秋香》的世界里,9527只是一个家奴,但在某个赛博世界,9527却等于34万美元。

这个头像图片,戴着瓜皮帽抽着烟的家伙,就是全世界最火的区块链NFT项目——加密朋克(CryptoPunks)——里面,一万个头像中的9527号。

这个头像的主人"0x949...b786"刚刚更新了它的挂牌出售价,124ETH,折合34万美元。

如果你肯掏这么多钱,下一秒这个头像就是你的。怎么样,很划算吧?如果你觉得很扯,那是因为你不了解这个头像背后的稀有属性。

你看到他嘴里那根烟了吗?一万个人里只有九百六十一

个人有这个属性。你看到他的小帽帽了吗？只有四百一十九个人有这个属性。你看到他那一抹性感的小胡子了吗？仔细看，就是嘴上面灰色的那一条，只有二百八十八个人有这个属性。了解了这些，你还不心动，可能说明你并非"同道中人"。

你不心动，可有人心动。就在2021年6月10日，全球知名的苏富比拍卖行就拍卖了它的"兄弟"，第7523号——看这个瓜皮帽，还是一样的配方，只不过下面的头变成了所谓的"外星人"，烟卷也没了，换成了拼多多上一块钱七个的口罩。

先说价格：这张图片拍出了1175万美元，换成人民币将近一个亿。因为一万个头像里，长着外星人脸的，只有九个，而他恰好也是一百七十五个戴口罩的人之一。一个有趣的细节是：虽然口罩是现今世界的绝佳隐喻，但在2017年这一万个头像诞生的时候，世上还没有新冠病毒疫情，所以，7523号最初的主人，曾经在2017年以便宜的价格（大

加密朋克一万个头像中的9527号（左）和7523号（右）。

概1646美元）倒了一手，辗转到这次拍卖会的卖家Sillytuna手里。四年时间，7523已经成为人们口中的"新冠外星人头像"，价格翻了七千多倍。

Sillytuna当然不是真名，而是一个网名。在区块链的世界，人们更喜欢给自己取一个酷酷的网名。现实世界的一切，对他们来说都是陈旧老土的。卖了这么贵的东西，当然算是有钱人，但Sillytuna的生活方式显然和传统的有钱人不同。就在拍卖会两天以后，他还在推特上说自己没有新鞋穿，旧鞋子要接着服役一段时间。

这就是一个典型的"区块链富豪"的生活逻辑。

可能已经有人不耐烦了：有你说话的工夫，已经够我把图片下载下来，PS成既戴口罩又抽烟的样子，然后换成我自己的微信头像了，为什么要花一千多万美元来买这张图片？

"NFT凭什么值钱"的问题，已经有无数人解释过了，但我想从"精神源流"的角度，给你串讲一个有趣的故事。

安迪·沃霍尔

"在未来，每个人都会出名十五分钟。"

1968年，这行铅字出现在斯德哥尔摩现代美术馆宣传页上。那一年，没有互联网，没有苹果手机，没有抖音，没有比特币，也没有程序员喜欢的聊天软件Telegram和Discord，

《金宝汤罐头》（*Campbell's Soup Cans*），1962年。

《风味玛丽莲》系列（*The Flavor Marilyns*），1962年。

但塑造如今世界的那个核心脚本,已经全然出现。

说出这句话的人,是"波普艺术教皇"安迪·沃霍尔。

1961年,胖胖的情色作家兼画廊老板娘拉托对她的朋友、正在发愁画什么的安迪·沃霍尔说:有没有一种可能,你把每天中午吃的罐头给画出来?安迪·沃霍尔茅塞顿开,觉得这个主意简直不要太厉害,为此专门给了拉托五十美元"创意费"。

由此开始,他一发不可收拾,画完汤罐头画可乐瓶子,画完玛丽莲·梦露画各国元首——这五十块钱的创意费非常值,因为他后来的一幅画就能卖到一亿美金。

无论画的是什么,安迪·沃霍尔几乎都在背后隐藏了一个数学逻辑,那就是:重复的主体+随机变量。注意!虽然人类的艺术创作本来就包含"重复"这个因素,但大多是"主题重复",比如中世纪画家中很多人都画耶稣和圣母,小学生在学校里都各自画"房树人",但安迪·沃霍尔的重复是非常直白的"形象重复"。

形象重复对人的审美能力要求非常低,哪怕小学二年级的同学第一次看到那幅玛丽莲·梦露,也能一眼识破玄机并且感受其中的韵律。这是一种只有机器才能制造出来的重复,实际上,他的作画方式也是工业的丝网印刷。

安迪·沃霍尔的画能卖到和梵·高一样贵,其中一个原因就是:它精准地抓住了工业时代最普遍的大众精神状态。

从安迪·沃霍尔的原话中,你大致可以体会一下:"你知道总统喝可口可乐，伊丽莎白·泰勒喝可口可乐，你想了想，你也可以喝可口可乐。可乐就是可乐，你有再多的钱也买不到比街角那个流浪汉喝的更好的可乐。所有的可乐都是一样的，伊丽莎白·泰勒知道，总统知道，流浪汉知道，你也知道。"你把可口可乐换成其他名牌，把伊丽莎白·泰勒换成其他明星，这个陈述依然成立。

安迪·沃霍尔曾经面对镜头，用四分多钟吃了一个汉堡。这成为一场对工业时代的绝佳隐喻。但这对于天性爱追求"不平等"的人类来说，也许并非好事。

正如上面我引用的两句安迪·沃霍尔的话，而这两句话看上去是自相矛盾的：如果这个时代，大家不论贫富贵贱，都在喝可乐，吃麦当劳，用苹果手机，刷短视频，就像画里并排站立的罐头，那么，什么才能让你变得与众不同，让你站在聚光灯下享受众人目光，哪怕只有十五分钟呢？

个中诀窍，恐怕就在那个微小的"变量"上。

在工业生产的环境下，人为控制变量最简单粗暴的方式就是限量生产。假设同学们都穿某品牌的鞋，但穿的是普通款，而我的是全球限量五百双，那么，当我们在班上相遇，你们的注意力就必然被我"踩在脚下"。于是，我拥有了"出名的十五分钟"。虽然我俩在法律上是平等的，但我身上的某个变量比你的变量更稀缺，就人为制造出了不平等。

这招屡试不爽，从安迪·沃霍尔指出这一点，到现在半个世纪过去了，人们仍然乐在其中。而且愈演愈烈。

马特和佩佩

一切源于2005年的一天。

"你转过去,屁股对着我,弯下腰,对,就这样别动。"马特对女朋友阿雅娜说。他是一个漫画家,当时正在画一个场景:一个人撒尿的时候,非要把内裤外裤都脱到脚踝。这个动作很难画,于是让女朋友客串一下模特。

他画的漫画名叫《男孩俱乐部》(*Boy's Club*),里面的主角是四个慵懒无所事事的年轻人。其中一个长着青蛙头,满脸睿智,它叫佩佩(Pepe)。佩佩的形象来自马特的表哥大卫。当年大卫就是这样脱裤子撒尿,一副吊儿郎当的样子。年少的马特站在厕所门外目睹这一切,惊为天人,于是在后来的漫画故事里,他就以表哥为原型,让佩佩说出了那句话:Feels good man!

长着青蛙头、满脸睿智的佩佩。

很快，《男孩俱乐部》在网上一炮而红。但接下来的故事，就开始出乎马特的意料。

有人在网上发自己的健身打卡照，配上文字"Feels good man"，然后有人做了各种表情包，也配上"Feels good man"。甚至还有好事的主播编了一首《Feels good之歌》。渐渐人们发现，佩佩这个青蛙，平庸的长相，路人的气质，一无所长但游戏人间的性格，恰像是屏幕暗下来那一瞬间，里面反射的自己。

一眨眼的工夫，人们开始给佩佩穿上各种衣服，变成各种职业，然后是各种崩坏的表情，极端的情绪。当然，现在我们知道，这就是一个标准的"梗图"流行过程。

如果询问坐在一边的"顾问"安迪·沃霍尔先生，他一定会挑挑眉毛：这没啥新鲜的，仍然是在重复的主体上叠加变量。于是，你可以这样理解：虽然安迪·沃霍尔早在1987年就已去世，但互联网的存在，让无数无名创作者组成了一个分布式的安迪·沃霍尔。

这个安迪·沃霍尔更加坚韧，甚至是永生的。

克里斯托弗·普尔

2003年，十四岁的克里斯托弗·普尔在自家地下室里创办了匿名贴图社区4chan。

最初，4chan只有一个版块，中二少年在这里贴日漫。但很快，"自由的气息"就弥漫开来。由于匿名性和不存档，人们在这里可以畅所欲言，吸引了梗图高手和沙雕网友，这里就像一片海湾的海水逐渐沸腾。

4chan快速爆火的时间点，正好和佩佩出圈的时间点重合，于是，佩佩自然而然成为4chan网友的创作素材。

大家遇到有意思的梗图都会保存，然后找到合适的机会自己用。想保存一张图，只需点两下鼠标即可。这背后的事实是：互联网时代，复制一个东西的成本比工业时代更低，低到几乎为零。

这就导致了一个严重问题：一张图，你也用，我也用，用的人越多，它就越烂大街，迅速贬值。这让梗图的作者觉得不舒服——因为图火了，但他们自己没人知道；也让最早用这张梗图的人觉得没意思——因为他发现了金矿，但他们自己也没出名。

这么说的话，有没有可能让一个梗图也具有稀缺性？像潮鞋一样，人为赋予它稀缺性也好。

聪明人决定试一试。很快，就有佩佩梗图的作者为防止被"盗图"，在图片上加了大水印："RARE PEPE DO NOT SAVE"（稀有佩佩，不许保存）。这种"稀有佩佩"被发在了/r9k/版块里。

/r9k/本来就是4chan里鼓励原创的版块，它的规矩是这样的：在这里，你必须发原创的东西。但凡有人在这里发过

佩佩迅速成为 4chan 网友的创作素材。

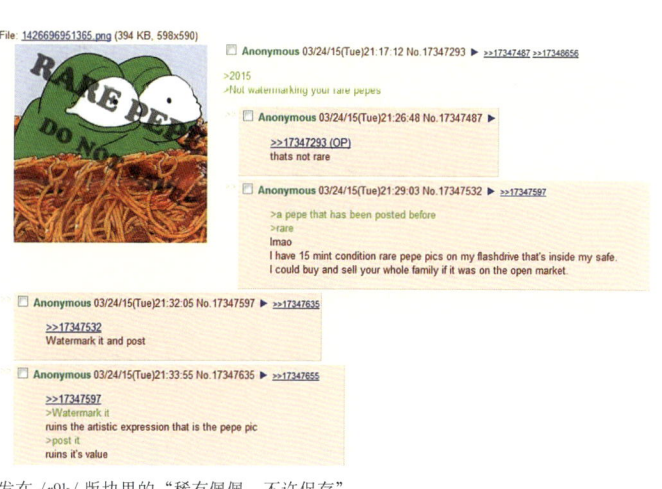

发在 /r9k/ 版块里的"稀有佩佩,不许保存"。

一句话,你再重复说一次,就会被禁言一段时间作为惩罚。

系统怎么知道你说的话是不是原创的呢?看这个版块的名字,r9k,其实就是"机器人去重脚本"Robot9000的缩写。

这个脚本是漫画作家兼程序员兰德尔·门罗写的。当时,门罗受够了网上人们各种复制、灌水,把不是自己的话粘来贴去,就想要构建一个"乌托邦"——如果在一个世界里,一旦有人说过一句话,其他人就再也不能说这句话,会怎么样?

于是有了Robot9000脚本。

说回"稀有佩佩"。/r9k/版块的网友当时就觉得,知识产权得保护啊!于是,大家纷纷支持稀有佩佩的作者不要再把原图发上来了,想用稀有佩佩赢得大家的目光,得花钱买——到这个时候,佩佩已经和它的原创者马特完全无关了。马特可以喜欢网友创造的佩佩,也可以不喜欢,但因为马特不混4chan网站,所以没人在乎他的意见。

4chan成了一个封闭宇宙——宇宙之外的任何人,都无法影响宇宙之内的历史。

很快,二手网站eBay上就有作者开始卖自己的佩佩,稀有的,不带水印的。而且还真有人买,因为买了就是4chan上最靓的崽。

那时候,有一个轰动事件。有人打包了一千二百个稀有佩佩在eBay上拍卖,价格最终被哄抬到五万美元。一张图

4chan 成了一个封闭宇宙。

片,就这样和钱扯上了关系。而且大家都觉得有理有据,起码4chan网友深信不疑。

乔·鲁尼

乔·鲁尼(Joe Looney)是一个码农,2016年的时候,他正在给一个P2P网站Counterparty开发数字钱包。

那天,在Counterparty的聊天群里,突然有人甩进来一张扑克牌一样的玩意儿,上面画着一个中本聪模样的稀有佩佩。那哥们说:我做了一整副牌,都是稀有的佩佩,我正在网上卖,将来这副牌怎么着也得值几百万吧?网友们纷纷附和:这太厉害了,我想买。然后,人们竟然开始出价:一块

一张中本聪模样的稀有佩佩纸牌。

一张,五块一张,十块一张。然后大家就纷纷滚去下单。

鲁尼举着手机,愣了半天。"那一瞬间,我都想自己去画稀有佩佩了。"他回忆道。

不过,他很快就想到了一个比画佩佩更牛的主意——做一个能交易稀有佩佩的平台,顺便用自己的传统艺能做一套能存储稀有佩佩的"钱包系统"。

可是,这些佩佩即使做得再像纸牌,毕竟也只是图片,图片是可以被复制的。那怎么让所有的人都认可某人对一张图片的所有权呢?他立刻想到了一个巧妙的方法——利用比特币的记账系统。

比特币的记账系统有一个特点,就是分布式账本。所谓分布式账本,意思就是:同一笔账目由全世界成千上万的节点来共同记录。哪怕有人有意无意记错账,也没关系,所有的账本采取"少数服从多数"的方式来运作。也就是说，只要你有自己钱包的密码，里面的币，无论有多少，就肯定是你的，所有人都得认。这样一来，就使得"做假账"成为不可能。而这个特性，被鲁尼用来做了"稀有佩佩钱包"。

简单来说，它的原理是这样的：一张稀有佩佩卡绑定一个比特币钱包，只有它的主人拥有这个钱包的密码。在比特币的世界里，每个钱包对应一个密码，也叫私钥。私钥是一串系统自动生成的数字，每个人的私钥都不同，所以，有了私钥就有了对钱包的主使权。如果你想把佩佩转移给另一个人，只需把私钥给他。

这种交易模式，竟然成立了。

而且，鲁尼做了一个有意思的设定：一个创作者要想给网站提交一张佩佩卡，必须向一个空地址发送一定的比特币。所谓空地址，就是没人知道私钥的钱包。既然没人知道私钥，也就没人能动钱包里的钱。把钱转到空地址，就等于把这些币烧掉了——鲁尼拿不到这些钱，别人也拿不到，没人能拿到。

为啥要浪费钱呢？这个道理，就像你加入黑帮时，得先拿一个人头做投名状。被杀的那个人虽然有些无辜，但对于黑帮来说这很重要，它是一个"准入门槛"，防止有人打开画图软件，五秒钟画一个水货佩佩就拿来卖。

这个设定意义重大，因为它是优秀作品的筛选机制。很快，就有很多创意不错、画工精良的佩佩被挂上平台，一看就是出自有一定艺术修养的人——创作者开始认真对待这件事儿了。

再后来，网站还发展出了O2O（线上线下联动）模式——你买一张电子卡，我就送一张纸质卡。但所有买家都知道：纸质卡其实一文不值，值钱的是那个存证在网上的图片。

故事讲到这里，一切虽然看起来像一场闹剧，但大家的动机只是有趣、赚钱和自由表达，总体上是善良的。

可自由主义就是这样，当无数自由叠加在一起，就会沉重到压垮地平线。

希拉里和特朗普

自由主义者在各个方面都是自由的，从4chan的留言上就能看出，他们大多是想说什么就说什么，歧视女性，歧视黑人，自我中心。一些用户喜欢把自己称为"NEET"（Not in Education, Employment, or Training），也就是没上过学、没工作、没技能的三无人员。大体上，这类人是"键盘侠"的主力队伍。4chan上专门有一个版块叫"政治不正确"（Politically Incorrect），里面充满白人至上的言论。在他们眼里，黑人没爹只会抢劫，亚洲人抠门又邪恶，恨不得搞一堵墙把其他人都隔绝在他们的世界之外。

佩佩被做成了特朗普的样子。

反正是匿名社区，不会暴露自己，也没有人因此惹上麻烦。久而久之，这片潮湿的土壤孕育了一种蠕虫一般的右翼网络思潮，这就是另类右翼（Alt-Right）。

2016年美国大选，另类右翼一看，特朗普的竞选口号就是在边界建一堵墙，这妥妥的是自己人啊，特朗普没准儿还是潜水的4chan网友呢！于是，另类右翼们把佩佩做成了特朗普的样子，鼓励大家把票投给特朗普。

无辜的佩佩突然就从表情包变成了一种政治符号。

故事的高潮发生在2016年8月25日，希拉里竞选演讲的现场，她正在认真批判右翼思潮，人群中，却有一个声音大声喊出了：佩佩！这个大多数人不明就里的一嗓子，通过直播镜头传遍世界。那一瞬间，被另类右翼视为战歌。之后，莫名其妙出现的佩佩表情包,就变得越来越恐怖。有人把佩佩变成3K党,有人把纳粹的标志贴到佩佩身上,有人让佩佩举起十字军东征的旗帜。甚至有人从古埃及的石画上找到了一个名叫"凯克"的蛙头人身像,然后说这就是古埃及人给我们的天启,我们的神就是凯克。

4chan上随即有人认真起哄:我们这群人应该考虑找一个厉害的律师,帮助我们建立一个"自由"的白人国度——凯克斯坦。好事者还为凯克斯坦画了旗帜,上边还有4chan的Logo:四叶草。

最抓狂的,就是佩佩的作者马特。想想看,本来佩佩只是一个把裤子拉下来撒尿的精神小伙儿,现在却被利用变成了仇恨的狂魔。马特忍无可忍,决定起诉这些公开把佩佩和政治扯上关系的人。

但这无济于事。后来,他只能亲自出来给佩佩的故事写续集——佩佩因为种族歧视而死,大家为他举行了葬礼。

但这仍然无济于事。因为从佩佩登上互联网的那一天,它就已经被"分布式安迪·沃霍尔"抓在手上,甚至没有一个单独的人能够决定佩佩的命运走向。

有人觉得佩佩成功,有人觉得佩佩失败,它的人设被各色油漆涂抹,变得无比复杂。但在区块链领域,佩佩无疑成了一个光芒四射的先行者,它探明了区块链艺术品的"安全区"和"雷区"。

事实上,关于佩佩,也有很多温暖人心的创作。

沃特金森和霍尔

2017年春天，鲁尼还在打理他蒸蒸日上的"稀有佩佩"网站。他不知道的是，就在网线对面，有另一个技术宅正在和他隔空对望。

这个人就是霍尔（Matt Hall）。

霍尔和他的好朋友沃特金森（John Watkinson）都毕业于多伦多大学计算机系，1999年，他们来到纽约。他俩都喜欢用计算机搞一些有趣的事情，臭味相投，于是组成了一个有趣的组合——幼虫实验室（Larva Lab）。

最近几年，他俩一直在磨炼一个奇怪的艺能：用计算机算法生成头像。比如，2011年的时候，他们就发布了一个App，可以为你生成一个长得像安卓机器人的头像。2017年的时候，他们生成头像的艺能已经炉火纯青，准备选取一个朋克的主题，再做一批头像。这对好友聊天的时候，说到沃特金森的小侄女正在疯狂收集洋娃娃，他俩于是想起，自己小时候不也收藏棒球卡还有万智牌么（和中国小学生收集水浒卡是一个意思）。看来，收藏癖真是全人类穿越时间和空间的共同特质。

"那，有没有一种可能，我们限量生产出一些头像，比如生产一万个，然后让大家收藏呢？"霍尔说。

于是，他上网搜集信息，正巧看到了稀有佩佩网站。但稀有佩佩有个问题：它使用的是比特币网络，而比特币网络

左边是霍尔，右边是沃特金森。

用计算机算法生成的头像。左边是沃特金森，右边是霍尔。

在设计的时候,只适合比特币记账,很难承载更多的信息。所以鲁尼在设计的时候,只能在比特币系统之外,附加了一个"佩佩钱包"。

这种解决方案在技术人看来并不优雅,因为"佩佩钱包"是受鲁尼控制的,不太公开透明。

有没有一种网络,既公开透明,又能记录更复杂的账本呢?他俩立刻想到了当时刚开始火爆的以太坊链(ETH)。

以太坊链和比特币链有很多区别,这里我只挑最重要的一点来说,就是支持"非同质化代币"。

你可以把比特币想象成一张张的美元,我的美元和你的美元都是美元,如果我用一张一百美元换了你的一张一百美元,那和没换是一样的。也就是说,比特币是同质化的。但在以太坊上,我可以创造出一种奇怪的美元,就像是在每一张百元美钞上都画了不同的画,这样大家拿到的美钞就不是同质化的。比如我的上面画了皮卡丘,你的上面画了妙蛙种子。这时候,我要用皮卡丘一百美元换你的妙蛙种子一百美

沃特金森(左)和霍尔(右)使用的"加密朋克"头像。

元,你就要考虑一下了,你可能更喜欢妙蛙种子,不喜欢皮卡丘,那么你就不一定愿意换。这个"非同质化代币",简称就叫NFT(Non-Fungible Token)。

这样一来,整个技术流程就在幼虫实验室这两个技术宅的脑袋里跑通了:先用"生成引擎"生成一万个精美的像素风头像,取名为Cryptopunks(加密朋克);然后把每个头像的图片都进行一次密码运算,浓缩成一个六十四位的密码;然后把每个密码作为一个NFT,写入以太坊账本。通过这三步,就能实现一个效果:每个普通人,只要拥有一个以太坊钱包,就可以在钱包里存储NFT(可以存储多个),并且也可以随意把手里的NFT送给别人或卖给别人。这一切过程都被分布在全世界的分布式记账节点所记录,由密码学保证,不会有人赖账,也不会有错漏。

幼虫实验室决定,把这些NFT头像免费送给大家。

你没看错,是免费的。

忙活了半天,免费送给大家,他们能得到什么好处呢?其实,他们藏了一手:只送出去九千个头像,还有一千个,留在自己手里。

2017年6月9日,幼虫实验室发条推特,宣布了这个好消息,然后坐在屋里坐等蜂拥而至的人们。然而,五天过去了,门可罗雀,只有一些零星的人来领走了几百个。"加密朋克"和佩佩不一样,虽然各个都长了一张桀骜不驯的脸,但是拿出去没人认识,所有人都会这样想:"我为什么要拿一个没人知道的东西出去炫耀？"虽说是免费领，但领一次还得掏折合十一美分的以太坊手续费（手续费要给记账节点），只有真心觉得这些头像好看，又烧包到愿意花几毛钱的人，才会去申领这些可疑的朋克头像。当然，即便选，他们也会先选最稀有的头像，比如"外星人"（九个）和"猿猴"（二十四个），在最初五天就被领完了。

这些围观群众里，有一个身影驻足良久，他就是杰森·阿布鲁泽塞（Jason Abbruzzese），当时是科技网站Mashable的记者。他采访了霍尔，写了一篇文章详细分析加密朋克，名叫《这个基于以太坊的项目也许会改变我们对数字艺术的认知》（*This ethereum-based project could change how we think about digital art*）。"当人们的生活向线上迁徙，地位的象征也必然会随之而来。"他说。

这篇文章在6月16日发布，二十四小时之内，所有剩下的头像被一扫而空。有个哥们，一个人就抢了七百五十八个头像。

安妮·布雷斯格德尔

其实，在2017年，更多的人还没有注意到加密朋克，但很多人都听说了"加密猫"（CryptoKitties）。

加密猫是2017年10月19日上线的测试版，比加密朋克晚小半年，但加密猫显然比加密朋克更出圈。这是因为，加密猫的创作团队Dapper Labs加入了很多游戏元素，比如两只猫可以混合"基因"，生出小猫。小猫的基因有概率继承父母中的稀有部分，成为更稀有的猫，也可能不继承，一切都看运气。你可以赌一把，看能不能生出稀有小猫，也可以就这么拿着原来的猫，坐等升值。但这个玩法既是优势，也是劣势。一旦强调"策略"，加密猫就被归类为游戏，而不是收藏品。

游戏最终会进入游戏圈子，而收藏品最终会进入收藏圈子。如果回望历史，当时正在加密货币的牛市。2018年初，比特币刚刚摸顶当时的历史新高，而在纽约，一场"史诗级会面"也同时发生：1月13日举行的"稀有数字艺术节"上，加密朋克的创始人霍尔、加密猫的产品策划马克，以及稀有佩佩钱包的创始人鲁尼聚在了一起。这是一场NFT大神的会师。

在那次活动上，一个稀有佩佩被拍卖到了39000美元。这个稀有佩佩叫Homer Pepe。Homer（荷马）是动画片《辛普森一家》里的形象。说出来你可能不信，这张图这么值钱，是因为它是一个"错版"，把英文的分钟minute写成了mintue。

这场聚会，台下坐着一位女士，手里举着她的相机。这可不是一位普通人，她是佳士得拍卖行的摄影专家安妮·布雷斯格德尔（Anne Bracegirdle）。听完这群人的演讲，她迫

拍卖出 39000 美元的 Homer Pepe。

不及待地约了幼虫实验室的两个技术宅探讨。

作为一名摄影师,安妮一直被一个问题困扰:摄影师的作品,只有在死后才会值钱。因为你活着的时候,随时都会拍出新的作品。你的作品越多,就越不值钱。只有确定你死透了,收藏者才愿意为你生前作品付高价。但此时,你已经享受不到这些钱了。

看到加密朋克,她一下子顿悟了,原来可以通过区块链的技术手段,用密码学保证一个艺术品的稀缺性:一旦艺术品上了区块链,就被巨大的计算力保护起来。就算是幼虫实验室的两位技术宅本人也没办法改动任何一个像素。

她向两人指了条明路:你们的艺术品要想影响更广泛的大众,必须去画廊和拍卖行。于是,霍尔和沃特金森开始参加艺术论坛，认识了很多画廊老板。

第一站，他们决定去瑞士苏黎世的一家画廊碰碰运气。为适应土豪的品味，他们决定把数字艺术的展现方式"降级"成传统艺术——选了十二张头像打印出来，装裱得富丽堂皇，再把对应的以太坊钱包的密码打印到一张纸上塞进信封，用中世纪风格的蜡封好。

开展前几天，画廊老板请沃特金森和一些金融界的土豪吃了顿饭，结果一顿饭吃下来，这十二个NFT已经快卖光了。沃特金森赶紧飞回纽约，又打印了十二个新的NFT，也被一扫而空。

一切看上去都很光鲜。但是，仅有圈外土豪加持的数字艺术梦想，终归是一场郁金香泡沫。这群人如火如荼地奔忙，并未来得及察觉，加密货币的寒冬已经不期而至。所有NFT的价格一落千丈，连加密朋克也变得无人问津。如一场野火扫过，满眼望去只有灰烬。

不过，就在这场大火之前，美国的某个角落曾发生一件小事。

克莱尔

2017年，零零后女艺术家"克莱尔"（Claire Silver）和密码专家"703先生"（Mr. 703）在网上萍水相逢。

克莱尔是网名，703先生也是网名，但他俩有一个共同的信念，加密艺术品一定有光明的未来。

当时，703先生送了克莱尔三个加密朋克的头像，并且让克莱尔发誓，将来这三个头像无论有多值钱，她也不许卖，因为这种艺术品是应该放在纽约现代艺术博物馆里的。

703先生为啥这么大方，给一个素未谋面的姑娘送上这样的大礼呢？因为，703先生就是我们之前提到的，抢到了七百五十八个头像的那个人。抢完之后，他连送带卖，散出去五十五个（包括给克莱尔的三个），还剩七百零三个，于是才自称"703先生"。

但克莱尔显然没有703先生那么强的信念。2018年，看到所有NFT头像的价值跌掉了九成，克莱尔照照镜子，自己仍然是那个身体孱弱、患有抑郁症的落魄艺术家，连下一顿饭钱在哪儿都不知道。她退了各种NFT群，没再和703先生说过话，而是买了一个二手iPad，又花十美元买了一个画图软件，开始搞一些涂鸦，试着赚点钱。她忙于生计，根本没工夫回头看。

无人注视的灰烬之下，正悄悄生出新芽。

如果把镜头往前倒，就在克莱尔和703先生认识的2017年，一个名叫OpenSea的网站悄然成立。它的创立者是亚历克斯·阿塔拉（Alex Atallah）和德文·芬泽（Devin Finzer）。

和那些单打独斗的代码英雄不同，OpenSea在成立之初

克莱尔把自己的推特头像换成了#1629加密朋克头像。

克莱尔自画像。

就开始拉融资，用正规公司的方式成长。2018年，OpenSea拿到了科技创业教父保罗·格雷厄姆（他也是那本著名的《黑客与画家》的作者）旗下加速器Y Combinator的十二万美元投资。靠着资本的力量，愣是咬牙熬过了寒冬。2021年，四年一度的加密世界热潮卷土重来，OpenSea狂揽十亿美金融资，瞬间从嫩芽长成参天大树。这一次，NFT世界不用再看拍卖行和画廊里那些土豪的脸色，它们有了属于自己的原生NFT交易市场。

Cryptopunks的头像也顺理成章成为OpenSea上的抢手货。

直到这个时候，潦倒的克莱尔才想起来，她自己手里还有三个NFT头像。她选了自己最喜欢的#1629，那个粉色头发的女孩儿，换成了自己的推特头像。就凭这个头像，她的推特一个月涨粉一千。蜂拥而至的粉丝带来的不仅有人气，还有真实的购买力。克莱尔把自己的作品放在OpenSea上出售，还真有人下单，卖掉了好几幅画，赚了价值六千多美元的ETH，其中一位买家就是703先生。

一个名叫贾斯汀·阿弗萨诺的摄影师联系到克莱尔，问她可不可以借用一下#1629头像，他有机会把这个头像放到纽约街头的电子展板上。

克莱尔赶紧答应下来。2021年5月，#1629果然出现在纽约现代艺术博物馆附近的一个电子屏幕上。

703先生的预言好像成真了——虽然还没放到现代艺术博物馆里面，但是只差三个路口。

克莱尔感觉心中翻涌,她想亲眼去看一看。从她家的小镇开车到纽约,要三天三夜。她把一个床垫塞进自己后座,发动汽车。到了晚上,她就找一家沃尔玛的停车场停好车,睡在里面,早晨去沃尔玛上个厕所,再接着开。就这样,2021年6月5日,她终于来到了这个让人眩晕的国际大都市。

她停好车,快步走到高大的电子屏幕前,那个粉色头发、戴着黑帽子的像素女孩,就这样安坐在屏幕后面,斜眼望着世界,一言不发。

这很朋克。

克莱尔从包里翻出一张软纸片,写上自己的名字,然后在旁边郑重地画了一朵小花,和她推特网名后面的花一模一样,举到面前,用手机拍了一张照片。

她把这张图片贴到推特上,配上一句话:在车里睡了好几天才到这儿,值了。

在推特网友的惊诧和祝福中,她专门绕道到盛产海鲜的康涅狄格州海岸,送给自己一顿丰盛的龙虾卷。

但克莱尔并未遵守她对703先生的承诺。2021年夏天,她妈妈住院,需要手术,她要在医院附近租一间房陪床,于是卖掉了两个加密朋克头像,一个六万八,一个一万八,都是美元。她手里只剩下了#1629。

犹豫很久,她买了一顶粉红色的假发。很难说是#1629成了她,还是她成了#1629。

NFT只是一张虚幻的图片,但在克莱尔的生命里,这张

"虚幻的图片"却用奇异的方式陪伴着她的岁月。在波澜不惊的人生里，她拥有了属于自己的英雄时刻。

没什么比这更真实了。

Pak

最早申领加密朋克头像的人中，还有一位叫埃里克·卡尔德隆（Erick Calderon）的人。他是一个商人，兼业余艺术家。NFT大火之后，他也创办了自己的NFT网站ArtBlock。

他的网站很有趣，里面所有的艺术家都不能自己来画作品，而必须使用像加密朋克一样的自动艺术生成技术，所以，ArtBlock上的艺术作品都带有抽象的风格。比如一个名叫Ringers的系列，来自艺术家德米特里（Dmitri Cherniak）。2021年，Ringers生成的一幅作品（#879），拍出了580万美元，人们管这幅画叫《鹅》。

钱已经给不了德米特里什么特别的感觉了，2022年，他决定做一件更行为艺术的事情。一月份的每一天，他都会用Ringers生成一幅作品，然后随机发送到一个以太坊钱包里。当然，由于是随机选定，很可能这个钱包根本没人用，或者，即便有人用，它的主人也不会查看，从而注意不到这个天上掉的馅饼。但德米特里就想这么做，他在推特上写道："把它看作是对出生、生命和死亡的庆祝。"

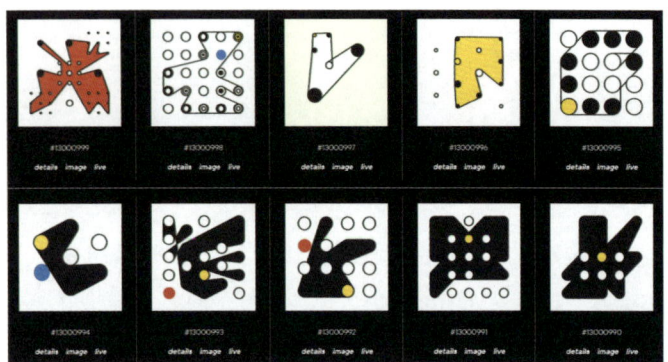

Ringers 系列 NFT，总共一千幅。

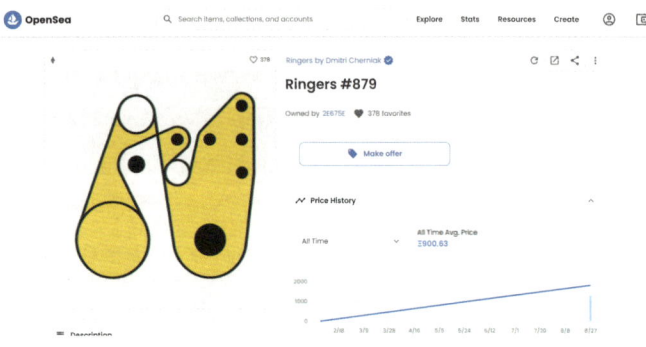

拍出 580 万美元的《鹅》。

其实，这一招还有另一个人玩过，毕加索就曾经故意把自己的画作"忘"在公交车上。

当然，这场NFT运动的明星，幼虫实验室的两个技术宅更不可能闲着，他们推出了新的3D风格的NFT，名叫Meebits。

3D风格，其实昭示了他们进军元宇宙的野心。在网页时代，一个人的头像就是一张图片，但在元宇宙里，一个人的形象是立体的，要有头有脸有屁股，要像七度空间一样能做三百六十度全方位无死角的运动，所以，加密朋克是像素风（Pixel），Meebits则是体素风（Voxel）。两者一脉相承。

不过，如今来看，以上这些故事，都只能算是NFT世界的序章。任何一个领域，都会经历一个"先驱"让位于"大

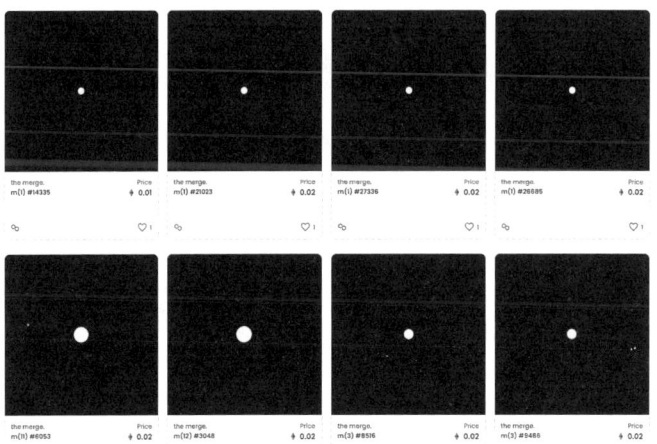

在OpenSea上交易的二手"物质"。

神"的历史瞬间。

这片幽蓝的深海里,真正的鲸鱼开始慢慢浮现。2021年3月11日,佳士得拍卖行拍出了一个NFT,这就是插画艺术家毕普尔(Beeple)的作品《每天:最初的5000天》。和其他电子算法生成的艺术品不同,毕普尔算是劳模了,他从2007年五一劳动节那天,就开始坚持每天画一幅画,到2021年,终于凑够了五千幅作品。他把这五千幅画拼成一幅。这幅画卖出了6935万美元。

这个数字妥妥打破了NFT最贵作品的历史纪录。而且,既然说了是"前五千天",那后面肯定还有"中五千天""后五千天"之类,那大概是2035年左右的事情了。真正可怕的是,毕普尔创造的纪录甚至没有保持一年。

杰夫·昆斯和他的雕塑《兔子》。

2021年12月2日,互联网的一个神秘角落,开始了一场为期四十八小时的售卖。卖的东西,名叫mass(物质)。

在这四十八小时内,你可以随便买多少,但过了截止时间,世界上就只有这么多mass。而根据每个人拥有的mass数量,区块链上的系统会实时给你生成一块物质,这就是你的NFT。Mass越多,你的物质就越大。

有趣的玩法在于,mass可以交易。如果你有十个mass,我有二十个,我把你的买来,我就有了三十个,与此同时,我的NFT也就变大了。

随着mass在不同人手中传递,这个空间里的物质便会开始运动、碰撞,就像我们的宇宙,没人能精准预言这些星体们将会如何演化、融合。可以说,这是一个动态变化的NFT,也是一场行为艺术。这场艺术的名字就叫The Merge——融合。

那场拍卖,一共有28983个买家买下了mass,总金额折合9180万美元。这个数字意义重大,不仅因为它再次刷新了NFT的最高价格,而且还创造了另一个历史纪录:在世艺术家公开拍卖艺术品的最高价。之前的最高纪录是9110万美元,由杰夫·昆斯(Jeff Koons)1986年的雕塑《兔子》在2019年创造。

这仿佛一场宣言:数字艺术的珠穆朗玛峰,已经超过了实体艺术。

而更有趣的是,The Merge背后名为Pak的艺术家,没有人知道他的真实姓名、长相,是男是女,甚至都没人知道他到底是一个人还是一个组织。但他的创造力却是被公认的——我们姑且认为是"他"吧。

早在2021年3月,初出茅庐的Pak就被苏富比拍卖行注意到,他的两幅作品《像素》(*The Pixel*)、《转变》(*The Switch*),分别拍出了136万美元和140万美元。

2021年9月30日,他开发出第一款社会实验游戏《失落的诗人》。游戏中,65536个AI生成的诗人头像总计卖出了7000万美元。

说回The Merge。2021年12月4日,Pak宣布上线了一个神秘的网站mass.black。这个网站目前只有一个首页,而它背后显然隐藏着Pak并未透露的The Merge更深层的玩法。而

这不是一张没有加载出来的图片,它是拍出136万美元的作品《像素》。

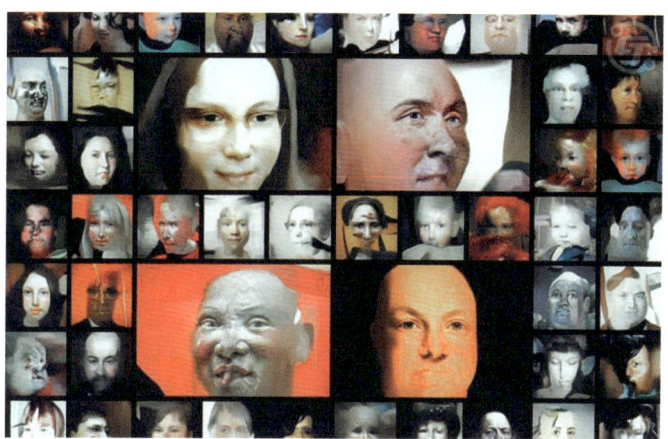

Pak 开发的社会实验游戏《失落的诗人》，有 65536 个 AI 生成的诗人头像。

2021 年 12 月 4 日上线的 mass.black 网站目前只有一个首页，自称是一个不寻常的寻宝游戏。

从这里看，那场拍卖似乎只是一个更宏大的项目的开端。

由此，Pak逐渐封神，他被称为"NFT世界里的中本聪"。他在推特上有三十三万粉丝，从某种程度上来说，这些人的关注并不是盲目的，因为正如Pak所说，他想证明NFT远远不是一张jpeg图片。至少，The Merge已经证明了，NFT可以依靠程序、代码和哲学设计，创造出比传统艺术更广阔的可能性，触达传统艺术无法触及的灵魂点位。

在The Merge所登陆的NFT网站Nifty Gateway底部，写着这样一句话：

我们不会停歇，直到有十亿人收藏NFT。

反叛者

很多人激烈地质疑，NFT究竟是不是艺术。就像当年人们质疑安迪·沃霍尔画的罐头是不是艺术一样。

质疑者的理由就是：这些作品并不具有传统意义上的"美感"。

但是请注意，人类艺术的最高峰，从来不是靠纯粹的"美感"达成，而是它们身上所承载的批判性和质疑精神。《蒙娜丽莎》之所以璀璨，是因为她用一双属于人类的温柔眼睛，藐视了中世纪的千年黑暗；《星夜》之所以永恒，是因为怒放的枝条直抵苍穹背后，是一个手握画笔，试图凝聚勇气冲破苦难的灵魂。当艺术开始向权力谄媚，它才不再是艺术。

由此来看，青蛙佩佩纵然渺小，密码朋克的头像虽然简陋，但它们却以一种分布式的方式，对时代进行观察，并试着与时代互动。不爽的时候，他们也会毫不顾忌地对时代竖起中指——一根分布式的、不可追溯的、被技术保护的中指。

即便人如蝼蚁，但每个人都有回应时代的冲动，以此证明他曾热烈或颓败地活过。你讲过的每一个笑话，你发过的每一个表情，都是你生命的呈堂证供。人人都希望自己的生命存证与众不同，就像并排的罐头瓶里最出挑的那个。

于是，藉由代码，人们区隔出了一个个小宇宙，在这些宇宙里，梦想以NFT的形式标价，任君采撷。

至少在自己的小宇宙里，你我都有机会做十五分钟的英雄梦。

这恐怕是机器如山堆垒、代码如潮奔涌的时代，能馈赠给它的子民们最好的东西。

钢琴传奇

刘诗昆 口述　王天兵 撰写

一位钢琴家的青春成长和命运轨迹。

钢琴启蒙

我1939年3月8日生于天津,不满三岁就开始学钢琴了。那时的中国,要不是生长在适当的城市,没有富裕的家庭背景,或者家长不懂音乐,你都不可能学钢琴,我很幸运,这几个条件都具备了。当时只有上海、天津、哈尔滨、青岛和厦门五个城市的孩子,才最有可能接触到钢琴,因为这五座城市深受西洋文化影响。北平市(今北京市)除燕京大学音乐系有少量学钢琴的学生外,也几乎看不到钢琴。

我后来能成为钢琴家,一个重要原因是小时候生长在天津。这座城市当时是仅次于上海的中国工业、商业、外贸和海运中心,有不少富裕家庭的孩子学钢琴,在社交场合也有钢琴可弹,喜欢西方古典音乐的大有人在。

学钢琴的最关键原因是我父亲,他不但懂音乐,而且还是大资本家。

父亲叫刘啸东,又名刘海皋,1911年9月19日生于北京市一个传统大家庭,我的祖父、曾祖父和高祖父三代都是科举中考的,曾祖父还是翰林。父亲兄弟姐妹六人,只有他一人比较洋化,1920年代末至30年代初,他先在青岛的山东大学学英文,后到上海国立音乐专科学校(今上海音乐学院前身)主修声乐,专攻西洋美声唱法的男低音。

我出生时,父母都在天津市商品检验局做职员。母亲名叫张敏君,生于1914年农历五月廿七日,她中学毕业后,到天津认识了我父亲,1938年两人成婚。

父亲早年就利用业余时间教授声乐,后来的声乐教育家沈湘教授等都曾得到他的声乐指导。到我懂事的时候,父亲已经在经商了,他跟杨厚成先生合伙开办了惠安进出口贸易行(简称"惠安行"),地址就在天津中国大戏院那条街再往海河走一点,距离法国桥(今解放桥)不是太远。他们把中国的土特产销售到外国,再把洋货运回中国来卖。后来盛如松和曹诗俊先生也加入惠安行,他们的生意越做越大。发家后,父亲跟搭档合伙在天津马场道和重庆道路口买下了香港大楼(今马场道10号),这是一幢建于1937年的五层公寓大楼,整个楼有几十个单元,还带地下车库,是由奥地利建筑师盖苓设计的现代建筑,砌墙的红砖都是从德国进口的,外观现在看来仍不过时。我们家住在三楼最大的一个单元里,有五间大屋、两间厕所,剩余的房屋全部出租。当年的京剧四大名旦之一尚小云就住在我们楼下,两家成为好朋友。尚小云的儿子尚长荣是当今京剧名角,那时还是比我小一岁的孩子,我们经常在一起玩。我还记得,尚小云曾送给我们两只会讲话的八哥鸟。

父亲头脑灵活,很会做生意,但他又是一个比较正统的人,虽然有了钱,但不抽烟、不喝烈酒,只喝点啤酒。他平时爱看书写作,文笔很不错,稿件有时还在音乐刊物上发表,业余时间全跟音乐家来往,他希望子女也都学音乐。我是家中长子,生下来叫刘诗崐,后来我自己改为"昆"字。我还有三个妹妹,大妹刘纯如,二妹刘澄如,三妹刘晶如。我们学习音乐的条件都很优越,我出生时,家里就有四台钢琴:一台三角钢琴是法国品牌"普莱耶尔"(PLEYEL),三台立式钢琴是"谋得利"(MOUTRIE)牌子的,这是在上海组装的英国钢琴。家里的装饰品也多是音乐题材,比如贝多芬铜像,以及西洋音乐家的画像等。

大概不到两岁的时候,有一天,我在客厅的地毯上爬,爬着爬着突然哭了起来。父亲很奇怪,在地毯上找来找去,看是不是有什么东西扎着我了,但没找着。后来我又不哭了。过了若干天,突然间我又大哭。第三次大哭,父亲就发现了一个规律。原来他收藏了一万多张西洋古典音乐的唱片,他经常用留声机放着听。每当我哇哇大哭时,都因为他在放莫扎特的《摇篮曲》唱片。其实这首曲子并不为表达悲哀而作，只是当时的我感到有种悲哀而已，直到今天我还如此认为。可一般不到两岁的孩子是不能分辨曲子的，更不能感到其中的内涵，但我特别灵，不但能听出是同一首曲子，而且每次都有同样强烈的感受，说明我对音乐特别敏感。当父亲发现我有音乐天资后，就立志把我培养成音乐家。

1941年下半年，我就开始学钢琴了。父亲给我请的启蒙老师是刘金定女士，她是北平燕京大学音乐系的毕业生，就住在天津"小白楼"。她教得很系统，我每个礼拜到她那儿上两次课，直到我家搬到上海为止。

平常在家，父亲就亲自教我弹琴。他知道正确的教授方法和弹奏方法，特别是手型——手指的姿势、手腕的形状要对，比如手指要弯曲，要用指尖，不能用指肚触键，大掌关节要鼓起来，不能塌下来等等。但我小时候非常贪玩，不喜欢弹琴，父亲就拿手把我圈在他腿上弹，而且跟我讲条件，今天只弹半个钟头。我看表针过了，要是父亲说再弹十分钟，就得拿玩具来换，一天大概最多弹一个钟头。我实在不听话了，他也会往我腿上打两下。但只要父亲一不在，我就不弹了。

我的玩具都是军事类的，什么飞机大炮坦克军舰手枪啊，直到现在我还喜欢。父亲为让我弹琴，就在钢琴前抱着我说，这个曲子是飞机，还在琴谱上画个飞机，飞机完了就是坦克……这样我一边想着飞机一边弹，就不觉得枯燥了。他也会讲一讲西方古典作曲家巴赫和贝多芬的故事，还经常边给我放唱片，边讲内容，比如说贝多芬《第六交响曲》，他说里头有田野、风吹和鸟鸣；还有贝多芬《第五交响曲》，开头是当当当当，他说这是命运在敲门。我家的音响很高级，是电子管的木壳音箱，当时可能只有天津上海才有。我从小把这些古典名曲听得滚瓜烂熟。

四岁左右时，有一次父亲下了班，骑自行车带我出去玩。我坐在他臂弯里，斜挎在横梁上。他一边骑行，一边吹口哨，吹的是贝多芬的《小提琴协奏曲》，好听极了。

天渐渐阴下来，凉风嗖嗖，乌云密布，父亲赶忙带着我回家，刚进家门，只听咔咔打了两声雷。我们外出总共三四十分钟。鬼使神差，我一进家就走到钢琴前，把父亲刚才吹奏的《小提琴协奏曲》主旋律弹了一遍，这支曲子开头和贝多芬《第五交响曲》类似，也是咚咚咚咚开始。此时，伴随着电闪雷鸣，我就在琴上弹出咚咚咚咚，还对父亲说：雷声就是命运。父亲惊喜莫名，高兴地把我抱起来，举过头顶，说：儿子会作曲啦！

我小时候学钢琴还有个特点，父亲除了教我钢琴以外，还要我练耳，最基础的练习是对音高的辨识。

国际标准钢琴的键盘分成几组音列，每组都有十二个音，分别由七个白键和五个黑键组成，共八十八个键。在同一组中，七个白键分别代表Do、Re、Mi、Fa、Sol、La、Si，我们那时叫C、D、E、F、G、A、B。标准钢琴的每个琴键对应的音高都是绝对固定的，比如某一音列的音名C，全世界的都一样，不高不低，就是这个音，物理学的说法是：它的震动频率是绝对一样的。所谓"练耳"，就是练习辨别音高。父亲先弹一个音，比如F，我要用"啊"唱出来，然后再弹G，我再唱，直到他弹任何一个音高，我就能唱出来，关键是能说出音名。然后他就弹任何两个音的组合，比如E、C或者E、B，一前一后或者两个同时摁，然后变成任何三个音，最后，他双手一起在钢琴上随便按十个音，次序完全打乱，我仍能分别说出是哪个音列的哪个音名，还能依次唱出来。十个音要是和谐的，还好辨认一些，完全不和谐的音要听出来就难了。等我把不和谐的音全都能听出来，和谐的就轻而易举了。

这样到四五岁时，我对钢琴键盘就非常熟悉了。钢琴的发声是流动的，在时间轴上可以分为纵、横两种音，纵音是由多个音组成的和声。很多人能听横音，但纵音不行，但无论横、纵，我都能分辨出来，一段音乐我听几遍就能弹出来。这变成了一种本能。

总之，我拥有了绝对音高。我五岁时第一次上台表演，是在天津一所教会的女青年俱乐部里，弹的是贝多芬的《G大调变奏曲》，从现在业余钢琴考级来说，这大概相当于七八级。上台前我已经弹得很熟了，但在台上弹了一半，我就停下来。刘金定老师在现场，我说：刘姑姑，我弹不下来了。为什么呢？原来我耳朵特别好，听出青年俱乐部的钢琴比我平常用的钢琴低了小半个音，就是差了不到半个音高，我本能就觉得不对,就弹不下去了。后来,刘金定又把我抱上去,我才勉强把它弹完。

还有,我将近三岁开始学弹琴,不看谱,全靠启蒙老师和父亲弹一句我模仿一句,一直到七八岁,我才学认谱。这有什么好处呢?培养音乐记忆力。因为认谱并不难。我不认谱,就得把所有东西全记在脑子里。

到了一定年龄,我听一个陌生的交响乐,在同一瞬间,有好多种乐器同时演奏,每一种乐器奏的音高都不同,但我能都听出来有哪些音。所以,不但全世界很多钢琴名曲我从小全能背弹,而且很多东西都是听会的,没练过也能弹。

从五六岁开始,我就能即兴弹奏,比如歌剧、声乐或者交响乐的曲子,不用看谱,我听了就能用钢琴弹出来。渐渐的,只要给我一个主旋律,我就能用它衍生出一段钢琴曲,而且能不断延伸下去。还有交响乐、器乐独奏或者声乐,事先不需要准备,我听几遍就能把它变成钢琴曲。儿时开始学作曲,老师指定我编一个欢快的或忧伤的曲子,或者让我写一个象征小鸟或小兔的曲子,都能信手拈来。

童年在天津

我在天津住到差不多四六、四七年,其间我有了两个妹妹:大妹刘纯如,二妹刘澄如。我家的生活很西化,家里好几名佣人都穿西装，做饭用西餐厨子，家具沙发也是西式的。父亲在正经场合都穿西装打领带，从来不穿中式长衫。只有我母亲穿过中式旗袍。我从小也穿西式服装，冬天穿英式的短裤和长腿袜。

从一岁开始，每年过生日，父母都给我买一个奶油蛋糕，跟今天的没两样，上面也有字，几岁就点几根蜡烛。我吹蜡烛时还照相，这一直持续到我大概七八岁。接着，妹妹们过生日也吃蛋糕。一到圣诞节，我们家还要开派对。父亲在圣诞树上挂很多饰物和彩色小灯泡，还为我们精心准备圣诞礼物。印象中第一次过圣诞节，我已经有了两个妹妹。睡觉前，父亲在我们每个人的床边都挂两只长袜子，第二天早上起床一看，袜子里满是玩具，还有吃的零食，装不下的大玩具就放在袜子旁。父亲说，这是圣诞老公公半夜给我们送来的。香港大楼的客厅里是有壁炉的。我小时候就以为，圣诞老公公是从烟筒钻到壁炉里，又跑到我们床前送礼物的。

父亲知识渊博，还有耐心，他给我讲很多故事，比如格林童话、迪士尼的故事等等，还讲法布尔的《昆虫记》，以及很多科学知识，比如太阳系有多少颗行星，行星如何围着太阳转，宇宙的规律等等。我能认字以后，就自个儿看书学习。

我很爱动脑子，想问题。记得六岁时，我常望着天，想天有没有头？要是有头，那头在哪儿呢？过了头，又是什么呢？要是没头，哪能有没头的东西呢？想来想去不明白。

我还想时间什么时候有、什么时候没有？"东西"什么时候开始有、到什么时候没有？我还把这些想法跟音乐串起来想——音乐没了以后的后面呢？脑子里净是这些稀奇古怪的东西，长大后我兴趣仍然很广泛，至今关注各方面的事情，这都和童年的教育有关。成年后我接触到现代物理的概念，比如黑洞、宇宙大爆炸、时间的起始以及反物质和暗物质等等，我若有所悟，原来小时候的胡思乱想背后还有这么深邃的道理。

母亲一生忠厚老实，相夫教子。她不懂音乐，平时也不管我弹琴的事，但她很会照顾我们，每天吃饭都非常讲究营养，早上喝牛奶、吃鸡蛋，还要吃鱼肝油，因此我们兄妹几个身体底子打得都非常好。六岁时，我曾在天津感染过肺结核，虽然是最轻微的，但当时还没有特效药，母亲就在家给我调养，过了五个月结核钙化，没有留下后遗症。

我在天津上过两年私立的幼儿园，应该是四岁开始上的。幼儿园有两位女老师，一位姓安，一位姓沈，我叫安先生、沈先生。同班大概有二三十个同学，其中一个是袁世凯的孙女。

幼儿园老师讲过一个智力测验题考我们，说有一个人带了两只羊和一只狼要过河，河上有一座独木桥，一次只能过一个人和一只动物。狼在人面前不敢吃羊，但离开了人就要吃羊，怎么把这两只羊和一只狼都平安地带过河去？全班没人答对，就我给猜出来了。我说，人先把狼运过去，然后单身回来（把狼放在对岸），再把一只羊运过去，再把狼带回来，再把羊运过去（把狼放在这边），最后再回来把狼运过去。

我一、二、三年级没上小学，父亲请了家庭教师来教我和妹妹。上午上文化课，下午学钢琴。

小时候我很独立，大概从两三岁起就自己住一个房间，再大点就跟妹妹住一个房间，不跟妈妈睡。我们家的孩子都比较独立。小学我就自己去上，放学后就是玩，疯玩。我喜欢在香港大楼爬墙，翻上翻下，还爱爬树，爬来爬去的，也从来没摔过跟头。虽然我是家中的大哥哥，但很少跟妹妹们一起玩。我有不少小伙伴，都是父亲同学和朋友的孩子。我不是那种文雅的孩子，比较淘气。

记忆深刻的还有天津赛马场，马场旁边有个国际俱乐部。我父亲经常礼拜六、礼拜日带我去那儿，有室内游泳池、室内网球场、保龄球馆。我们玩得很开心。这个俱乐部还在呢。

虽然生活西化，但父亲也有很传统的一面。他经商赚了钱，对孝敬父母和照顾兄弟姐妹也是义不容辞。他在北平买了一个大院子，把全家人都安置在一起。逢年过节，父亲就带我回北平大院去看看老祖母和亲戚。我从小也感受过传统中式大家庭的和睦友爱，但我不喜欢那些红木家具、佛像和红蜡烛。父亲是个无神论者，对这些迷信也不在乎——北平和天津虽然相距不远，却是两座气质完全不同的城市。

我出生后,天津已经被日本人占领了。我小时候还见过日本兵,他们在街上一队一队地走过。大概五六岁时,父母还带我们全家到青岛去度假,乘火车也是跟日本兵坐一块,虽然他们对我们并不凶,但我小时候恨日本兵,知道是他们侵占了中国。

父亲也很爱国。家里有一台收音机,他每天夜深人静就收听重庆的广播台。后来日本人到各家各户搜查,发现收音机不没收,而是凿开焊上,不让居民收听沦陷区以外的广播。父亲就想办法重新打开,每到半夜仍偷偷收听,一开始是《义勇军进行曲》:"起来!不愿做奴隶的人们……"然后什么美军轰炸东京,B29轰炸机,今天一千架次,明天五百架次等等。

在天津那些年还有一段插曲。1943年贺绿汀从天津上延安,是我父亲帮助的。他俩是上海音乐专科学校的同学,我还见过贺绿汀,他化了装,贴个小胡子,刚从苏北解放区绕道来天津,准备渡黄河去延安。当时日本鬼子没打到陕北,只在黄河东岸建立了一条封锁线,不准渡河。我有位堂兄叫刘诗奎,比我父亲还大几岁,在黄河边上一个伪政府里做文职小职员,父亲就通过他找到一条木船,半夜把贺绿汀给送过了黄河,到对岸日伪就管不了了。他就这样去了延安,后来创作出《游击队歌》和《嘉陵江上》等脍炙人口的抗日歌曲。

文化大革命中,贺绿汀成为全上海公开批斗的对象,我堂兄也因此被红卫兵活活打死，其中一条罪名就是"帮助反革命修正主义分子贺绿汀"。贺绿汀去世前几个月，我陪父亲一起去上海华东医院看望，他临终还念念不忘，流着泪说：诗奎是受我牵连才死的。

抗战胜利，日本投降，国民政府为阻止八路军接收天津，特许美国海军陆战队进驻天津，并授权他们率先接受日本驻军投降。后来听说，他们是乘坐舰船从天津的塘沽港登陆的。

我最早见到清一色的美军，是在天津的马路上。当时保姆带着我，眼看着一大队美军步行走过马场道。我们还跟着美军往前走。他们走走停停，尾随的人越聚越多。我从小喜欢当兵打仗，对战争和武器有浓厚兴趣，现在看到正规军，别提多兴奋了，趁他们休息的时候，我还跑到美军队伍里，东张西望，对什么都好奇。有个大兵看我很好玩，还让我摸他的枪。记得那是一支轻机枪，那个大兵让我抓，我试了试，根本拿不起来，还说怎么这么重。

美军进城后，举行了受降仪式，日军向美军缴械。天津正式移交给国民党军队（简称国军）指日可待。不久，全天津都知道国军入城的路线和日期了，市民们都做好欢迎的准备，因为国军将士在抗战中打得很英勇，抗战后国民党的声望也如日中天。

国军进城那天，父亲带我们全家租了一家酒店的三楼房间，从那里观看入城仪式。国军是乘坐美国登陆舰沿海河进入市区的。晚上天刚黑,大概八九点钟,国军出现了。他们队列整齐,全副武装,举着国军军旗,步行进入天津。这是我第一次见到国军。我们从酒店窗口上争睹将士英姿,夹道迎接的市民争先恐后、欢声雷动。

交接后美军并没有撤出天津,还继续停留了一段时间。我亲眼见过海河上美国的登陆舰,可能是从太平洋开到塘沽,再沿海河驶达天津市区的。当时海河航道能走三四千吨的轮船。我家还接待过三名美国军人,大概因为香港大楼很显眼、很漂亮,全天津也没多少那样时尚的房子。第一名美军开车路过就停下来看看,无意中认识了我父母,他受邀进门,洋派富足的生活空间一定让他很惊讶。父亲用英语跟他交谈绰绰有余。母亲的英文虽然没有父亲好,但日常口语没问题。他们都很好客,这名军官就经常来玩。

我家前后接待了三位美军,头两位是中高个,第三位是军需官,个子矮矮,胖乎乎的,他们都是尉官,不是基层的大兵,戴那种船形军帽。第一位换防离开天津,就介绍第二位来,第二位走了再介绍第三位。没有什么规章制度限制美军在天津自由活动,他们隔三岔五就开着吉普车来了,还把车停在香港大楼的地下停车场里。我们热情招待他们,给他们做丰盛的菜肴。他们也很大方,每次来都大包小包地带来各种军用罐头和日常用品。我们家也有汽车,但因为汽油紧俏,不经常开。他们就把我家的车开到军营里随便灌油,美军那边也没人管。到圣诞节,美国军人来我们家开PARTY。

客厅里点缀着圣诞树,上面还挂满红红绿绿的小吊灯,让他们有宾至如归的感觉。父亲和美国人谈笑风生,可惜我听不懂英语。

我家跟美国人结交并非出于什么政治原因,只是因为对那几位美国军人有好感,毕竟是美国人帮中国打败了日本。美军驻扎期间,还有一件事给我留下很深的印象。当时父亲想自己开车带我们回北平大院,看看老祖母和家人,可美军经常在平津公路上和八路军发生摩擦。怎么去呢?那天上午,父亲预先打听到有一个美军车队从天津开到北平,他就把车开到了天津市郊的路边上,等美军车队驶过时,我们跟在后面,一路尾随到北平。

抗战胜利后,国家财政状况良好,大城市都非常繁荣,父亲的生意也比在敌伪时期更加兴隆,他的商行分别在天津、上海、青岛、武汉、香港、台北以及日本东京、韩国汉城(现称首尔)等地设有分行。他对音乐事业仍然情有独钟,著名小提琴家马思宏(马思聪弟弟)、钢琴家吴乐懿和歌唱家黄源尹自海外回国,在天津联袂举行音乐表演会,也是由父亲一手赞助和组办的。

1947年,父亲曾带着我和两个妹妹去台湾住过三个月,当时三妹还没出世,蒋介石也没到台湾呢。父亲在台北办公,在台北远郊北投安家,住在一座三层洋房里,那时全台北最高的房子也就三层。两地之间坐火车要半个多小时,我常常一个人坐火车去见父亲,当时也才八岁。

父亲在台湾有辆敞篷车，他喜欢带着我，像教我弹钢琴一样，把我抱在方向盘前坐着，让我把舵，然后他踩油门，我们父子就在圆山大道上飙车，我无比开心……不过，从台湾回来不久，我就被诊断出了先天性哮喘，是被潮湿的天气诱发的，但症状比较轻，也很容易治疗，晚上吃半粒药就缓解了。

我小时候也有不开心、至今耿耿于怀的事。

我很喜欢钱，听说我两岁的时候，母亲的义母，我管她叫婆婆，特别疼我，她想测验我将来的喜好和志向，就摆了很多东西让我去抓。我一把就抓起了个大算盘。她笑着说我长大了会很喜欢钱。抗战胜利后，我果真见到了很多钱。当时几种货币并存，有国民政府新发行的法币和关金，有日本敌伪政府原先发行的联币。父亲的亲朋好友有很多生意人，他们比日伪时期更有钱了，都很亢奋高兴，因此四六、四七年两个春节互相拜年时，一见我们就给很多压岁钱，每人一个红包，里面装着各种各样的票子，种类繁多、图案丰富。我得了起码有上百个红包，满心欢喜，小心翼翼地将厚厚的纸币一沓一沓理得好好的，放进一个铁盒子，再藏到自己房间里。可是，一过正月十五，父亲竟然找到铁盒子，还当着我的面硬把钱拿个精光，一点商量的余地都没有，而且连着两个春节都如此。

父亲这个人有时很奇怪，平时虽然给我的零花钱数目不是很大，也并不宠惯我们，但为我们花钱并不吝啬，如今见着儿女们一下子有这么多钱，怎么又有点吝惜了呢？至今七十多年过去了，父亲也去世十多年了，我仍记忆犹新，对他拿走压岁钱的做法还有不满。

还有一件事，我最喜欢的玩具是坦克，要求多次，父亲也没给我买，我至今也牢牢记得。那时我就想，要是自己做了父亲，绝对不忍心这样对孩子，我会比他更宠惯孩子。

解放前夕在上海

1947年末，父亲的生意做得更大，他在上海拥有一条在当时来讲很大的轮船——载重七千多吨的"南强号"，还在上海买了一套公寓，位于现淮海中路和常熟路交会处的愉园公寓内。这个约三百平方米的独立单元是父亲花了近八千美金买下的，我们全家随即搬到了上海。

当时上海非常繁华，街上汽车多得不得了。父亲一到上海，又买了辆1946年出厂的美国克莱斯勒浅蓝色高级轿车。从1942年到二战结束，美国所有汽车厂家都只生产军用汽车，因此四十年代在上海能见到的美国小轿车，不是四二年产的，就是四六年产的。我从小喜欢汽车，上海所有的美国汽车，是哪个牌子、哪一年造的，我一看就知道。

在上海读书，一开始也是父亲给我聘私教，后来就进校读书，一入学直读四年级。学校叫启秀小学，是所私立小学，位于现在的淮海中路上。我每天上午学钢琴，下午一点至六点到学校上课。我自己去上学，有时候坐电车，有时候坐三轮车。我仍然很爱玩，记得到上海后得到一支枪管很长的气枪，可以打圆豆。我整天拿气枪打人家的汽车玩。

我们学语文、算术、地理、历史等。四年级的班主任叫范先生，她挺厉害的，不听话就打手板，同学背后管她叫范老太婆。我不太用功，但成绩很好，百分制都是九十分以上，没挨过手板。

父亲把那台普莱耶尔三角钢琴也搬到了上海。我在天津已经把基础打牢，不再需要父亲手把手教，再者，他觉得也教不了我了。到上海后，他给我找了一位作曲老师。我跟着学了几个月。其实不用教，我自己就会了，我做的第一首钢琴曲叫《快乐的小白兔》，现在还会弹呢。

父亲还让我跟白俄钢琴家拉泽诺夫学钢琴。他是李斯特的徒孙，曾任彼得堡音乐学院教授，犹太人，十月革命后，他从俄罗斯跑到上海。他家离我家也不远。我每周去他家上两次课。拉泽诺夫很喜欢我，说我是少有的天才。上海音乐专科学校的教授范继生和张俊伟，是我父亲的老校友和好朋友，都曾在我家借宿过，有时，他们也带我去拉泽诺夫家上课，并做我的翻译。

我七八岁时，堂兄刘诗嵘教我学会了识谱。他父亲死得早，年轻时曾得到我父亲的关照，他进学上海音专，学费也是我父亲出的。

自1947年全家迁居上海后，由于条件优越，房屋宽敞，而且我父亲人缘好，还有上万张唱片和高级音响设备，因此每逢周六周日，上海国立音乐专科学校各音乐门类的老教授们，像贺绿汀、丁善德、吴乐懿、周小燕、范继生、张俊伟、姚继新、陈传熙、刘振汉，常到我家聚会，听唱片、打扑克牌、吃饭等等。有时他们也听我弹琴，都认为我是"小神童""小天才"。

我的三个妹妹都有一定音乐才能，后来都毕业于上海音乐学院，大妹刘纯如学大提琴，二妹刘澄如学竖琴，三妹刘晶如学钢琴。不过，父亲从没像对我那样手把手教过她们。

1948年内战爆发，上海北平之间的火车不通了。父亲曾带我和妹妹从上海回北平看过一次祖母和其他亲戚。我们是乘飞机来回的，这在当时非常奢侈，乘坐的是中国航空公司的四螺旋桨大型客机，机身比较大，与现在的波音737差不多，能坐七八十人，驾驶员是美国人，女空乘人员是中国人，也戴着美式船形帽。这是我第一次坐飞机，什么都新鲜，但起飞不久就呕吐得很厉害。当飞机从北平城上空飞过时，我鸟瞰机翼下的古城，顿觉心旷神怡。老北京的古城墙和故宫等古迹醒目、清晰、完整，好看极了。

1949年初，上海的大部分有钱人不是去台湾，就是去香港。我父亲的公司和资产有两部分，一部分在台北、香港、东京、汉城，一部分在上海、天津、青岛、武汉，他犹豫不决，是出去呢还是留守？两边都有很多资产。他手底下有个高级职员比较进步，反复劝说他别走，说共产党其实挺好的。父亲考虑再三，最终决定还是去台湾，因为那里有自个儿的办公楼和住房。那时上海到台湾没有民用飞机，只有轮船。1949年3月的一天清晨，父母带着我和几个妹妹到上海十六铺码头，登上了开往台湾的客轮"中兴轮"。

父亲买的是头等包舱，上船后才发现我们的包舱被一群挎手枪的国民党低级军官霸占了。他们态度蛮横，就是不肯出来。船上的管理人员也不敢轰这群带枪的人，便劝父亲搭地铺，晚上睡在船舱的人行道上凑合一下算了。父亲带我们去台湾本就三心二意，见这种情况，就说先别去了，以后再说。于是，我们全家又回上海家了。三个月后，中国人民解放军攻占上海，上海解放。

1949年的4月，我刚满十岁，在上海参加了民间团体举办的中国首次少年儿童钢琴比赛，参赛的是来自上海本市和各地的近百名少年儿童选手。我参赛弹奏的是拉泽诺夫选的罕莫尔《回旋曲》。这是我首次登台参赛，至今还记得在台上弹奏时，整个人如坠云雾之中，迷迷糊糊，似乎没有感到自己在弹琴，可是，弹完后，全场掌声雷动，都说我弹得极为出色。结果我得了第一名，报纸刊登、电台广播，都称我为神童。父亲高兴得不得了，长大后我得国际大奖他反倒没有喜形于色。

上海解放前夕，国民党大肆抓捕共产党地下工作者和进步人士。堂兄刘诗嵘曾先后两次把遭国民党通缉的学生带到我家躲避，每次都有七八人，接连数日在我家打地铺，客厅都睡满了。父亲早对国民党大失所望，因此也同情进步学生和进步人士，尽力为他们提供保护，尽管这样做是冒很大风险的，他知道躲到自己家里的都是进步学生或中共地下党人员，其中一名还是国民党点名要捉拿归案的中共上海地下党要员。那时，上海全城笼罩着恐怖气氛，被称为"飞行堡垒"、车顶架着机枪的大号红色警车，每天拉着尖利刺耳的警笛从我家门口驶过，这都是国民党去抓人的。我在这种风声鹤唳的氛围中继续练琴。家门外的马路对面就是国民党的警察分局，我一边弹奏巴赫、莫扎特、肖邦的优雅乐曲，一边看着警察局阴森的大楼，一边听着飞行堡垒的刺耳笛声，三者交织，真是一种十分怪异又极不调和的场景和气氛。

解放军攻占上海的头天晚上，国民党败兵仓皇撤离，其队伍在我们家门口足足走了两个钟头。此时，距我在天津首次见到凯旋、精神抖擞的国民党军队才仅隔四年，真是今非昔比。第二天早上起床一看，在警察分局外站岗的哨兵已经全换成了解放军。一夜之间，时代变了。

中央音乐学院附中

解放初的五〇年到五一年，父亲在青岛做生意，因那里的买卖特别火爆。他租了一个花园洋房，有好几亩地大，坐落在靠海的别墅区半山坡上。我们全家随他在青岛住了一年,我上小学六年级。

1951年,我十二岁。上海音乐学院(时为中央音乐学院上海分院)附中到青岛招生,带队的是我父亲的一个老同学,叫姚继新,声乐教授。我考完试,名列前茅,但招生组里除姚继新外,都是上海音乐学院非常激进,甚至过"左"的大学生,他们坚持说我的家庭出身是资本家,不能录取。姚继新就向时任上海音乐学院院长、我父亲的老友贺绿汀汇报。贺听说后也很生气,下令坚决招收我这名小天才入学。这样,1951年9月,我进入了上海音乐学院刚建校的附属中等音乐学校。可是,我在那里只待了不到三个月,因气候原因,哮喘发作,不得不在当年11月转学到天津的中央音乐学院附中。

班上共有十六名同学,年龄都和我相近,但真正会弹钢琴的只有我一人,还有三位同学会弹最初浅的钢琴教材,其他同学什么乐器都不会,都是靠唱歌考进的。当今学钢琴的琴童无以数计,而那时,全国却很难找到几个十多岁就会弹钢琴的学生。后来曾任中央音乐学院钢琴系主任的杨峻曾不止一次对人说过:他1952年到中央音乐学院附中参加入学考试的那一天,就是生平第一次见到钢琴是什么样的日子。

中央音乐学院附中所有学生都强制性住校。那时住校有两个特点,一是生活条件非常艰苦,二是上学不花一分钱,学校管吃管住,不交学费,家庭困难的还倒发助学金。

我们这班八九个男生挤住在一间宿舍里，睡的是上下铺木板床，床做得非常粗糙，一点油漆都没刷，木头缝隙的地方，肉眼就能看见里面爬满臭虫。我们想了个治理的土办法，买农药六六六，再沾点水，和成腻子，把木头缝连同里面的臭虫全封糊起来。至于伙食，每顿饭主食以高粱米饭和窝头等粗粮为主，还有两大海碗菜，诸如咸水煮黄豆、青菜萝卜、熬大白菜……很少见肉。

虽然和早年的生活条件反差很大，但我也从没有想过要回家。我的适应性比较强，从来不娇气。我上音乐附中纯粹出于惯性，完全没有在音乐上取得成就的想法。既然上了，就只能这样了。

由于学校伙食差，油水太少，我正长个儿，需要营养，常一个人偷偷溜出学校下饭馆。我常去的是天津河西区一家叫起士林的西餐厅。那时物价非常便宜，一客西餐，包含汤、热菜、冷菜、咖啡、红茶，最初才六七角人民币，后来才涨到七八角。家里每月给我零花钱，吃几顿西餐还绰绰有余。这样持续了好几年，别的同学都不知道。学校管得很严，要是有人知道，我是要挨批的。

我们的课程量很大，有主科钢琴，副科其他乐器，乐理和视唱练耳等音乐共同课，还有普通中学的语文、历史、地理和数理化等文化课。我的主科钢琴老师叫洪士銈，留法归国。当时还有"民族化"的教学要求，规定每名学生必须学一门中国民族乐器作为副科，我选的是二胡，先后教过我的是两位二胡名师——刘北茂和兰玉松。但二胡我一直没认真学，混了几年就算应付过去了。

那时，我的音乐才华和钢琴弹奏水平不仅是全附中最高的，就是整个中央音乐学院大学本科的学生，也没有谁能和我相比。但我刚进附中时，还是不太喜欢钢琴，也不想成为钢琴家。一些钢琴老师都因我才高而不用功感到惋惜，有位叫李娥荪的女钢琴老师，虽不是我的主科老师，还因我不用功而懊恼得哭过好几次呢。

中央音乐学院附中时期，全家也在天津，我每周回家一次，周六中午到家，周日晚返校。1952年一个周六的中午，我回到香港大楼家里，发现父亲没在家，室内放贵重物品的柜子全被贴了盖着大红印的封条。母亲说，父亲被抓走了。她显然受了惊吓，束手无策，但尽量不表露出来，她也不知道父亲为什么被抓。我也不知道，但以我对父亲的了解，坚信他不会做什么坏事。母亲对我说，来了几个专案组的人，很和气，说父亲没大事，希望她提供家中经济状况的材料。母亲是家庭妇女，对父亲经商的事从来一无所知，所以他们也问不出什么来。

过了两三个月，有一个周末我回到家里，发现父亲终于给放回来了。父亲说他被抓后，主要是让他将自己在中国台北、香港，日本东京和韩国汉城公司的外汇钱款都调回中国大陆。但那时大陆和海外已处于隔绝状态，他尽其所能，才将海外的部分外汇共计两百余万港币调回。款到后，他就被释放了。

那时在香港买一栋花园洋房约需两万多港币,如今在香港这类洋房起码要港币几个亿。那时的两百余万港币可在香港买百余栋洋房,相当于现在的几百亿港币,折合几十亿美金。

1953年,我加入了中国少年先锋队(简称少先队,原叫中国少年儿童队)。我的大部分同班同学早在进入中央音乐学院附中前的小学时代就已经加入了少先队,而我直到附中三年级才戴上红领巾,这是因为我的家庭出身不好。当时有种说法,凡家庭是工人、农民、解放军、进步知识分子和革命干部,就是所谓"家庭出身好";凡家庭是所谓"剥削阶级",即地主、富农、资本家,以及反革命分子、坏分子,就是"家庭出身不好"。我入少先队前,要经过一系列的自我批判过程,即批判自己资产阶级家庭的剥削阶级本质、父亲是怎样剥削劳动人民的、剥削阶级家庭给我带来哪些不良影响、自己应该怎样在思想上和家庭划清界限,等等。为入少先队,我写了多达几万字的自我批判材料。

这种程序很严格,而我那时就已经知道怎样对待了。我从年龄不大的时候就关心政治,政治课成绩从来很好,因此这种批判材料该写什么,该按照什么样的政治思想口径,措辞的分寸该如何把握,我都心中有数。我终于过了自我批判这一关,戴上了红领巾。

也是这一年,中央音乐学院附中成立了由附中学生组成的"红领巾合唱团",有七八十人。由于附中的学生耳朵灵敏,唱歌音准、节奏和乐感都很好,这个合唱团非常出色。我因琴弹得好,还擅长钢琴即兴弹奏,被指定为合唱团的常任钢琴伴奏。

我们到处演出,在台上,合唱团的男女学生上身都穿着雪白的衬衫、系着红领巾,下身男学生着米黄色短裤、黑皮鞋,显得大方利落、英气勃勃,女学生则穿鲜艳的花格裙子,显得靓丽活泼、富有朝气;我们演唱的歌曲有中国、苏联和各东欧社会主义国家的少年儿童歌曲,包括《让我们荡起双桨》和肖斯塔科维奇的合唱套曲《森林之歌》中的著名少年儿童选曲,歌声嘹亮、振奋、动听,在哪里演唱都受到热烈欢迎,还不止一次给党和国家领导人表演过,成为当时国内著名的少年儿童合唱团。而我,也成为一名引人关注的出色合唱伴奏者。

中央音乐学院附中合唱队有位女学生,与我同龄,比我低一班。1954年,我到北京度暑假,这位女同学也回到北京家里,当时,我和她都十五岁,由于我俩在北京的住处离得很近,暑假中,我们多有来往,接触多了,彼此产生好感,有时在街上、胡同里和房间里,趁没人时相互搂一搂、抱一抱,好了一个暑假,可算是我的初恋。

那时全国有一种甚为特殊、过分的禁欲氛围,中央音乐学院附中和一般中学的学生都是不准谈恋爱的。开学后,这位女同学越想越害怕,竟主动把这事向老师汇报了。结果不得了，学校如遇大敌。老师马上找我严厉谈话，并勒令我把同这位女同学的交往，包括人身接触细节，都要一一写成交代材料，外加自我批判，还要将此事上纲上线到剥削阶级家庭对我造成的不良影响这一高度。

由于这位女同学敢于自我批评，学校没有惩罚她，却在全校大会上公开给我一个严重警告处分。自此之后，我和她谁也不敢理谁了。她见了我就背过脸去。

备战国际钢琴比赛

1955年，中央音乐学院来了位苏联专家，叫塔图良。那时中苏正处在蜜月期，苏联派了几万名各方面专家来华支援社会主义建设，塔图良是莫斯科国立格涅辛音乐学院的教授，五十岁左右，为人和善，教学出色。他听过我弹琴后，非要收我做学生不可。开始，校方因我的家庭出身不好而未同意。可当时苏联是社会主义阵营的老大哥，苏联专家的意见非同小可，学校只得同意。

如果说父亲给我以启蒙，刘金定老师带我入门，塔图良则引领我进一步跨入了钢琴艺术的殿堂。

我原来不知道钢琴还有如此广阔的天地。同塔图良上课后，我首先明白了什么是钢琴的"音色"，明白了同一台钢琴，在不同人演奏下，能发出相互差别很大的不同声音，即音色。同一台钢琴可以弹得明亮结实,也可以弹得虚弱模糊;可以弹得如波光般轻盈灵动,也可以弹得像枯树干那样木讷乏味。别人总说我的音色通透、明亮、立体、宽广,这种音色感,就是在塔图良老师的指点下开始形成的。

塔图良还使我懂得,弹琴除了要讲求音色,还要注意层次感,但主旋律要弹得鲜明,同时支声部旋律的表达也要清晰,这样乐曲才能主次分明、富有层次。

还有句法。音乐是时间的艺术,其实和文章一样,是句句相连而成的。不同演奏者往往对同一首乐曲有不同的分句法,有人善于长句,有人则擅长短句,将句法的分寸把握好了,弹奏才能有舒服的呼吸感,才能奏出美妙的乐意。我的句法意识也是从塔图良那里获得启蒙的。

许多时候,钢琴演奏还要讲求音质的颗粒感。唐代诗人白居易形容中国乐器琵琶演奏的千古名句"嘈嘈切切错杂弹,大珠小珠落玉盘",描述的就是颗粒感。在塔图良的点拨下,我弹出的琴音更清晰、干净、利落,更能有颗粒感。

在和塔图良进学期间,有一天,突然接到通知,李斯特国际钢琴比赛将于1956年9月在匈牙利首都布达佩斯举行,指定我代表中国参赛。

李斯特通常被认为有史以来创作最多最高难度钢琴作品的作曲家之一,李斯特国际钢琴比赛的所有指定曲目都是他本人的作品,这些曲目除其中一首外,我过去都没有弹过。像这种国际比赛,参赛选手通常要花两三年,最快也得一年时间准备。但当时国家文化部因对国际音乐赛事不够了解，致使我在该比赛举行的三个多月之前，即当年五月下旬才接到参赛通知。要在短短不到三个月的时间内把这些曲目全部弹出来，而且达到参赛的演奏水准，难度超乎想象，一般人是望尘莫及的。

中央音乐学院校方最初考虑的参赛人选还不是我，原因又是我的出身不好。塔图良知道了很不满意，他说："我就是提议选刘诗昆！"学院当然又得听他的。

眼看就到暑假了，中方要安排苏联专家去避暑。这个暑假的七八月份，我和另一位参加这场比赛的选手、上海音乐学院的李瑞星，连同一位俄语女翻译陈惠甦，跟随塔图良一起到青岛边避暑边备战。

在青岛，塔图良住在专门招待苏联专家的宾馆里，我们三人住在青岛文化局的招待所。塔图良几乎每天都乘小汽车到我们驻地上课，一上就是多个小时。整个暑假，他几乎没有休息过，我和李瑞星也每天从早到晚全天练琴。

我的赛曲有一首是《匈牙利狂想曲第六首》，这是公认的展示钢琴八度演奏技术的代表作和试金石。什么是八度技术呢？是指同时弹下两个相互距离为八个音高之同音的技术。八度技术是钢琴技术中最常用、最重要，也是最难的技术之一，即便世界著名钢琴家，也有些人八度技术并不够理想。《匈牙利狂想曲第六首》其中的高难度八度让多少钢琴家一试锋芒，又有多少人铩羽而归。由于我出色地驾驭了所有参赛曲目,特别是这首狂想曲的八度弹奏技术,塔图良对我这次参赛充满信心,他把宝押在我身上了。

最后,塔图良决定进行一场热身,文化部指令黄贻钧指挥的上海交响乐团与我们一起排练,这是我生平第一次与交响乐团演奏。我们在上海音乐厅举办了一场李斯特钢琴曲专场演出,结果大受欢迎,很多人对我充满期待。其实我压根没想过得奖。此前我没出过国,根本不知道国际乐坛是怎么回事。我从小听惯西洋音乐大师的唱片,常把国际水准想得比天高,与外国钢琴家相比,中国遥不可及。虽然苦练备战,但我真有点无所谓,到那儿再说,走走看吧。

那时,在国际钢琴比赛得过奖的中国钢琴家只有一个,就是傅聪。他在1955年3月获波兰"第五届肖邦国际钢琴比赛"第三名和"玛祖卡"优秀演奏奖。而我参赛的1956年是多事之秋,那年二月,苏共中央第一书记赫鲁晓夫在苏共二十大做报告,揭露斯大林时代的黑幕,报告迅速流传出去,在全世界引发了一场政治地震。从这一年起,社会主义阵营也开始出现了裂痕。我对这些政治风云的内情并不知晓,那时我做梦也没想到——不久的将来我竟然会同毛主席和赫鲁晓夫发生关联。

1956年,对私营企业的公私合营运动渐入高潮,父亲在上海、天津、青岛、武汉等地的公司都成为"公私合营企业",实际上是化私为公,统由国家管理。我父亲除每年按一定比例领取"定息"外,不再以资本家的身份行使职权,被逐渐改造为"自食其力的劳动者"。香港大楼也归公了，天津市的领导人随即入住。我家在邻近的小白楼租了一座两层独栋小楼居住。那时，所有私营企业家都被公私合营，我父亲也只有顺应时代潮流了。后来到1957年、1958年之间，父母搬回了上海愉园公寓。

也是这一年春天，在少先队员的基础上，我又加入了中国新民主主义青年团，并为日后加入中国共产党做了准备。我申请入团同申请入少先队一样，又写了大量对家庭和自己的批判材料。

我就是在上述时代背景下，于1956年9月出国参赛的。

李斯特钢琴比赛

暑假一晃而过，我和李瑞星都从青岛回到北京，准备出国参赛了。那时，所有因公出国人员（因私出国的人很少），都由国家出钱统一置办出国服装。因为国家还很贫穷落后，人们在国内穿得都很简朴、单调，但出国时穿着要体面，不能给国家丢脸。我出国前，先拿着文化部介绍信，到北京一家专做出国服装的"红都服装店"按规定做了三套西装，其中包括一套上台的演出服；又在文化部领取两件白衬衫、一双黑皮鞋、两三条领带和一只专发给出国人员的老式大手提箱，只是没发袜子。这就是计划经济。

一切准备完毕，我和李瑞星在北京东边老首都机场一座不大的登机楼，登上了一架只能容纳二十名左右乘客的苏制伊尔-14型客机，先飞往苏联莫斯科，全程约三十小时，中途起降六七次加油（现今的飞机从北京到莫斯科，中间不起降，只需七八小时），中途经停站先后为蒙古国首都乌兰巴托，苏联的伊尔库斯克、克拉斯诺亚尔斯克、新西伯利亚、鄂木斯克……途经贝加尔湖上空时，我从机窗向下俯瞰，这个世界上最深的湖泊景色太美丽了，但湖水上空气流非常大，令飞机颠簸，我有点晕机。飞机在几个经停站都是夜间起降，每次都要停留两三个小时，机场方面就用汽车将所有乘客送到机场的招待所。在客房内，旅途劳顿使我们倒头便睡，刚睡得香甜之际，又被突然叫醒："上飞机了。"

在莫斯科，我们怀着好奇的心情前往莫斯科红场参观，这是耳熟能详的苏联和国际共产主义的圣地。我原本想象中红场要比北京天安门广场大得多，因为苏联是包括中国在内的世界社会主义阵营的老大哥，没想到此时眼前的红场，竟只有天安门广场的最多四分之一大，令我们颇感意外。

在莫斯科逗留了两天一夜后，我们直飞布达佩斯。

比赛的声势和反响超乎想象，许多国家的音乐人士和媒体记者都聚集布达佩斯，国际社会十分关注。当今各国各类大小国际钢琴比赛多得无以数计，恐怕没人能说得清究竟有多少个，业内人士普遍认为，至少有一两千个之多，可说每一天都能出现新的国际钢琴比赛获奖者，例如光意大利一个国家，国际钢琴比赛就有一百多个。国际比赛的含金量和社会关注度也因太多而比过去大为降低。而在我参赛的二十世纪五十年代，世界上的国际钢琴比赛，加在一起只有十多个，如比利时的伊丽莎白皇太后比赛、波兰的肖邦比赛、法国玛格丽特隆比赛、葡萄牙里斯本比赛、捷克斯洛伐克的"布拉格之春"比赛、德国舒曼比赛和巴赫比赛、意大利的布佐尼比赛等等，音乐强国苏联和美国还一个都没有。

李斯特钢琴比赛的评委来自匈牙利和世界各国，其中多位都是国际音乐大师。在来自世界各地的上百名参赛选手中，我是最年轻的一个。主办方规定参赛选手的年龄为十八岁至三十二岁，那时我才十七岁，经我国政府与匈牙利交涉后，才破例允许我参赛。

比赛分成四轮。前三轮每轮各淘汰一批选手。进入第四轮即决赛轮，再决出第一名至第八名的八个获奖名次。比赛在布达佩斯最权威的音乐厅举行，场场爆满。

第一轮比赛弹奏中，当我奏完李斯特的高级练习曲《马捷帕》这首世界公认最高难度钢琴乐曲之一时，全场掌声长达两三分钟之久；奏完最后一个曲目《匈牙利狂想曲第六首》后，大概足足有五六秒钟，全场却鸦雀无声。一般演出乐曲刚成功弹完后，听众紧接着就会鼓掌，而当时在几秒钟内竟没有反响，令我顿感忐忑不安。正在此时，我听到和看到坐在二楼席位的评委们突然全体起立，为我热烈鼓掌，在他们带动下，全场听众也随之起立，场内爆发出经久不衰的雷鸣般的掌声。这时，一个念头闪过我的脑海：外国人也不过如此。我成功了。后来听说，评委们感到非常震惊，因为之前他们对中国钢琴水准一无所知，绝没想到一个名不见经传的中国男孩能把《匈牙利狂想曲第六首》这支难度极高的世界名曲演奏得如此令人叹服，尤其是把曲中那一长段连续八度弹得那么出色。一位音乐大师评委不禁赞叹道："这名中国男孩的八度演奏是'闪电八度'！"

第一轮结束后，我以最高分进入第二轮。遗憾的是，李瑞星被淘汰了。经过半个多月的紧张比赛，广大听众和媒体舆论都认为在四轮弹奏中，我在每一轮都是弹得最为出色的一个。人们等待着我获得冠军的消息发布。

1956年9月22日夜，主办方对外公布比赛获奖结果，竟然是：第一名苏联选手弗拉森科，第二名匈牙利选手别赫尔，我和另一苏联选手拉扎·贝尔曼并列获第三名。另外，还为我和别赫尔各颁发了《匈牙利狂想曲》演奏特别奖。李瑞星虽然没有入围，但获得了李斯特乐曲《爱之梦》演奏特别奖。

顿时，听众和公众深感意外，国际舆论为之哗然。本来，人们都认为比赛结果我应获第一名，而在苏联的弗拉森科和拉扎·贝尔曼两位选手之间，贝尔曼的名次应当高于弗拉森科。后来，拉扎·贝尔曼和另一位苏联钢琴家阿什肯纳齐分别从苏联来到西方国家，都成为在西方深受追捧、十分当红的一流钢琴演奏家。

我为何最终未能获得第一名？很多人都认为，这同当时的政治大环境有关。那时，包括匈牙利在内的东欧各国同中国一样，都是所谓社会主义阵营的国家，以苏联为首，当时中国都称苏联为"老大哥"。苏联又习惯于奉行以自己为主的大国主义，因此，连在匈牙利这一社会主义国家举行的音乐比赛，也必须要把桂冠戴在苏联人头上。何况，该比赛评委中，匈牙利本国和苏联的评委又占了一半以上。在这种情况下，第二名的名次就当然要留给匈牙利人自己了。至于在两名苏联选手弗拉森科和拉扎·贝尔曼之间，当时许多人都认为，后来的事实也证明，拉扎·贝尔曼的名次应在弗拉森科之上，然而弗拉森科是苏联共产党员，而拉扎·贝尔曼是苏联音乐界的自由主义者，出于意识形态的原因，要将弗拉森科排在拉扎·贝尔曼前面。这是当时不少有关人士的看法。

颁奖仪式很隆重。匈牙利大国民议会议长（相当于中国的全国人大常委会委员长），给获奖选手颁发了奖牌和奖状。

比赛结束后的一天，匈牙利当局两位人员突然找到我，未做任何解释说明，把我带到布达佩斯的李斯特博物馆。馆内玻璃展柜内，赫然展示着一大束褐黄色的李斯特头发，飘洒漂亮。我正在这一李斯特遗物前不明就里、深感纳闷，匈牙利当局的人竟然在众目睽睽之下，当着各国记者的面，打开玻璃柜，将李斯特的头发取出来，从这束头发中捡出一小束，放进一个预先准备好的精致玻璃盒内，当场赠给我。将这一珍贵国宝给我,这分明是一种殊荣,需知比赛的第一、二名获奖者,并未获此奖品,这显然有其特别寓意——这是对未给我第一名的补偿,也是对舆论的一种平衡。

赛后还有一段插曲。担任该比赛评委的世界一流女钢琴名家、匈牙利人安妮·费舍尔向中国大使馆提出要收我为徒,可在那个年代,中国学生是不能任意到国外留学的,大使馆只得婉言谢绝。

这次比赛我还获得了一大笔奖金,折合人民币两千多元,这在当时是很大的款额。政府分文不收走,全归自己。回国后,我把这笔钱兑换成人民币全部给了父母,算是报答他们的养育之恩。

因为我还是附中的学生,我就用少量奖金给同班每个同学各买了一份礼物,包括漂亮的音乐图案的胸针等等,还为自己买了一大箱西方出版的乐谱,托运回国。

从附中到大学

1956年10月返校后,我继续在中央音乐学院附中学习。那时,我已经弹得比中央音乐学院所有老师都好了,经常有同学请我给他们辅导钢琴,我也乐于助人。

我又特别爱玩。那时我们经常做军事游戏,大家都推我做小头目。我们人人戴上肩章,每人都担当一个角色,什么上等兵，下等兵，上士，军士，下士，上尉、校，将，我就是司令官，组织大家分成两拨做军事游戏，和真的一样，同学们也比较服我。

我们最爱钻地道。当时学校取暖不用露天的暖气管，冬天锅炉房烧暖气就通过地道输送到各个教室，出口盖着水泥盖，人在地道内猫着腰可以走。我那时很淘气，偶然发现了锅炉房的暖气管道旁边有一个入口，是修理用的，在不生暖气的季节，我就组织地道战，带领一帮同学从那里钻进去，在地下钻来钻去……别的班正上课，突然间教室内地面的水泥盖就掀起来了，我们一帮人哗啦啦钻出来就跑走，看得那班学生瞠目结舌，闹得我们乐不可支。这是我的一大发明，所有中央音乐学院附中的老同学都知道。

我也喜欢体育运动。因为个儿高，我是附中校篮球队的队员，参加过校运动会一千五百米长跑。我还喜欢游泳，小学六年级时，父亲就带我到青岛的海水浴场玩，是他教会我的。我在天津体育运动委员会举办的小口径步枪比赛上还获了奖，考上国家三级运动员，并得到了证书。枪法是从小玩气枪练就的。

1957年5月，文化部委派我代表中国去捷克斯洛伐克参加"布拉格之春"国际音乐节，并举行钢琴独奏会。这是继参加李斯特比赛后，第一次专门出国表演，塔图良老师再次指导我准备曲目。这次我不仅演奏莫扎特、贝多芬、肖邦、李斯特等人的钢琴作品，还表演了斯美塔纳的乐曲，这是我第一次接触这位捷克斯洛伐克作曲家的作品。要弹好这些不同风格的音乐作品，对每位大师都要区别对待，下功夫研究和辨析。我后来的弹奏风格相当广阔，就是从这时开始的。

在"布拉格之春"音乐节上，我听了各国音乐家的演出，给我印象最深的是意大利世界级钢琴大师米克朗吉里的钢琴独奏会。我在国内听过他不少唱片，这是我第一次在现场聆听，他弹奏的肖邦《幻想曲》尤其令人折服。

我那时只有十八岁，非常喜欢玩，在布拉格满街转，还买了一把气手枪和一些玻璃器皿。当年捷克斯洛伐克是以制造武器和玻璃器皿闻名世界的。

我回国不久，塔图良老师出事了。

原来，在我出国期间，中国文化部组织一些苏联专家游览泰山。登山时，塔图良老师和其他几位苏联音乐专家出于好奇坐了轿子。事后，没坐轿子的苏联专家把坐轿子的告到苏联驻华使馆，说坐汽车、坐马车、骑马都可以，但不能骑人，苏联人不能让中国人抬着，坐轿子等于用奴隶，这是原则性问题。那时，苏联高度意识形态化，于是莫斯科下令塔图良等几个坐轿子的专家都立即回国。据说，这事惊动了周恩来总理，但他说情也没用，苏方说这是我们国家的纪律。

塔图良走后，他的专家岗位由一位苏联中年女钢琴家克拉甫琴科接替。她原是彼得堡音乐学院的党委书记，很看重我，但我没好好跟她学，因为不喜欢她的音乐风格。

1957年6月,我从中央音乐学院附中毕业,由于我不仅音乐专业出色,各门文化课业也都成绩优秀,被保送上了中央音乐学院钢琴系。

当时反右运动已经开始,我们中学生不参加这场运动,就是到处看看,满足一下好奇心,因此也没有受到冲击。但谁能想到,当时躲过初一,后来躲不过十五。

附中毕业后的暑假,我和同学去北京郊区的香山远足,模拟打游击战。我们一行六人自带干粮和水,每人还带一根登山用的棍子,沿着山间小路,走进人迹罕至的荒山。等来到一座破庙时,天已经黑了,我们把庙里几个大香案搬在一块凑成一个通铺,就在上面睡觉。夜里,我们轮流值班持枪放哨。我们有一支长筒气枪,还有我那把捷克气手枪,和真的一样。山上没有灯火,夜里一片漆黑,伸手不见五指,后半夜传来一个声音,由远及近,咚咚,咚咚,时断时续,令人毛骨悚然。我们吓坏了,汗毛倒竖,整夜不能合眼,至今我也不知道那是什么声音。

柴可夫斯基国际钢琴比赛

1957年9月,我升入中央音乐学院钢琴系,不久突然接到文化部通知,要我准备参加1958年三月下旬至四月上旬在莫斯科举行的第一届柴可夫斯基国际钢琴比赛,并要求我和一位比我大两岁的女钢琴家顾圣婴,提前到莫斯科进行强化训练。

1957年11月,我和顾圣婴乘飞机抵达莫斯科。中国驻苏使馆已经为我们在莫斯科中央饭店订好了长期包房,饭店距莫斯科音乐学院不远,我们就在那里备战。这年11月,也正是毛泽东主席赴莫斯科参加世界各国共产党和工人党代表大会的时候,我们是在毛主席出访回国后才出发的。

第一届柴可夫斯基国际钢琴比赛是迄今为止世界上最为轰动、影响最大、史无前例的音乐比赛,是当时的世界政治大背景中,在苏联最高领导人、苏共中央第一书记赫鲁晓夫亲自倡导和关注下举办的:1957年10月,苏联发射了人类历史上第一颗人造地球卫星,在太空科技领域将美国抛在后面,当时的苏联正处于最鼎盛时期,和美国并列为两个超级大国。赫鲁晓夫想要打破以苏联为首的东方社会主义阵营同以美国为代表的西方资本主义阵营长期敌对的政治格局,通过举办一次最高规格、最为轰动的音乐比赛,来打开东西方沟通、和解的大门。第一届柴可夫斯基国际钢琴比赛便诞生了,堪称国际音乐界的奥林匹克竞赛。

这次比赛的规格极高,比赛总主席由二十世纪首屈一指的苏联作曲大师肖斯塔科维奇担任,评委会主席是苏联和世界大钢琴家吉列尔斯,评委阵容也空前强大;上百名参赛选手中有几十名都是其他各国际比赛获奖者,包括冠亚军;比赛曲目之多之重,也是其他国际钢琴比赛罕见的,因此夺奖难度空前。在第一届柴可夫斯基钢琴比赛举办之前，世界上最高钢琴比赛之一是以比利时伊丽莎白皇太后命名的布鲁塞尔国际钢琴比赛。为增添第一届柴可夫斯基国际钢琴比赛的亮点，赫鲁晓夫还特别邀请了伊丽莎白皇太后本人来莫斯科观战。

如上所述，第一届柴可夫斯基国际钢琴比赛不仅是一次重大的文化活动，而且还成为世界级的政治事件和外交事件，从而引起了美国及其他西方国家领导人的关注。

我和顾圣婴到达莫斯科时，那里已经天寒地冻。我们在中央饭店每人一间房，我的房间很大，放一台三角钢琴，我在这里日以继夜地苦练。

莫斯科音乐学院指派世界著名钢琴教授裴因堡给我上课。他是这所音乐学院四大钢琴教授之一，已年近七旬。他有一位大徒弟，叫纳塔松，当时也四十多岁了，帮着他一块教我。

我第一次同裴因堡教授会面，他见到我先仔细打量了一番，所说的第一句话是："你多大年龄了？"

我说："十八岁。"

他笑着说："你很年轻，刚够参赛的年龄。"接着，他一一问我，这首比赛曲目弹过没有？那首比赛曲目练过没有？把这次比赛如果能进入第三轮即决赛轮的选手所要弹奏的全部参赛曲目都问了一遍以后，他的眉头骤然皱起，对我说："这些曲目加在一起的弹奏时间，几乎够开三场钢琴独奏会了，可是，其中大部分曲子你都没弹过，这怎么办？"他又掐指一算："离比赛只剩四个月了，怎么来得及准备？！"

接着，他留了一首我没弹过的比赛曲目，严肃地说："你先练这首曲子，我看你要多少时间练会。"

四天后，我去莫斯科音乐学院裴因堡的专用课室第一次上课，听我已能将这首比赛曲子顺畅地弹奏之后，他笑了，对我说："你有这么快的练琴本领，这次比赛你完全来得及准备好。我有信心啦！"

我把自己关在饭店房间内，每天练琴十二三个小时。为节省吃饭时间，我从不到饭店餐厅进餐，而是买了大量面包火腿香肠等食品，放在屋内当饭吃。饭店房间内没有冰箱，但是房间窗户是内外双层玻璃窗门，两层之间有一个空当，我就把买的食品全都放在两层窗门之间，莫斯科天寒地冻，这块地方的温度有如冰箱。所喝的水，就是房间里的自来水。莫斯科的自来水是可以饮用的。我用这种突击封闭训练的练琴方法，在临近比赛前，竟然将所有比赛曲目都熟练地弹了出来。这是我生平第二次长时间不停歇地练琴，之后再也没这样练过。我心想，要在强手如林、史无前例的这次比赛中拿奖，是难上加难的，我做好一种精神准备，要是能拿奖最好，能为中国争点光，拿不到奖也没关系，总之，我是尽力了。

这样过了两三个月，裴因堡和纳塔松都说，我很可能得第一，至少是第二。

裴因堡让我弹的比赛曲目之一，是二十世纪伟大作曲家卡巴列夫斯基的《第三钢琴奏鸣曲》。临近比赛之前，有一天，裴因堡竟然把卡巴列夫斯基本人请到课室，听我弹奏他的这首作品。

我弹完后，卡巴列夫斯基高兴地说："你弹得太好了，令我这首作品拔高和增色许多。别忘了，有这么一位好老师在教你！"接着，他对我弹奏这首曲子提了少许意见。比赛之后，卡巴列夫斯基在许多场合，对很多人都说："中国那名年轻选手刘诗昆是弹我作品弹得最好的一个。"担任这次比赛评委的苏联世界级大钢琴家里赫特也公开说："刘诗昆弹奏卡巴列夫斯基《第三钢琴奏鸣曲》，弹得难以想象的好。"比赛后，我弹的这首卡巴列夫斯基作品，同其他一些乐曲一道被录成了唱片。

这次比赛决赛轮需弹奏的曲目共三首，即柴可夫斯基的《钢琴协奏曲》，自选一首钢琴协奏曲，外加一首在比赛前四个星期才公布的卡巴列夫斯基专为这场比赛而写的长达七分钟左右的《回旋曲》，此前谁也没有听过这首难度相当高的曲子。

第一届柴可夫斯基钢琴比赛，于1958年3月18日至4月13日举行，赛场是莫斯科表演的中心——莫斯科音乐学院大厅。

比赛共分三轮，前两轮每轮结束后均淘汰一批参赛选手，最后只剩八名选手进入决赛轮。这八名选手均为获奖者，从第一名到第八名共八个名次和奖次，每名入决赛轮者各获其中一个名次和奖次。

在第一轮比赛中，一半选手被淘汰，顾圣婴也在其列。我没有辜负老师的期望，以优异成绩顺利进入决赛轮。三轮比赛的曲目分别为，第一轮，即初赛轮，自选一首巴赫的《十二平均律》，自选一首莫扎特的《奏鸣曲》，从肖邦、李斯特、拉赫玛尼诺夫、斯克里亚宾的《练习曲》中各自选一首，柴可夫斯基的《F大调变奏曲》；第二轮，即复赛轮，从柴可夫斯基的两首《钢琴奏鸣曲》中任选一首，从指定的几十首俄罗斯或苏联近现代《钢琴奏鸣曲》中任选一首（我选的是卡巴列夫斯基的《第三奏鸣曲》），从肖斯塔科维奇的《前奏曲与赋格》中任选一首，任选一首浪漫派作曲家的中型或大型乐曲（我选的是李斯特《匈牙利狂想曲第六首》）；第三轮，即决赛轮的曲目，即从柴可夫斯基的第一或第二《钢琴协奏曲》中任选一首（所有进入决赛轮的选手选弹的都是《第一钢琴协奏曲》），任选一首任何作曲家的《钢琴协奏曲》（我选弹的是李斯特《第一钢琴协奏曲》），再加一首比赛前四个星期才公布的卡巴列夫斯基的《回旋曲》。进入决赛轮的选手需弹奏的总曲目量，加在一起，真的可以举行二或三场钢琴独奏会了。

为决赛轮《协奏曲》协奏的乐队，是莫斯科爱乐交响乐团，担任指挥的是苏联大指挥家康德拉申。这里顺便提一句，我一生不知同多少位著名指挥家，包括世界一流的指挥家合作演奏过《钢琴协奏曲》，其中，我认为康德拉申对协奏曲的指挥是最棒的，许多音乐界人士也这样评论。

这次比赛每一轮、每一天的比赛场面都是座无虚席，异常热烈。我后来担任过十多个国际钢琴比赛的评委，如第十届柴可夫斯基国际钢琴比赛、美国范·克莱本国际钢琴比赛等等，但再没见过赛场场面如第一届柴可夫斯基国际钢琴比赛那样轰动、热烈的了。

我是决赛轮中亦即整个比赛的最后一名弹奏者。我的决赛弹奏时间是4月13日。当晚，在我最后一个琴音奏完后，整个比赛便告结束，次日上午就要公布这次比赛获奖者名单及奖次。晚上，我弹完后走出音乐厅，只见街道上密密麻麻挤满了人，足有数万人，都迫不及待地站在那里翘首以待，都想成为最早一批获悉比赛结果的人，其中很多人果真等到次日凌晨，由此可见比赛盛况之一斑。

我回到饭店，感到如释重负，什么都没有多想，更没有猜测我会得第几名——反正是能获奖的，接着倒头便睡。

次日，即4月14日晨七时，我床边的电话铃响了，给我打来电话的是几位在莫斯科留学的中国音乐学生，他们高兴地告诉我，昨晚半夜，比赛主办方公布了比赛获奖结果，我获得了第二名。

获得第一名的是一位闻所未闻的美国选手，他叫范·克莱本；另有一位苏联选手弗拉森科与我并列，同获第二名，他就是1956年在我曾获第三名的李斯特国际钢琴比赛上获得第一名的选手;获得第三名至第七名的包括另一位苏联人、保加利亚人、日本人和另一位美国人,还有一位是哪国人,我记不清了;第八名空缺,因为第二名由包括我在内的两人同时获得。

据说,在比赛评委会最后决定给范·克莱本第一名之前,比赛负责人曾打电话向赫鲁晓夫请示,给不给美国人第一名?因为苏联是比赛主办国,而苏联选手没有夺得第一名,连第二名也没轮到,实在有伤面子。赫鲁晓夫在电话中问道:"专家们是什么意见?"回答说:"专家评委们都认为该给这位美国人第一名。"赫鲁晓夫说:"那就给!按专家们的意见办!"

事实很清楚,这次盛大而特殊的比赛,美国选手确实该得第一,如果有意压制美国选手,那么赫鲁晓夫打算通过比赛来打开东西方铁幕大门的良苦用心也就功亏一篑了,给了美国人第一,则全局皆活,皆大欢喜。观众和媒体也都欣然接受这冷战时代极为难得的一次较为公正的比赛结果。

这次赛会有一位叫瓦洛嘉的苏联男子,以工作人员身份参加了这次评委会会议,后来我在苏联巡回演出时担任我的翻译,他曾悄悄告诉我,比赛的结果确定为美国范·克莱本第一名,我第二名,弗拉森科第三名之后,鉴于主办国苏联的选手连第二名都没有得到,实在太没面子,因此在评委会会议上,经评委会主席、苏联钢琴家吉列尔斯提议,多数评委同意,将弗拉森科从第三名提升到同我并列第二名。这本来是个不应外传的秘密,但瓦洛嘉这个人很"自由主义",才将其泄露给我。不过,美国人获得第一名,才是最让人吃惊的结果。

当天早上九点多钟,我国的新华通讯社驻莫斯科分社两名记者来饭店采访我。他们在祝贺我获奖后问,你在钢琴专业上取得了这样出色的成绩,归国以后,在政治思想上,打算怎样要求自己?是不是有决心走又红又专道路?当时国内正在大加宣传知识分子要走又红又专道路,"红"指的是政治思想积极进步,"专"指的是专业上要优秀,如果只是专业好而不够红,那叫走白专道路,就要挨批。我回答说:"这次我能为祖国争光,感到很高兴。我决不把成绩和功劳都看作是自己的,而是党和人民培养的结果,也和苏联的帮助分不开。我已下定决心,回国后走又红又专的道路。"后来,《人民日报》等报纸都登载了我在莫斯科获奖的消息,有的报纸还特别提到我决心走又红又专道路。其实当时我还弄不太清楚什么叫又红又专,因为这一口号是国内刚提出不久的,我在苏联埋头备战和参赛,不太了解这方面的情况。既然记者这样问,我就如此讲吧。

这次获奖最令我高兴的有三点:一是上次在李斯特比赛我获得第三名,这次得到第二名,算是有了进步;二是我能为中国争了点光彩;三是我对得起裴因堡老师,自己也很有面子。

初遇范·克莱本

当日上午十一时,我依照通知去到这次比赛组委会和评委会办公地点——莫斯科音乐学院内的一间大厅,比赛的颁奖仪式就在那里举行,各路媒体记者已蜂拥而至。仪式开始后,先由评委会主席吉列尔斯宣读获奖者名单,每念到一个获奖者的名字,这位选手就上前同他握手,之后,由比赛总主席肖斯塔科维奇向获奖者一一颁发奖牌和奖状。第一名是金牌,第二名是银牌(我得到的就是银牌)。此时此刻,我油然而生一种为国争光、扬眉吐气的感觉,我们中国的钢琴水准可以和世界超级大国相提并论,这已毋庸置疑。

在颁奖仪式上,我初遇获得第一名的美国选手范·克莱本。他身材修长,相貌英俊。我身高一米八七,已是高个子,他比我还高,看上去将近两米。他的手也特别大。我的手已算很大,伸展后大指和小指能在钢琴上够着十一个白键,他的手比我还大,看上去至少够得着十二个白键。当时的苏联报纸曾登出过一张我和他以及弗拉森科一起比手的照片。

我和范·克莱本初次见面,他非常热情和亲切,见到我后,主动走上前同我热烈拥抱。我不会讲英语,幸好有翻译人员在场。

范·克莱本对我说:"我今天是第一次见到你,非常高兴。"

我说:"我也是第一次见你,也很高兴。"

他说:"听说你弹得非常好,尤其是你弹的李斯特《匈牙利狂想曲第六首》,震惊了全场,震惊了莫斯科,大家都说你是'闪电八度'。"

我说:"如果我真是弹得好,那你弹得就更好,可惜我还没听过你弹奏,比赛期间我忙着自己练琴,哪还顾得上听别人弹奏,我期待着听你的音乐会。"

他笑了:"我也希望早日听到你的演奏。"

我和他正交谈甚欢时,工作人员把我们分别叫走,颁奖仪式就要开始了。我们都要站在各自的位置上,等候宣读获奖结果和领奖。

范·克莱本1934年出生于美国,他比我大五岁——当时我刚满十九岁(1958年3月8日是我十九岁生日)。十五岁时,他进入纽约茱莉亚音乐学院,受教于在美国的俄罗斯大钢琴家约瑟夫·罗西娜·列文涅门下。列文涅不但是一位天才的演奏家,也是一位具有非凡魅力的老师,在漫长的教学生涯中,她为美国哺育出了一代代钢琴家。范·克莱本是她最得意的门生。范·克莱本从这位老师那里得到了杰出的俄罗斯钢琴学派的真传。

范·克莱本获冠军,在当时的苏联,特别是在莫斯科,掀起了一大阵范·克莱本飓风,他一时成为全莫斯科市民以至全苏联人民茶余饭后热烈谈论的话题。

比赛结束后,我和范·克莱本都要在莫斯科举行各自的获奖钢琴独奏会，还要分别在苏联各地巡回演出，为此，我和他每天都在莫斯科音乐学院内指定的课室各自练琴。有时候，范·克莱本会来到我的课室听我练琴，我有时也去他那里听他练琴，由于语言不通，我们只能互相听琴而无法交谈，像演哑剧一样。不久后，我就在莫斯科音乐学院大厅，即比赛的场地，亲耳聆听了范·克莱本获奖钢琴独奏会。

这场音乐会，他演奏得极为精彩、出色，我不止一次不由得起立为他鼓掌。说句真心话，我很佩服这位美国钢琴家，由衷认为他得第一名、我得第二名是理所应当。论纯粹的钢琴技术（Piano Technique），我丝毫不逊于范·克莱本，但他的演奏给苏联和莫斯科带来一股清风，我本人将这一大股清风概括为四个词，即他的演奏充满了伸缩、吊放、松紧、虚实。例如在演奏一句较为抒情的旋律时，许多钢琴家都往往将最高一个音弹得最响，听上去像一座山峰峰顶一样，而范·克莱本常常会吊人胃口，将这句最高音反而弹得最轻，吊起来弹，给人一种特别雅致的意境感和灵性感。我和一些钢琴专业人士都认为这种弹法一定程度借鉴了美国爵士音乐对较抒情旋律的表现方法；范·克莱本的演奏不仅深入传承了俄罗斯音乐风格和俄罗斯钢琴学派的精华，还一定程度地吸收了美国爵士音乐、百老汇音乐，乃至印第安音乐的一些特点。要知道，生长于美国的他和后半生生活于美国的他的俄国钢琴老师，他们的灵魂里都渗透了俄罗斯传统音乐和美国近现代音乐的神髓。这足以迷倒莫斯科了。

这种伸缩、吊放、松紧、虚实的弹奏方法，我不但不会，连听都没有听过，但自从听他弹后，我很快也学会了。

范·克莱本钢琴独奏会现场的热烈程度，或说是狂热程度，是我生平所经历的所有音乐会都无法比拟的。早在音乐会开场前，就有一批年轻姑娘在舞台上钢琴脚下用一束束鲜花拼成了范·克莱本的名字。音乐会进行中，在他每弹完一首乐曲后，姑娘们都不禁狂热鼓掌，还高声尖叫，叫声响成一片。许多姑娘还涌到舞台前，把一束束鲜花抛到台上，抛向范·克莱本。而范·克莱本就在如雨的鲜花中一次次起立鞠躬。他弹完节目单上原定的所有曲目后，在极其热烈的掌声和欢叫声中，又一次次地加奏其他乐曲，加奏的最后一支曲子是即兴演奏苏联流行歌曲《莫斯科郊外的晚上》。奏完这首曲子后，台下的热潮达致极点，要知道，《莫斯科郊外的晚上》是当时刚出现不久的全苏家喻户晓的第一首流行歌曲，是苏联开始"解冻"的产物，而在这之前，苏联是没有流行歌曲的。

范·克莱本获冠军的消息也立即成为美国各大报刊的头条新闻，他的头像荣登美国《时代》周刊封面，一家美国报纸头版头条大标题是"美国在文化战场打败了俄国人"。他的获奖一定程度上重振了在苏联卫星上天之后充满失落和焦虑的美国民心，范·克莱本顿时成为美国民族英雄。

在苏联获奖和演出后，范·克莱本乘飞机回到美国纽约。纽约州州长受美国总统艾森豪威尔之托到机场迎接他，并陪同他乘坐一辆敞篷汽车,在一长串汽车车队的跟随下进入纽约市区,受到几十万(有的说上百万)纽约市民的夹道欢迎。车队行驶在高楼大厦鳞次栉比的马路上,无数彩带如暴雨般从两边高楼上倾泻而下,这是独出心裁的纽约人发明的"抛纸带游行"。这场美国历史上罕见的,由官方主办、市民自发参与的盛大活动轰动了全世界,也成为第一届柴可夫斯基国际钢琴比赛辉煌的终曲。

春天一样的心情

4月15日下午,倡导和关注这次比赛的苏联最高领导人赫鲁晓夫在克里姆林宫举行盛大宴会,庆祝比赛圆满闭幕。到场的苏联领导人还有苏联部长会议主席布尔加宁(相当于国家总理,但当时他的政治地位已摇摇欲坠),苏联部长会议第一副主席米高扬等等,作为赫鲁晓夫贵宾来莫斯科观看比赛的比利时伊丽莎白皇太后也应邀出席。这次比赛的全体主办人员、评委、获奖选手和所有参赛选手,以及各国使节和媒体记者,也都应邀参加,一时冠盖云集,盛况空前。

这是我第一次见到赫鲁晓夫,而且是零距离。他身高不足一米七,体形粗壮结实,令人感到有种扭转乾坤的能量。那天,在金碧辉煌的克里姆林宫宴会大厅内,面对来自世界各国的嘉宾及记者,他满面红光、神采奕奕,未免有几分君临天下的感觉。

赫鲁晓夫首先接见了范·克莱本，只见他们亲切交谈。接着，我在中国驻苏大使刘晓陪同下也被带到赫鲁晓夫面前，旁边站着一名翻译人员。赫鲁晓夫见到我之后，用俄语说的第一句话是："好样的！"他一边说，一边跳起来摸了一下我的头，态度热情友善。他接着说："你是中国人民的优秀代表，不但为中国争了光，也为柴可夫斯基国际钢琴比赛添了彩。苏联和中国是兄弟，你得了奖，我们同样高兴。希望你继续努力，以后常到苏联来表演。我相信你会比这次比赛演奏得更为出色。我会把你的成绩告诉毛泽东同志、周恩来同志。"最后他又补充了一句："一切都很好！"

两天后，4月17日，《人民日报》第六版登载了塔斯社所发的赫鲁晓夫接见我的照片，还有一张是范·克莱本等人（包括我）给赫鲁晓夫敬酒的合影，我忘记发表在哪里了。

让我记忆犹新的还有那场宴会丰盛的美酒佳肴，品类繁多，目不暇接，摆满了好几张巨大的桌案。苏联国宴有两种，一种是坐着吃宴席，另一种是站着吃自助餐，这次属于后者。来宾们端着盘子三五成群聚在一起，边吃边聊，吃完了自己到大桌案去添加食物，服务员拿着饮料酒具穿梭其间，不停地把酒杯斟满。后来我也出席过各国宴席，但再也没有见过这么丰盛的冷热菜肴、干鲜果品和饮料甜点了，多得无法一一列举，你只要在桌案边角逗留片刻就会吃饱喝足。

宴会结束后，主办方在莫斯科音乐学院音乐大厅举行比赛闭幕式暨音乐会，由获奖者轮流登台献艺。赫鲁晓夫和伊丽莎白皇太后分别在各自的包厢入座。那天，我成功演奏了李斯特《匈牙利狂想曲第六首》，演出前，苏联最高苏维埃主席团主席伏罗希洛夫（相当于中国的国家主席）特地到后台来看我，还拥抱并亲了我三下，也有一张合影，苏联报纸都登了，但没在国内发表。

比赛结束后，我作为主要获奖者，在苏联开始了为时一个多月的巡回演出。先是在莫斯科柴可夫斯基音乐厅举行了一场个人钢琴独奏会，正式曲目都弹完后，由于听众异常热情，掌声接连不断，我又一一加奏了六首乐曲。接着，我又被安排在列宁格勒（即圣彼得堡）举行了一场钢琴独奏会，又同列宁格勒交响乐团合作演奏了李斯特《第一钢琴协奏曲》，也都是盛况空前。

在列宁格勒举行钢琴独奏会时，有一个动人的场面，当我弹完最后一首加奏的乐曲，一位苏联老太太抱着她四五岁的孙女，从听众席上台走到我跟前。那位小孙女将一张她画的儿童画献给了我，是用彩色笔画的一个人在弹钢琴。老太太和蔼可亲，小孙女活泼可爱，我非常感动，情不自禁拥抱了她们，亲吻了小孙女，全场响起雷鸣般的掌声。

接着，我又被安排到几个加盟共和国的首府，即阿塞拜疆的巴库、格鲁吉亚的第比利斯和亚美尼亚的埃里温巡回演出，分别举行钢琴独奏会及同当地的交响乐团合作演奏钢琴协奏曲。莫斯科和列宁格勒的听众都很热情，这几个城市的听众，尤其是姑娘们，就更加狂热。苏联有一个特点，就是国家不干预人的私生活，在男女关系方面可说比西方还开放，这同中国完全不同。我和陪同翻译瓦洛嘉演出所到之处，都有许多姑娘围着我们，她们热情地在音乐会上给我献花，台上收到的鲜花快成了花海，回酒店时一些姑娘也跟着。那时，我很年轻、单纯，当然还有语言障碍，也不敢带她们上房间。

在莫斯科演出期间，有一位近二十岁的苏联姑娘，不知怎么打听到我所住的酒店房间号，数次来找我。春天刚到，莫斯科乍暖还寒，她穿着连衣裙，一头披肩长发，非常漂亮迷人。我和她只在房间里比画着聊一聊。那时我非常胆小，又无法用语言同她沟通，也不敢跟她发生什么事。但现在想来，那情景还是美好的。

比赛结束后，主办方还给我拍了多个黑白电影片段，有我弹琴的场面，有裴因堡教授给我上课的场景。日本人后来制作发行了第一届柴可夫斯基比赛的影像剪辑，收入了这些影片。我还在苏联录制了几张唱片，其中有我和列宁格勒交响乐团合作演奏李斯特《第一钢琴协奏曲》，其他都是钢琴独奏曲。

在莫斯科期间，我还收到当时还在波兰的中国钢琴家傅聪给我写的一封贺信，大意是他在广播中听了我比赛弹奏的实况录音，他非常喜欢和佩服我的演奏。

在柴可夫斯基比赛获奖，我还获得相当可观的一笔收入：获奖奖金两万苏联卢布，比奖金多很多的演出报酬，以及录制唱片和拍摄电影的酬金，总共十多万卢布。当时苏联的私人民用小轿车，最好最贵的品牌是"伏尔加"牌，每辆约三四万卢布，比美国和整个西方的民用小轿车贵很多。我粗略计算过，我得到的这些卢布，在苏联可以购买大约五辆"伏尔加"轿车，如果兑换钱币，可以买到十多辆产于美国和西方的很好乃至最好的小轿车。

一年多前匈牙利李斯特钢琴比赛所得的奖金，全都归我自己，中国驻匈牙利使馆一分钱也不拿走，而我在柴可夫斯基钢琴比赛后，国内的整个形势发生了一定变化，中国驻苏联大使馆要求我把全部奖金上交国家，由使馆代收。但有趣的是，使馆只知道我得到了两万卢布的奖金，而对比奖金多得多的其他那些演出、录制唱片和拍摄电影的收入，非但一无所知，而且连想都没有想到过。但那时的我很单纯，也很守规矩，将自己所获得的十多万卢布全都如实主动告诉了使馆。我得到的这十几万卢布都是现金，将这些钞票都锁在我所住酒店房间内的大衣柜里。有一天，使馆派了两个人来到我的酒店房间，从大衣柜里取出这笔现钞，足足装满了两大皮箱拿走。使馆也没有白白将我这些钱拿走，他们写了公函给文化部和我所在的中央音乐学院，表扬我大公无私的思想和行动。我主动上交钱款这件事，成了自己人生中的一个光荣历史。

苏联之行是我人生中非常美好、非常开心的时刻，当时我刚满十九岁。获奖后的四五月，正是苏联春光明媚、欣欣向荣的好季节，我的心情也像春天一样。

成为"红专标兵"

范·克莱本获奖回国后，在美国和世界各地巡回演出，场场都获得天价演出费。我于1958年6月从莫斯科回到北京时，却正逢全国处于轰轰烈烈的"大跃进"时期，到处是一片热火朝天的景象，笼罩着过热甚至狂热的气氛。

我回国后的境遇同范·克莱本完全不同，不是先到处演出，而是一场音乐会也没举行。文化部安排我做的第一件事，就是立即去正在北京郊区兴建的十三陵水库工地，参加繁重的修建水库的体力劳动。按照当时的思维，这不是惩罚或贬低，而是抬高我，因为国家正在大力宣传"知识分子、文艺人士要和工农兵相结合，脑力劳动要和体力劳动相结合，这才是第一重要和最为光荣的"，按照这一逻辑，我获奖后无论怎样演出，也不如参加体力劳动更重要和更光荣。

修建十三陵水库是"大跃进"运动的一件典型事例，国家领导人都曾带头去水库工地劳动过。我在十三陵水库总共逗留了近两个月，同其他一些文艺人士同住一顶大帐篷，打地铺睡在地上。我的劳动任务主要是用铁锹挖土和用扁担挑土挑石头，当时我年轻，身强力壮，干这样的重活并未觉得过于辛苦和劳累，每天看着白天工地上人山人海，夜晚工地上灯火辉煌，还觉得很有意思、很新鲜、很好玩呢。

从十三陵水库回来后，报社让我写一篇参加这次劳动的心得体会，我的文章登了整整一版。6月16日的《人民日报》也登载了时任上海市委宣传部部长、后来成为"四人帮"一员的张春桥所写的文章《刘诗昆得奖以后》，主要内容是希望我得奖以后多和工农兵相结合，因为得到工农兵奖赏的音乐家才有资格得到世界最高奖赏，因为全世界都是属于工农兵的。

我从北京返回了当时校址还在天津的中央音乐学院——我当时的身份还是该校钢琴系学生。入校后，我才发现校内几乎空无一人，从一个校工那里得知人们的去向，立即走出校门找人，果然见到附近一条马路上人山人海，全校的人都在那里开挖街道排水沟。

大家见我风尘仆仆地回来了，纷纷围拢过来同我寒暄，我却只字不提人所共知的比赛获奖之事，夺过一把铁锹就同大家一起干了起来……这又成了我的积极表现。中央音乐学院领导夸奖我虽然获奖但没有骄傲自满、高高在上，并根据我返校后的这一类表现，经上报文化部后，树立我为"又红又专"的"红专标兵"。

为让我有更多"又红又专"的表现，中央音乐学院给我做了如下安排：

几次将钢琴搬到一些工厂车间或部队营房里，让我直接给工人或战士们表演，这意味着融入工农兵。

让我参加"大炼钢铁"运动，在泥土地上挖成的"小土炉"里炼钢，从事这种繁重的体力劳动。

让我融入"大跃进"中的爱国卫生运动，参加"除四害"活动。"除四害"先是指以群众运动的方式消灭苍蝇、蚊子、老鼠、麻雀，后来发现麻雀是益鸟，如灭绝，农田中的害虫会大肆泛滥，又改为消灭臭虫。有趣的是，中央音乐学院师生员工集体铲除麻雀时，把乐器中的大鼓、小鼓、大锣、小锣，连同洗脸盆、铁锅一起拿出来，一边呐喊一边敲打，周边各单位的人也同时敲打各种器物并喊叫，令麻雀不停地飞，不敢落地，活活累死，坠地而亡。

参加"大跃进"中的"体育运动"，接连多日从早到晚练习长跑。通过这种练习，当时我真的掌握了一定长跑技能，后来还参加过天津市运动会的三千米长跑竞赛。我从小喜欢玩气枪，练出了一定程度的射击本领，在此期间，我参加天津市小口径步枪射击比赛，获得了小口径步枪三级运动员的称号和证书。

我还被下放到北京郊区一个村庄，在那里住了半个月，同农民同吃、同住、同体力劳动。

以上这些都是对我"又红又专"的政治培养。1959年，在"大跃进"的热潮中，我加入了中国共产党。

入党不是我自己先提出来的，是中央音乐学院党委派人同我谈话,问我有没有入党的志向。我说现在入党恐怕为时过早,我的政治思想条件还不够,特别是我对自己的资产阶级家庭还有待深入批判。党委的人说:"你要入党,批判自己的出身家庭当然是很重要的,但你可以一边申请入党一边批判家庭,申请和批判本身就是一个进步的过程。"

我当然不能拒绝,就写了入党申请书,严厉批判自己的资产阶级出身家庭,找出自己许多缺点和不足,都上升到资产阶级思想的高度,连自己喜欢吃好的都作为自己资产阶级思想的表现,自我批判的材料写了几万字。就这样,在1959年初,我入党了。

除了弹钢琴,我还会作曲。七岁时在上海,父亲就请了一位名叫邓尔敬的作曲教授教我作曲,当时我写的第一首钢琴小曲叫《快乐的小白兔》。长大后我又写了两首钢琴协奏曲、一些钢琴独奏曲及歌曲。

1959年初,中央音乐学院校址从天津迁到北京。在那个火热的年代,全国都卷入"大跃进"的热潮中,文艺界,特别是音乐界,又大力提倡创作中国民族化的文艺作品、音乐作品。在这种形势下,文化部和中央音乐学院交给我一个任务,让我在北京中央音乐学院内创作一首具有民族特点的大型钢琴音乐作品。

当时,中央音乐学院有两位学生,潘一鸣(男)和孙亦林(女),曾创作过一首很短、很简单的《钢琴协奏曲》。由我牵头,我和潘一鸣二人,就从他们原来写的那首小《协奏曲》中吸收了不多一点音乐素材，重新创作出一首由钢琴主奏、全部由中国民族乐器组成的交响乐团协奏的大型《钢琴协奏曲》，名为《青年钢琴协奏曲》。

这一作品的形式和组合，即钢琴和中国民族乐器的结合，由中国各种民族乐器组成一个大型交响乐团，是前所未有的。

在这首作品的乐队编制中，我们用中国乐器的二胡和高胡代替西洋乐器的小提琴，中胡代替中提琴，大马头琴代替大提琴，倍大马头琴代替倍大提琴，竹笛代替长笛和短笛，管子代替单簧管和双簧管，唢呐代替小号，古筝代替竖琴，中国大鼓代替定音鼓等等。还有少量中国乐器，如琵琶、阮、月琴等，很有音乐特色，但没有对应的西洋乐器，我们也取用了。

这种代替和改编的效果非常成功，加上钢琴，整体演奏效果不亚于或基本不亚于西洋交响乐团。这首作品的协奏民族乐队的成员都是中央音乐学院的学生，其中包括后来成为中国民族乐器界权威人士的刘德海（琵琶）、李光华（琵琶）、王国潼（二胡）、刘文金（高胡）等等。乐队指挥是既会弹钢琴又能指挥的本院钢琴教授朱工一。

《青年钢琴协奏曲》的主题内容是表现新中国青年朝气蓬勃、意气风发的精神面貌，对外演出后，社会反响极大、极热烈，成为当时中国音乐民族化和中外音乐融合的一个典型范例。这首作品在中国、日本和美国都录制了唱片。不足的是，由于我忙于各种事务而没有为这首作品写成两架钢琴谱，一般钢琴学生或钢琴演奏人士在没有乐队的情况下，无法练习和演奏，因此后来流传得不够广泛。

后来听说，苏联的世界级大作曲家肖斯塔科维奇听过《青年钢琴协奏曲》，给予了肯定。

因为这首《青年钢琴协奏曲》，我结识了后来的第一任妻子叶向真。

1959年2月的一天晚上，在中央音乐学院大礼堂演奏由我钢琴主奏的《青年钢琴协奏曲》，没想到，国家领导人叶剑英也来听音乐会了，他是被那位孙亦林请来的，他们早就认识。

曲子演奏完，叶剑英走上台接见我，同我握手祝贺。他身旁有个女孩，模样有些像他，身材苗条，眉清目秀，一看就是他的女儿。这个女孩就是叶向真，穿着一身洗得发白的蓝布女式中山装和一双布鞋，衣着非常朴素，当时她是北京实验中学的学生，才十七岁，是陪叶剑英来看我演出的。

那时我还不到二十岁，风华正茂，不仅在柴可夫斯基国际钢琴比赛上获高奖，还成功创作了这首《青年钢琴协奏曲》，爱慕我的女孩子不乏其人，但我还没有恋爱。这次见面后不久，我就收到叶向真寄给我的一封信，信上大胆表达了她对我的爱慕和欣赏。接着她又打电话约我见面，起初我有些顾虑，因为人家是无产阶级革命家和大元帅的女儿，长得又漂亮，而我是一名资本家出身的学生钢琴家，不够门当户对，于是找借口未去应约。但她又接连多次打电话来，我再不应约就不礼貌了。那天，她在中央音乐学院大门口等着我。我同她见面后，一起在城墙外的护城河边散步。那里柳树成荫、人烟稀少。我们并排走着、走着，她就靠近了我，我也不敢轻易造次。

后来我们就经常约会了，她也继续给我写信，每封信里还写有一首她作的诗。受父亲影响，她很会写诗。有一次，她去海南岛带回一包相思豆，之后的每封信里都放上两粒，以示两相思……她的信字迹娟秀漂亮，给人莫大的好感。后来她约我去她家见面。那时，她父亲有两个住所，一个在北京西城区北长街，另一个是北京西郊。

我第一次去到北长街是一天晚上，门口有警卫员站岗。那晚，叶剑英住在郊外的住所。我一看她家里很朴素，所有家具都是公家发的，又旧又不配套，还没有我自己家的家具好呢。屋里也没什么装饰，除了房子大些外，跟普通老百姓的家没什么两样，只是有一台很旧的咖啡色三角钢琴。

第二次去北长街，就见到叶剑英了。他看我和他女儿在一起，就知道我们俩好上了。他同我在一起没任何架子，一切显得很随便、很自然，同普通老百姓的家庭氛围也没什么两样，令我觉得元帅也是普通人，没有什么神秘的。许多人都亲切地称叶剑英为"叶帅"。叶帅有六个子女，他对子女的婚事从来不干预，也从没有干涉过我和叶向真的恋爱。

叶剑英文化修养很高，一是他酷爱看书，中外书籍都看，还有一个很好的习惯，就是看书时手里拿一支笔，每看完一个句子，就在最后一个字后面画一个小圆圈。他说，这样一边看一边画，自然就会看得很用心、很仔细，而不会走马观花。二是他爱写中国古体诗，写过的诗不计其数，曾有一本厚厚的《叶剑英诗集》，毛泽东在给另一位元帅陈毅的一封信中曾说："剑英善七律，董老（董必武）善五律。你要学律诗，可向他们请教。"三是他爱听苏州评弹，因为评弹的词类似中国古诗。四是喜欢音乐，会拉一点二胡，还会弹点钢琴。

我在北长街有时用那台旧三角钢琴弹些通俗易懂的曲子给叶帅听。我还曾和他在这台琴上弹过简单的"钢琴四手联弹"，即他弹简单的高音部旋律，我弹较复杂的低音部和声伴奏。我们一老一少并排坐在钢琴旁，叶向真和其他子女以及工作人员站在旁边听，那种其乐融融的情景至今还在眼前。

1959年5月3日下午，我参加了在中南海紫光阁召开的一次文艺界代表人士的座谈会。

这次座谈会由周恩来总理主持并讲话，陈毅副总理到会，应邀参加这次会议的都是全国文艺界最顶尖人物，共五六十人，其中有郭沫若、周扬、沈雁冰（茅盾）、钱俊瑞（文化部副部长兼党组书记）、林默涵、夏衍、巴金、老舍、曹禺、冰心、刘白羽、梅兰芳、周信芳、尚小云、欧阳予倩、侯宝林、崔嵬、水华、谢晋、凌子风、吴印咸、李伯钊、白杨、秦怡、吴作人、吕骥、赵沨（中央音乐学院副院长兼党委书记）等。以上都是我祖父祖母辈，至少是我父母辈年岁的人，就我一个小年轻，当时刚满二十岁。

会上周总理发表了关于文化艺术工作也要"两条腿走路"的重要讲话，陈毅副总理有时插插话。周总理讲话的核心精神是指出和批评当时在国内文艺界存在的种种过"左"的表现，指示一定要纠正这些表现，并特别提出，要摆正和处理好文艺领域中十大关系问题。这十大关系是：一、文艺工作既要鼓足干劲，又要心情舒畅；二、既要力争完成，又要留有余地；三、既要有思想性，又要有艺术性；四、既要浪漫主义，又要现实主义；五、既要学习马列主义，又要和实际相结合；六、既要有基本训练，又要有文艺修养；七、既要政治挂帅，又要讲物质福利；八、既要重视劳动锻炼，又要注意身体健康；九、既要敢想、敢说、敢做，又要有科学的分析和根据，把客观的可能性与主观的能动性结合起来；十、既要有独特的风格，又要兼容并包（或叫丰富多彩）……宗旨就是什么都要辩证统一。

这是我第一次亲耳聆听周总理讲话，深为他讲话水平之高折服。我注意到他在两个多小时的讲话中，完全没有稿纸，我心想：这也太厉害了。

周总理讲话后，国家领导和全体与会人员，包括我在内，全都转移到另一间放满沙发和茶几的大厅内就座聊天。我坐在与周总理只有几米的地方，只见他和陈毅副总理旁边的小茶几上各放着一只装满清茶的青花瓷茶杯，包括我在内的其他与会者都没有。

我坐了一会儿，突然看到周总理目视着我，朝我笑了。我猜想，这个大厅内都是年岁很大的人，只有我这么一个小年轻，可能总理觉得我坐在这里很显眼、很有趣，才发笑的吧。刚想到这里，只见总理突然站了起来，拿起自己那只茶杯走到我跟前，说："刘诗昆，我认得你。这杯茶还没喝，给你喝。"说着就把茶杯放到我跟前了。

我赶忙站起来，说："总理，这是您喝的茶，我不能喝。"

周总理说："给你喝你就喝吧，不要推托。"说完冲我笑笑，又回到他自己的座位。

这是我生平第一次近距离面对面接触周总理，他平易近人的亲切气度令我感动，给我留下终生难忘的印象。

1959年暑假，中央音乐学院安排院内苏联女钢琴专家克拉甫琴科去哈尔滨避暑，由我和她的其他几名学生顾圣婴、李名强、殷承宗和鲍蕙荞陪同。我们一行在哈尔滨专门接待苏联专家的宾馆中苏友谊宫下榻。友谊宫建在松花江畔，风光独好。当时恰逢夏天涨水，江面非常宽阔。我从小就擅长游泳，殷承宗游得也很好，我们俩就一起游泳横渡松花江。我们齐头并进，顺江而下，在深水里斜行游了十几公里才到对岸。

在哈尔滨期间，有一天，一位和我同岁的小伙子慕名来友谊宫找我。他中等身高,清瘦端正,说话口齿清楚,声音洪亮,一见我,就开门见山地对我说,他喜爱音乐,非常想当男高音歌唱家,现在刚高中毕业,希望能进中央音乐学院,求我帮助他。我看他开诚布公、毛遂自荐的那股朝气和闯劲,非常赞赏,让他唱几首歌曲给我听,我用钢琴给他即兴伴奏。

他唱了几首那时流行的苏联歌曲,我一听,果然天生一副好嗓子,是一名很有潜质的男高音歌手。我对他说,中央音乐学院声乐系主任喻宜萱女士是老一代歌唱家,德高望重,我可以打电话向她推荐。当时我在中央音乐学院是一名特殊人物,人们对我比较信赖,我说话可能是有分量的。我就用友谊宫的电话接通喻宜萱的家,说明了相关情况。

喻也很干脆,说愿意见见这位小伙子,听他唱一唱。

小伙子非常开心,他有一支小口径步枪,当即把我带到当时还很荒凉的松花江中的太阳岛去打猎。我们俩兴高采烈地玩了一通。

不久,我们回北京,我就带他见了喻宜萱。喻很欣赏这位小伙子,但为公正起见,专门给他安排了一场考试,由我弹钢琴伴奏。他在考试中唱了多首歌曲,深得好评,就这样进入了中央音乐学院,并拜喻宜萱为师。这位小伙子后来果然出了大名,成为著名男高音歌唱家。他就是李双江。

1959年10月1日,是中华人民共和国成立十周年国庆。10月3日,在刚竣工并交付使用的北京人民大会堂,举行了庆祝国庆的大型歌舞晚会。到场者有毛泽东、刘少奇、周恩来、朱德等国家领导人,苏联最高领导人赫鲁晓夫等一些国家政要也应邀出席。

我在这场晚会上演奏钢琴,所弹曲目记不清了,但难以忘怀的是,我弹奏的是一台北京星海钢琴厂特制的十一英尺长的超大三角钢琴。世界上最大三角钢琴的长度都是九英尺,但为响应当时"大跃进"中"超英赶美"和"别国没有的我国也要有"之类的号召,特别赶制了一台这样的钢琴,它在舞台上看起来非常壮观。但这台钢琴的声音并不好,特别是音量不够,因为钢琴的琴弦不是越长越好。举个简单例子,晾衣服的绳子即使不挂衣服,太长了中间也会往下坠,因为绷不紧;九英尺长的钢琴刚好到了琴弦长度的极限,琴弦再长就会松软。直到今天,这台钢琴作为一个历史时期的产物,还放在人民大会堂入口处的大厅里展览。

半个多世纪过去了,参加这场演出的主要演员中,只有三个人至今还有音讯,就是我和郭兰英、才旦卓玛两位女歌唱家,其他人不是已经去世,就是杳无音讯。

这场演出后,我又同东德德累斯顿交响乐团在北京合作演奏了贝多芬的《第五钢琴协奏曲》,并录制了唱片。

中央音乐学院在北京市内西城区的校址旁,原有一段旧城墙,当中挖有一个大洞,里面存放着苯和乙醚等有毒化学物品。这段城墙现已拆除。

1960年3月的一天上午,城墙洞内突然失火,只见洞门大开，浓浓白烟夹杂着猛烈火苗从洞里吐冒出来。我和院内几十位师生员工看到后，全都抄起各种工具跑出校门，冲到起火的城墙洞内，奋不顾身地扑火。我手头什么都没有，就脱下身穿的呢子大衣扑救。当时洞里弥漫着刺鼻的烟雾，还带点甜味，这是苯和乙醚燃烧后特有的味道，是有毒的。我们把火扑灭后，又把装着这些剧毒化学物的圆桶一个个推出洞外。救火过程持续了十多分钟，消防车才赶到。

我们吸入的这种气体，过段时间才会发生化学反应。几十分钟后，我和其他救火的人纷纷感到头昏脑涨，浑身乏力，呕吐不止，包括我在内的有些人甚至意识不清，如不及时抢救会有生命危险。校方马上紧急呼救，一辆辆救护车鱼贯驶入校园。我被抬进救护车时，已几近不省人事。我们被分别送到北京的多所医院。

在北京人民医院，我被抢救醒来，迷迷糊糊看见自己躺在病床上，挂着点滴。据说国务院领导人、文化部部长、北京市领导都来看过我和其他救火的人，究竟是谁我说不清了。叶向真也来看过我，我连她都没有认出来。我在医院疗养了半个多月才出院。这次失火和救火惊动了中南海，事发后周恩来总理也赶到火灾现场亲自视察。

在这次火灾之前，国内已出现了几起群众性救火、救灾等感人事件，并一一在媒体上做了广泛宣传报道，有的事迹还被拍成电影或编成话剧。据我事后得知，对这次救火事迹，本来也要大加表扬的，对我的行动还要作为"又红又专"的事迹加以宣扬,但后来考虑到影响不好,仅作为内部处理,对参加这次救火的人员,包括我在内,全都给予记功表扬。

我救火不是装假的。失火处位置偏僻,附近全是小胡同,消防车即使赶到,也难开进去,如果真的发生爆炸,中央音乐学院首当其冲,毒气当场就能把院内的人熏死,我当时想,自己作为公民有救火的义务。后来在新闻报道中,将我的"又红又专"同救火事迹连在一起,其实我并不想这样夸耀自己。

1960年夏天,在北京人民大会堂隆重举行了一场有一万多人到场的模范人物报告会,我作为"红专标兵"的代表也做了一个报告,后全文登在《人民日报》上。

留苏两年

1960年7月,苏联单方面决定撤走全部在华专家,克拉甫琴科也从中央音乐学院回国,中苏关系出现严重裂痕。但1960年9月,我又被派到苏联留学了,而且一去就是将近两年。

这年上半年,有一天,中央音乐学院的上级领导人、主管宣传文化教育工作的北京市委书记处书记陈克寒来到音乐学院开会。他在讲话中提到我时说:"像刘诗昆这样的专才,还是要让他到苏联留学。"又说:"彭真同志同意了,请示了总理,总理也同意。"——彭真时任中共中央政治局委员、中共北京市委第一书记。这次会议我在场,知道派我去苏联留学这事就算一锤定音了。

之后,九月的一天,我同各种专业的中国留苏学生上千人乘坐一个火车专列,离开北京,驶往莫斯科。叶向真到北京火车站为我送行,我们相约我毕业后就结婚。

同我一起前往莫斯科留学的音乐留学生还有:小提琴专业的林耀基和盛中国、钢琴专业的李民铎、竖琴专业的左音、大提琴专业的司徒志文等等。

到苏联后,我的身份既不是普通学生,也不是研究生(因为我大学还没毕业)。莫斯科音乐学院因为我得过大奖,将我定为特别生,住房也优待,一人在学院留学生宿舍内住一间房,房内还有立式钢琴。其他留学生也住在一幢楼里,但好几个人一间房,练钢琴要到别的课室。

这次留学仍然是裴因堡教授教我,当时他已年过七旬。

莫斯科音乐学院的中国留学生将近十个,设有一个党支部,我任副书记。在莫斯科期间,和我关系最密切的同学是林耀基,他很有音乐才能,我弹琴常请他给我提意见,他的意见通常都很准确。后来他成为中央音乐学院著名小提琴教授,有几十名在各国际小提琴比赛获奖的中国选手都是他的学生。

我和林耀基、盛中国、李民铎在莫斯科还成立了一个小伙食团，每天轮流买菜做饭，一个人做，四个人吃。盛中国最会做饭，我居第二，做菜嘛，我自己琢磨琢磨就会了。我至今还会做饭，连北京烤鸭都会，就是在那时练会的。

莫斯科的冬天零下几十度，那里的公共游泳馆是恒温的，游泳池分为室内和室外两部分，我和林耀基冬天常去那里游泳，从室内游到室外。室外泳池就像水开锅一样蒸汽弥漫，我们俩常常跳出室外泳池，在酷寒的气温下，脚踏池边的结冰，迎着凛冽的寒风，绕着泳池一圈一圈跑，并不觉得太冷。

在莫斯科音乐学院的近两年中，我一直同叶向真频繁通信。我的床头小柜上放有一张她身着连衣裙的全身像，这是我在北长街的家里给她照的，她显得漂亮过人，这张照片特别引人注意。叶向真写给我的每封信我都反复阅看，特别愿意边看她的照片边读来信。我更是经常给她写信，一写就是好几页，每封信贴的邮票都精心挑选，和所写的内容或寄出时间相关，全不重样。苏联邮票种类繁多，印制精美，遗憾的是，回国后发现她将我寄给她贴着各种邮票的信封，全都给她集邮的妹妹了。

在莫斯科期间，还有别的女留学生追我，有的到我房间坐到半夜还不走，有的给我打毛裤。但我态度很坚决，把叶向真的相片放在床头，对方只得知难而退了。我在莫斯科还给叶向真买了好多漂亮的衣服。当时国内商品匮乏，我回国后，有一次和叶向真一起去看演出，别人看到她穿着我从苏联带回的衣服,都说元帅的女儿比资产阶级小姐还漂亮。

1961年暑假,我回国度假,带着叶向真去上海,这是她和我父母初次见面,我家人都很喜欢她。

在苏联的近两年中,正逢国内经济和生活最困难的时期,尤其是各类食品严重缺乏,我就从莫斯科不断给我在上海的父母和三个妹妹寄食品,有腊肉、奶粉、鸡蛋粉、白砂糖(主要是方糖块),总共寄了几十次,一定程度缓解了家里人餐食不足的问题。我回国时还给叶帅身边的工作人员带了不少食品和中国出口苏联的中华牌香烟。那时这些工作人员同老百姓一样,食品不足,连烟都没得抽。

1960年末,范·克莱本返回莫斯科演出,演奏了贝多芬、勃拉姆斯、柴可夫斯基和拉赫玛尼诺夫的钢琴协奏曲,又是盛况空前,场面极其热烈。我听了他的演出,本想去后台看他,遗憾的是想去后台的人太多,谁也不准进去,因此没能同他见面。谁想到,我们再次会面竟是五十多年后了。

我还经常见到钢琴家阿什肯纳齐。他比我大两岁,当时也在莫斯科音乐学院就读。1955年,他在第五届肖邦钢琴比赛上和傅聪同台竞争,获得了第二名,傅聪仅次于他。1956年,他获得比利时伊丽莎白皇太后钢琴比赛一等奖。他的女朋友叫托伦,是冰岛留苏钢琴学生,长着一头漂亮的金发,后成为他的夫人,当时也住在莫斯科音乐学院留学生宿舍楼,我住五楼,她在二楼。我常常见到他们俩在楼道里出双入对,我就和他们熟识了。次年他们就移居伦敦,这曾在西方轰动一时。后来，阿什肯纳齐当红于世界乐坛。

我在莫斯科留学的这两年其实不太用功，大不同于上次在莫斯科准备比赛时那样刻苦练琴，林耀基也不太用功，我们俩经常一起上街到处游逛。但是我在莫斯科期间曾举行过几场钢琴独奏会，并同莫斯科电台交响乐团合作演出贝多芬《第五钢琴协奏曲》，都还是很成功的。我在莫斯科最后一次演出后，裴因堡老师对我的评价是：你已经是一位成熟的钢琴家了。

1962年我留学毕业回国后不久，裴因堡老师就去世了，在当时的政治环境下，我无法再回到苏联参加他的葬礼，但至今很怀念他，也怀念帮他教我的纳塔松和我的第一位苏联专家老师塔图良，这二人也都已故去。

当时的莫斯科是世界文化的重要中心之一，令我眼界更为开阔，受益终生。我在留学期间，经常听音乐会，看歌剧、舞剧、话剧和电影，参观美术馆和博物馆，买唱片，读书，陶醉在艺术的海洋里。在那里听过的音乐会中，表演者有世界指挥元老之一斯托考夫斯基指挥的莫斯科爱乐交响乐团，有美国费城交响乐团和波士顿交响乐团，还有苏联大钢琴家里赫特、吉列尔斯，和小提琴家奥伊斯特拉赫、柯岗（盛中国的老师）等许多大演奏家和歌唱家。他们的演奏会让我受益匪浅，我还买了很多唱片自己回家听。

我住的留学生宿舍楼门口，正对着学院音乐大厅的后门。听范·克莱本音乐会的那天晚上，散场后，我走回宿舍楼门口时，刚好碰到赫鲁晓夫从音乐厅后门走出来，门外停着几辆黑色轿车，周围有一些便衣特工和警察，他上了其中一辆轿车，坐在司机旁边，车队就开走了。苏联那些领导人，包括赫鲁晓夫，一般都喜欢古典音乐，这是我最后一次见到他本人。

我也很喜欢看话剧和电影，比如挪威易卜生的《娜拉》，俄罗斯契诃夫的《樱桃园》《三姐妹》等等，都不止一次看过。苏联话剧都是斯坦尼斯拉夫斯基派别的，讲求剧中人物和舞台演员高度融为一体，表演时演员情绪奔放，极富真实感和感染力，这同西方狄德罗派的戏剧不一样。

我还看过一些"解冻"后的电影，如《雁南飞》《一个人的遭遇》等等，讲战争中的人性，很伤感，我很喜欢。这些电影后来在国内被批判为修正主义典型作品，后来也同样解封。

我从小喜欢绘画，各个国家各种流派的绘画我都喜欢，在莫斯科，我经常去特列季亚科夫画廊欣赏列宾、列维坦、苏里科夫、伊万诺夫等十九世纪俄罗斯绘画大师的作品。我还常去东方艺术馆，其实是一个综合性博物馆，还有古埃及和古希腊的文物，那里展出的荷兰画派伦勃朗和法国许多印象派大师的绘画名作让我流连忘返。在这些地方，我经常一大早就进门慢慢看，一待大半天，直到下午甚至傍晚才依依不舍地出来。

在苏联期间，我还看了许多俄罗斯和其他各国的经典文学著作，不过从兴趣上来讲，我最喜欢看的书是军事、历史、政治和科学探索类的书籍。

1962年春，第二届柴可夫斯基国际钢琴和小提琴比赛于莫斯科举行。这届比赛没有第一届那样盛况空前，一是因为苏联最高领导人没有直接参与；二是因为已不如第一届那么新鲜。不过还是相当热烈的。

苏联主办方邀请了两位中国评委，一位是上海音乐学院院长、著名作曲家贺绿汀，任钢琴比赛评委；另一位是北京中央音乐学院院长、著名小提琴家马思聪，任小提琴比赛评委。他们抵达莫斯科后，我去看望，贺绿汀对我说："如你所知，我不太懂钢琴，更不知怎样为钢琴比赛的选手打分，这次是硬着头皮来的，不如你帮着我。"他是我父亲的老同学和老朋友，我觉得义不容辞，就不客气地对这位老前辈说："那我来替你给每位选手打分，你把它抄在你的评委评分表上就行了。"于是，我做了一次第二届柴可夫斯基钢琴比赛的"隐形评委"。

比赛进行时，贺绿汀坐在评委席上，我就坐在他身后的位子上，当时规定评委不在现场打分，待回到住处再打，这样贺绿汀就有足够时间抄我打的分。这位老先生当时已年近花甲，连日坐在评委席上，经常打瞌睡，我一看到他头一低要打瞌睡了，就赶紧从后面捅一下，他就立即清醒了。这是我平生第一次在比赛上场场不落地听了全部选手的弹奏。

这届钢琴比赛，阿什肯纳齐和一位英国选手奥格登并列获得第一名，中国选手殷承宗和一位美国女选手并列获得第二名。有一个说法是，苏联当局本来准备让阿什肯纳齐参加第一届柴可夫斯基钢琴比赛，但被他拒绝了，这样他在第二届比赛中，就有十足把握拿到第一名。

香港演出

1962年6月，二十三岁的我从莫斯科音乐学院结束留学，毕业回国，文化部根据我的志愿，将我分配到母校中央音乐学院。

主持中央音乐学院工作的是党委书记兼副院长赵沨，和他的一位上级领导人、中宣部副部长兼文化部副部长林默涵，两人都思想开通，十分爱才，对我非常重视和爱护。根据他们的安排，我在中央音乐学院的任务主要有两个，一是继续钢琴演出生涯；二是任院内钢琴系老师，但只教两名学生，以免影响我的演出时间。那时在全国各种艺术院校中，二十多岁就当主科专业老师的极为罕见，我在中央音乐学院的薪金是每月人民币八十九元五角。按国家统一规定，留学生毕业回国后的薪金普遍是人民币五十余元，我的级别和薪金都高出好几级。

回国后，我又到北长街叶剑英的住所，同叶向真住在一起。

不久接到通知，文化部要在当年九、十月间，组织一个级别很高的音乐艺术演出团，名为"中国青年音乐家演出团"，赴香港和澳门演出，我是演出人员之一。演出团总共十三人，团长是赵沨，副团长是延安老干部、女作曲家严金萱。演出团节目单上的演员排名第一个是我，后面依次是女钢琴家顾圣婴、女高音歌唱家郭淑珍、女钢琴家周广仁、男歌唱家施鸿鄂、女歌唱家张利娟及弦乐四重奏的俞丽拿、丁芷诺、林应荣、沈西蒂（她们是第二届舒曼国际弦乐四重奏比赛获奖者），还有秘书韩中和。

这是我本人第一次来到"资本主义世界"，充满了期待和好奇。

演出团先从广州坐火车到达深圳同香港的交界处罗湖口岸，那里还非常荒凉，只有一座作为两地分界的不长的铁路桥，两端各有一个简陋的火车站。我们从铁路桥走到对岸，就算来到了香港。

当时，国家在香港的派驻机构对外称作"新华通讯社香港分社"，我们在该社负责人员的引领下登上一列老旧的火车，从香港一端的罗湖火车站驶到老九龙火车站。在站台上，早已站满了欢迎的人群，最前排的除香港分社的领导人士外，是一行浓妆艳抹、手持鲜花的影视女明星。其中第一位是夏梦，她是当时香港和东南亚最红的电影女演员，芳龄不到三十岁，是武侠小说大家金庸先生的梦中情人；第二位是电影演员石慧，名气仅次于夏梦，她多才多艺，不但会弹钢琴，还会唱意大利歌曲；其他女演员个个都是名角，只见整个站台上姹紫嫣红、花团锦簇。

这些女演员送给演出团每人一大束花束，仔细一看原来不是真花，而是刚问世不久、风靡一时的彩色塑胶花。当时正值李嘉诚在香港靠制售塑胶花起家，内地还没人听说过呢。我们从香港返回后，都将塑胶花拆成一朵一朵的分赠给亲朋好友，他们都爱不释手。

我们一行在新华通讯社香港分社的招待所下榻。那时，台湾国民党在香港还有相当的势力，在我们之前，京沪的京剧团和越剧团来香港演出时，国民党特务都曾在舞台边上的花篮里放过轻型炸药，在剧场内引爆，虽然没有伤人，但扰乱了演出，因此，我们在香港任何地方都受到香港分社和香港警方的严密保卫。

全团在香港九龙普庆大剧院连续演出了十几场，另在香港大会堂演出两场，演出曲目主要是西洋古典音乐作品，伴有少量中国乐曲。演出中最受欢迎的是我的保留曲目《匈牙利狂想曲第六首》，第二是郭淑珍演唱的《蝴蝶夫人咏叹调》，随后是俞丽拿的小提琴协奏曲《梁山伯与祝英台》，当然其他人的节目也都很受欢迎。我从那时起就广为香港人所知了。

在香港时，适逢香港大会堂落成。由于该会堂是香港第一座正规音乐厅，每个艺术团体或演出个人至多只能在那里连演两场。我们在那里演出的两场是：全团的首场开幕演出和我的个人专场钢琴独奏会。我演奏时,香港大会堂连架新钢琴都没有,只有一台紫红色的旧施坦威牌九英尺大三角钢琴,还是租的。

演出团轰动了整个香港,香港左中右各家报刊全都在重要版面连日刊登有关我们的报道和文章,电台不断播放着我们的演出实况。人们奔走相告,他们没想到内地还有这么好的钢琴家、小提琴家和男女高音,大呼过瘾。以英国港督为首的上流社会,包括大富豪王宽诚,汇丰银行总裁等中外银行家,还有各国驻港知名人士都来看我们的演出。演出场场爆满,普通居民都买不到票。每天演出前,剧院前人头滚滚围着黄牛讨价还价,演出后,好奇的观众守在后门口争睹演出者的风采。

虽然香港同内地之间只隔一条河、只需一座桥,但这中间犹如有一道无形的铁幕,将两地遥遥分开。我们抵达香港后,引起了不少香港同胞巨大的好奇与关注,一家香港电台广播说:"一些香港市民见到'中国青年音乐家演出团',就像见到了天外来客一样,他们确实没有想到,内地的音乐家至少不亚于最好的西方同行。"总之,我们这个团在香港不辱使命,打了一场大胜仗。

我们一团人来到香港,也都大开眼界。过去,我们至多去到社会主义阵营的苏联和几个东欧国家,这回到了香港,算是亲眼见到资本主义社会的缩影了。团里每人给发了两百多元港币,这是一大笔款,那时香港的职工阶层月薪才几十港元。香港的商品多来自各个西方国家,琳琅满目,让我们眼花缭乱,看什么东西都好,都新鲜和喜欢。这两百多元港币能买不少东西,可每个人都在盘算着到底买什么。新华社人员陪着我们到香港的百货商店,有时候也在街上大排档买东西。我和很多人都买了最时髦的便携式半导体收音机、小照相机,还有脸盆、水桶和餐具等塑料制品。这些东西在内地闻所未闻、见所未见。我这名"红专标兵"到了香港,在花花世界中的各种商品面前,好像一时也忘了"红专"二字。

还有流行文化,我们在香港也是第一次接触。香港的女演员和一些普通女子的打扮都让我们感到新鲜,团里较年轻的女性都模仿夏梦、石慧等,梳成了当时流行的"菊花头"。这种发型好似头发变成了一朵大菊花,香港的理发师个个会做,而内地的理发师见都没见过。

石慧很欣赏我,她为我写了一首诗,登在报纸上,诗中有一些引人联想的词语,我也没在意。

十月份,我们全团就坐汽车从广州去澳门,沿途经过五条大河,汽车都要开上渡轮才能过河。

中共在澳门的派驻机构叫"南光公司",正如香港派驻机构新华通讯社香港分社的内部名称叫"中共港澳工作委员会",南光公司的内部名称叫"中共港澳工作委员澳门分工委",分工委书记兼南光公司总经理叫柯平,又叫柯正平,他的哥哥柯麟是二十世纪二十年代的老共产党员,也是柯平之前澳门共产党的第一号人物。

我们就住在南光公司的招待所,这是一座独栋洋楼,有个大院子,隔壁还有一座独栋洋楼和另一个大院,住的主人叫何贤。当地有个说法:澳门有三督,葡萄牙的澳督、中共的柯平和当地的何贤,就是说这三人是全澳门最权威、最有影响力的人物。何贤是澳门的华人领袖,传说在澳门丢了贵重东西,何贤一定能给你找回来,他是亲近共产党而疏远国民党的。柯麟和柯平兄弟及何贤,还有另一位华人领袖马万祺,都是叶剑英的老相识,同我和叶家的人也很熟。

我们住在南光公司招待所时,隔院的何贤特地在两座大院之间的院墙上搭了一座临时竹桥。他家有钢琴,我和顾圣婴就走过竹桥到他家里练琴。全团人有时还过桥到何贤家里吃饭,他亲自下厨为我们煎牛排。柯平和马万祺也常来招待所或何贤家探望我们,大家亲如一家。那时,我常见到何贤的儿子,当时年龄还小,他就是后来澳门的第一任特首何厚铧。

我们在澳门的一家旧戏院演出了几场,同香港一样,大受澳门同胞欢迎。在澳门待了一个多星期后回到上海,我在上海音乐厅举行了一场音乐会,反响也很好。时任上海市委第一副书记的陈丕显在上海最高建筑物之一上海大厦的顶层宴请了全团,对我们港澳之行的成功表示热烈祝贺。

至此,我们这个团的全部使命就圆满完成了。

结婚

回到北京，我就和叶向真开始筹备婚事。叶帅对叶向真说："你们两人走到现在，刘诗昆留苏、求职和港澳之行这些大事都完成了，现在可以办一下结婚手续了。"1962年11月的一天，我们两人到北京的婚姻登记处领取了结婚证，当时我二十三岁，叶向真二十一岁。

我们筹备婚礼一切从简，婚后仍然住北长街，所住房间没有任何改变，只贴个红囍字而已。叶向真穿着我从香港带给她的衣服，我连新衣服都没置办。

叶剑英同我们商量，决定请陈毅元帅、聂荣臻元帅和罗瑞卿大将出席我们的婚礼。我俩挨家去这些长辈家里请。

我和叶向真先到中南海陈毅家，他当时任中央政治局委员、国务院副总理兼外交部部长。陈毅有几分洋派，爱穿西装，还喜欢西洋古典音乐，对文艺界情有独钟。我在莫斯科得奖回国后，有一次苏联驻中国大使馆请我去演奏，陈毅在场，他听我弹奏《匈牙利狂想曲第六首》后，大感兴趣，从那以后，经常点名让我为来华访问的外国国家领导人表演，每次都亲自指定我表演的曲目。这次我和叶向真见到他后，他同我们交谈了一个多小时，并爽快地答应同夫人一起出席我们的婚礼。

接着，我和叶向真又先后拜访了聂荣臻和罗瑞卿，恭请这两位老长辈。他们也都未加犹豫，答应同夫人一起参加我们的婚礼。

婚礼是在北京西郊叶剑英城外的住所举行的。这些高级领导人的生活真的不奢侈，叶帅除了住的地方大点，出门有汽车，到外地能坐专机外，日常生活也全靠约四百元人民币的薪金，油盐酱醋全算在里面，每月还要扣去几十块钱住房费、水电费和缴纳几十块钱党费，他没有也买不起贵重的东西。当年他出访波兰，获赠一只镀银盘子，中间有波兰作曲家肖邦的浮雕头像，这件东西还像点样，又和音乐有点关系，他就找人刻上字送给我和叶向真做结婚礼物，也算是叶向真的嫁妆了。

我母亲一个人前来北京，代表父亲和全家出席我们的婚礼。

新婚那天，我和叶向真在门口迎宾，陈毅、聂荣臻、罗瑞卿三对夫妇先后到达。陈毅夫妇和聂荣臻夫妇每家各送我们一只景德镇瓷花瓶，罗瑞卿夫妇送了我们一只国产玻璃花瓶，在当时是较罕见的贵重礼物。其他来宾有钟期光等几位解放军上将和中将、新华通讯社香港分社副社长祁峰、澳门的柯平、中央音乐学院的赵沨等等，总共来了三四十人。

婚礼既没有司仪，也没有仪式，就是来宾在家里吃顿饭、喝点酒。叶剑英和陈毅、聂荣臻、罗瑞卿四人在楼上单独聊天、单独吃饭，其他来宾都在楼下。饭后，所有人一起到院子里拍张大合影，合影的排位很有讲究。按理说，作为新郎新娘的家长，叶剑英和我母亲应坐在第一排位子的正中，但在元帅排名中，叶剑英排在陈毅和聂荣臻之后、罗瑞卿之前，总不能让陈毅和聂荣臻坐在叶剑英之下，于是叶帅想了一个巧妙的办法，让我和叶向真坐在第一排正中，陈毅、聂荣臻、罗瑞卿坐在我们两旁，他们的夫人也坐在第一排，叶剑英和我母亲一人分别各坐在第一排的一头，其他来宾都站在后两排。这样，我和叶向真是新郎新娘，又是晚辈，坐在正中无所谓排位问题，叶剑英和我母亲作为双方的家长，出于谦让分坐两头也很得体——这很符合叶剑英的为人。

可惜这张照片在"文革"中被抄走了，至今下落不明。

婚礼结束时，叶剑英才对陈毅、聂荣臻和罗瑞卿说：你们每位长辈训一训这两个孩子吧，意思是教导教导我和叶向真。陈毅哈哈大笑，说"不训了"，聂和罗也随声附和"不训了不训了"。说完，他们和其他宾客都走了。

当晚，聂荣臻夫人和罗瑞卿夫人，还有中央音乐学院一位女党委副书记刘丰锐等一群女眷又来北长街看我和叶向真，相当于闹洞房了。

不久后，我和叶向真在一场舞会上见到周恩来总理，他过来同我们分别握手，祝贺我们新婚。

1963年初，叶剑英和陈毅到广州休假，我和叶向真也一同前往。陈毅知道我到广州了，把我找去长谈了一次，谈的都是文艺方面的问题。

总理给我提意见

我从苏联留学回国后,一些给来华外国领导人的重要演出,都是周恩来总理点名让我出场的,一般都在人民大会堂的宴会厅举行。

1963年的一天,周总理又点名让我给一位外国元首演奏,我弹了自己改编创作的钢琴曲《白毛女即兴曲》。演完后,周总理把我叫到他跟前说:"我以一名普通听众的身份给你提点意见。《白毛女》原是一部红色歌剧,通俗易懂,尽人皆知,主曲调很多普通老百姓都会哼唱,但是你的《白毛女》在主曲调以外,伴奏部分太复杂、太大声了,有点盖过了主旋律,普通老百姓就不容易听懂了。我们创作文艺作品要雅俗共赏,让普通老百姓都能看懂听懂。我就提这点意见,供你参考。"

我说:"总理的指示我一定执行,我回去就改。"

他赶忙打断我的话说:"这不是指示,只是意见。对文艺领域的学术问题,谈不上什么指示。我是以一名普通听众的身份向你提意见的,你觉得对就改,觉得不对,可以保留。"

不久后,周总理又指定让我给另外一位外国元首演出,还是在人民大会堂,还是弹《白毛女即兴曲》,但这次我的弹奏是按照总理的意见做了修改的。他听了很高兴,又把我叫到他身旁,面带笑容地说:"刘诗昆,你今天弹得比上次好多了，《白毛女》的主曲调我都听清楚了。只要我能听清，普通听众也一定可以听清，因为我就是普通听众的一员嘛！"

在这之后，另有一次演出，周总理又把我叫到身边说："看来你很会改编曲子，继续努力，多改编毛主席提倡的有民族特色的音乐作品。"我又写了一首钢琴独奏《公社社员喜洋洋》，是根据一首歌颂人民公社的群众歌曲改编的，表现人民公社朝气蓬勃、欢欣鼓舞的画面。

周总理的性格是事无巨细都认真负责，而且他向来尊重艺术、尊重艺术家，对他的意见我心悦诚服地接受，并感到温暖。

毛主席一直提倡中国的文艺作品要讲求中国民族化。1962年9月，在中共第八届中央委员会第十次全体代表会议以后，文艺要民族化的要求又扩大为文艺要革命化、民族化和群众化。按照这一要求，经中央音乐学院安排，1963年5月13日，我在北京民族文化宫剧场举行了一场"中国钢琴作品演奏会"，由我一人演奏近两小时，所弹的都是中国钢琴作品，包括我自己改编、创作和他人创作的共十三首曲子。

举行这样一场演奏会，比举行一场外国作品独奏会要困难得多，其一，那时的中国钢琴作品很少，且大部分音乐效果较差，很难弹得像西洋钢琴曲那样精彩；其二，过去从未有人举行过纯中国钢琴作品的演奏会，这很新鲜，大家期望很高。但无论怎样困难，我下决心开好这场音乐会。

演出曲目包括中国老一代作曲家贺绿汀的《晚会》和丁善德的《儿童组曲》（这两位作曲家都是我父亲的老同学和老朋友），方堃的《船夫曲》，徐振民的《变奏曲》等等；以及我本人根据吴祖强、杜鸣心所作舞剧《鱼美人》音乐改编的《人参舞》《花鼓舞》等四首乐曲；还有遵循周总理意见修改的《白毛女即兴曲》；最后是我创作的《青年钢琴协奏曲》，由中央音乐学院民族管弦乐团协奏、朱工一指挥。

演奏那天，民族文化宫剧场座无虚席，一千多观众反响很热烈，次日的《光明日报》第一版发表了主标题为"努力使钢琴音乐群众化民族化、更好地为社会主义为工农兵服务——刘诗昆首次举行中国钢琴作品演奏会"的报道，副标题是"音乐会洋溢着浓郁的时代气息和强烈的感染力，受到首都听众热烈赞赏"。5月21日的《北京晚报》以"火热的心"为题报道演出。《人民日报》等其他报纸也发表了相关报道。

内部演出

1964年1月22日，我的大儿子出生了，大名叫刘晓迎，小名叫毛毛。叶向真是在上海分娩的，因为我父母和三个妹妹都在上海，人手多照顾方便。

当时在上海的解放军空四军政委是江腾蛟，他和夫人对叶向真非常好，安排她住进空四军招待所坐月子，并从空军医院调派一位护士照顾她。那儿离我父母家很近，我父母和三个妹妹也常去看望照顾。

儿子出生时，我因工作还在北京，接到报喜电报很兴奋，连夜坐火车赶到上海。我第一次见到可爱的儿子，抱在怀里怎么也看不够，感受到初为人父的巨大喜悦和满足。我想多些日子陪着妻儿，但刚待了几天，却不得不返回北京。原来，江青要来中央音乐学院听我创作和演奏的《青年钢琴协奏曲》。

1964年2月上旬的一天晚上，文化部官员和中央音乐学院校领导人带着我在院内大礼堂门口伫候多时。一辆苏联制造的"吉斯"牌汽车驶到，这种汽车原来是斯大林等苏联高级领导人的专用汽车，苏联送了很多辆给中国领导人，包括毛主席本人、政治局委员和元帅都用它来当座驾。

江青走下车，披一件式样摩登的黑斗篷，那年月已很少见。她进入礼堂后，脱下披风，扔给警卫员，内穿摩登的紧身女式西装，显得很有身材，一头乌黑发亮的头发，那一年她四十九岁。

江青听完了《青年钢琴协奏曲》后，点名让我到她身边坐下，她说了什么话我现在记不清了，但态度还没像后来"文革"时期那样盛气凌人。她说完就起身走了，我们把她送到大礼堂门口，我陪同她走到"吉斯"车前。她临上车时对我说："代我问牛妞好。""牛妞"是叶向真在延安时期的小名，江青在那时常见到她。

过了不久，我们接到指示，让中央音乐学院组织一个小型演出团，到中南海给毛泽东主席演出。

1964年2月12日，农历大年除夕，中央音乐学院的小演出团到达中南海丰泽园毛主席的住地。这是我生平第一次与毛主席面对面。

那天，演出团带着乐器，坐着一辆大轿车开进中南海，来到丰泽园。丰泽园是一座典型的中式大四合院，院内古树参天，院门口两名卫兵肃立。自1948年8月起，毛主席就在这里居住，直到1966年8月，他才搬到怀仁堂。

我们走进丰泽园内的颐年堂，这是毛主席接见客人的地方，大厅地上铺着地毯，中央放着一台黑色三角钢琴，四周围了几圈沙发和椅子，沙发都裹着白布套。现场就座的除了毛主席，还有刘少奇、朱德和江青，公安部部长谢富治也在场站立。当时周恩来正出国访问。

现场气氛肃穆庄重。毛主席穿着灰色毛料中山装，脚蹬布鞋，坐在大厅当中一个单人沙发上，他没同刘少奇、朱德和江青挨着坐，而是离得很远。刘少奇、朱德和江青相互之间也有相当距离。小演出团在大厅中间轮流登场表演。我的节目是那天的重点，我演奏了两首乐曲，即《白毛女即兴曲》和李斯特《匈牙利狂想曲第六首》。

我弹完后，一位工作人员悄悄把我带到毛主席所坐单人沙发旁的另一个单人沙发上，让我和毛主席并排而坐。我们相互之间有一个小茶几，上面放着一只装茶水的带盖青花瓷大茶杯，茶几后面坐着做笔录的记录员。

毛主席只同我一个人在说话，他满口湖南口音，第一句话是："他们都说外国曲子不好。你弹的这首外国曲子就很好嘛！"接着他又说："对于外国音乐、外国文艺，我们不应当一律排斥。外国文艺也有很多是优秀的，不都是坏的。我们要吸收借鉴它优秀的、有用的部分，批判抵制它不好的、无用的部分。我们一定要创作有中国民族特色的音乐作品、文艺作品。"

毛主席说话时，端坐在沙发上，双手放在扶手上。沙发靠背很高，他昂着头靠在沙发上，也不看我，而是目视前方，眼光仿佛穿过大厅，看到远方。他出口成章，音调很高，语速很缓，虽然是一个字一个字慢慢说的，记录下来却是一段完整的文章，中间没有多余的字。我侧身洗耳恭听，明白他讲的是他一贯思想：古为今用，洋为中用，百花齐放，推陈出新，要创作有中国民族特色的文艺作品。

他最后说："外国好的音乐和文艺，我们要拿过来。你能够创作我们中国自己的音乐作品，这就很好，要继续下去。"这一番话让我大感意外，今天看来这些话还是对的，但当时在全国，一股极"左"的文艺风潮正在猛烈掀起，什么大批"封资修""大洋古"，大批"修正主义"，大写"十三年"，可毛主席对我说的上述这些话，同这一政治风向和江青等人的文艺言行，完全是不同的。

毛主席说完，一名工作人员又把我带到坐得很远的刘少奇身边。刘少奇对我一人做了一个长篇讲话，足足有小半个钟头，比毛主席讲的长得多。

当时，刘少奇担任中共中央副主席和中华人民共和国主席。那晚，他也身穿灰毛料中山装，足穿布鞋。他不像毛主席那样目视远方发话，而是很认真地对着我讲话。他对我所讲的主题就是一个：文艺工作者要立大志，立中国革命的大志和世界革命的大志，为中国革命服务，为世界革命服务。他的理论水平和口才也很高，整个讲话记录看上去犹如一篇完整的文章。

毛主席和刘少奇对我的讲话，令我有一个深刻印象：中共老一代领导人确实是深有气度、深有理论水平和讲话口才的。

时值大年除夕，演出后开始跳交谊舞，有一个小乐队在旁伴奏。我们演出团中一个胆大的女学生主动跑去请毛主席跳舞，她走到毛主席跟前，把他扶起，两人就跳了起来。随后又有人请刘少奇和朱德跳舞。毛主席跳的是慢步，只是前后缓缓挪动，犹如漫步。

舞会中间，江青突然走到我跟前，很和蔼地说："刘诗昆，我跟你跳个舞吧！"我赶忙起身，同江青一起入场。那晚，我穿着作为演出服的黑色毛料中山装，江青身穿凸显身材的黑色女式西装制服，我们就和毛主席一起跳起交谊舞来。我的舞技不高，只会跳一般的步履。江青则跳得极好，她神情专注、轻盈如风。

我同江青跳完后,轻声说:"谢谢江青同志。"她礼貌地点点头,笑了笑,回到座位上。我注意到,那天整晚,江青再未同其他人跳过舞。

几天后,中央音乐学院召开大会,赵渢在会上传达宣读了毛主席和刘少奇对我的讲话。

下农村

从1963年到文化大革命前,我一共下过四次农村,三次是参加"社会主义教育运动",简称"四清运动",一次是体验生活。

第一次下乡是1963年秋天,我随中央音乐学院部分师生下到北京西北郊黑龙潭旁的一个村子,参加"四清"和体验生活,共一个多月。

第二次是1964年上半年,我随中央音乐学院部分师生到北京西郊四季青人民公社参加"四清",为时两个来月。

第三次时间最长,从1964年下半年到1965年下半年,总共一年,中央音乐学院全院师生下到北京东郊通县胡各庄人民公社各个村子,即各个大队,担任"四清"工作队成员。这是"四清"的最高潮期,我担任驻胡各庄大队的"四清"工作队的队长,队员有十人,大半是中央音乐学院的人，小半是中国人民银行的人。前两次下农村，我们都是单独吃住，最后这一年与农民同吃同住同劳动，叫作"三同"。所谓"四清"，就是清工、清账、清财、清库，总之是清理农村各人民公社、各公社下面各村庄即各大队，清出贪污受贿、多吃多占的各级农村干部。

"四清"前期，先后有两个指导"四清运动"的中央文件，简称"前十条"和"后十条"。半年后，毛主席又亲自制定了一个简称"二十三条"的指导"四清"的中央文件，基本否定了"前十条"和"后十条"，并纠正"四清运动"前期的偏差。我们工作队下农村的前期正在执行"后十条"，后又纠正偏差，改为"二十三条"。

我同几位男工作队队员住在一个农民家里，大家同睡一个炕，到多个农民家里轮流吃饭，吃的多半是棒子面窝头之类，没油水，吃完给人家钱和粮票，还同农民一起下地劳动。

我们在这个村子进行"四清"工作时，发动村民清查了各个村干部倚仗权力侵占农民利益的行为。所清查的干部没有一个百分之百干净的，但那时农村都很贫困，清出的多是有的干部多拿了一袋粮食，有的多拿了十个西瓜这类微不足道的小事情。我们也不能把这些干部怎么样，让他把多吃多占的退还吧，他也吐不出来了，也没钱还。他们还得照当干部，因为村里队里总得有人管事。

"四清"时对农村过去土改中划为地主、富农的农户，还要进行一次再清算。我所在的村里有一户富农，他家有一个女儿，不到二十岁，人很老实，样子也不错，这户人家早就夹着尾巴做人，跟普通农民一样，靠劳动养活自己，可是按照统一规定，必须再对这户人家进行一次清算。我们动员他女儿揭发自己的家庭，可她非常老实，见人都害羞，也说不出所以然，最后是什么事情也没清算出来，不了了之。我就愣抓一点鸡毛蒜皮的事情批斗一下，也没怎么样她。

我们这个村还有一户农家，公公跟儿媳妇偷情被人发现，儿媳妇觉得无颜见人，就喝农药自杀了。我作为工作队队长，也要处理这种事，把警察找来验尸拍照，这些杂七杂八的事也不少。还有一名贫下中农，每天起早摸黑到马路上拾粪当肥料上交，赚取队里的工分。这也挨批，说他捞外快。

中央音乐学院钢琴系教研室主任朱工一教授在我这个工作队，人过中年，又比较胖，劳动实在困难。我就暗自照顾他，分配他做我们工作队的文书，整天抄抄写写，不必下地劳动。

整整一年我没弹琴，全在农村搞"四清"，我身为工作队队长，不能不执行上面的指令，可又什么大事也抓不出来，走了走过场就结束了。

1964年上半年，上级安排我和作曲家吴祖强以及中央音乐学院的男女师生共六人，到陕西北部的靖边县贫困农村住了半个多月，与农民同吃同住同劳动。

我们一行先从北京坐火车去到西安，然后乘一辆二次大战中的吉普车，在坑坑洼洼、尘土飞扬的沙土公路上颠簸了一整天，才到达陕西北部的延安，住一天后又乘这辆汽车到达百余公里之外的靖边县广洋湾村。这是全国最贫困闭塞的地区之一。我们的汽车开到村边时，全村男女老少都出来看，他们生平第一次见到汽车，感到新鲜至极。

我们六人分别住在几家贫困农户里，我住在半山坡上一家农户的窑洞，里面又黑又脏，顿顿饭吃的主食都是糠窝头，糠就是磨麦子剩下的本应扔掉的麸皮，同玉米面放在一起蒸成的窝头，吃到嘴里又酸又涩，难以下咽。这户人家在半山坡打不出井来，每天用毛驴下山驮水，吃饭、洗碗和洗脸用完的水不能倒，还得喂猪。我同一位青年农民同睡一张土炕，染了一身虱子，我们每天跟着这位农民在山坡上种地，种完就同去放羊。临走时，我们留下一些钱给住宿的各家农户。

在那里，我写了一首歌曲，描绘那片土地风光多么好，真的带有粉饰成分。可是又能怎么写呢？若是写穷山恶水，还有什么歌曲的艺术性呢？

总之，我这名弹钢琴的人，先是有一年半在农村度过，后来在文化大革命中又坐了近六年监牢，但这是后话了。

1964年12月21日至1965年1月4日，第三届全国人民代表大会在北京召开，我第一次当选为全国人大代表。

据说，我的人大代表候选人资格，是经周恩来总理亲自批准的。全国人大代表是按照地区选举的，当时北京市的人大代表太多，我挤不进去，就把我算作吉林省的人大代表。吉林省全国人大代表团举行团内会议时，只有我这一名代表不是吉林省的人，大家不认识我，我也不认识他们，尽管大会组织者将我介绍给大家，但我多少感到有些尴尬。

我在会上发言十分谨慎，事先写好详细的发言稿，发言时照稿宣读，很怕讲错话。后来，我又当了多届全国人大代表和全国政协委员，在会上发言也越来越踊跃、越来越放得开。

1965年1月4日下午，第三届全国人大会议闭幕，刘少奇当选为中华人民共和国主席。我刚从人民大会堂走出来，就听到街上敲锣打鼓，一队游行队伍并排高举着毛主席和刘主席的大幅画像，走过人民大会堂前的天安门广场。那天，《人民日报》也发出号外，头版并排印着毛主席和刘主席的头像。

广东打工记

田维堂

如果再过三天找不到工作,我们大概就只能在垃圾桶里找吃的了。

初入东莞

1995年中秋之夜,天空中没有云彩,一轮明月独自在天上大放光芒。

这天晚上,一个叫田维堂的临时民办教师在两个要好同事的陪同下,偷偷离开了自己任教的学校。之所以"偷偷",是害怕遇到他的学生和学生家长,如果遇到,他不知道该如何向他们解释。

这个叫田维堂的人就是我。那时候,我已经在《花溪》《遵义文艺》等刊物发表多篇中短篇小说,是遵义市作家协会会员,但因为贫穷的家庭和超低的收入,很少有人把我当回事。除了几个朋友,大众只承认我是一个穷人。我已经三十一岁,没有房屋,没有女朋友,还欠着一千七百元的贷款。以我当时的收入，需要不吃不喝三年以上才能还清，可实际上我每个月都剩不下一分钱。在很多场合下，我感觉自己已经无法抬头，怕遇到银行的工作人员，怕遇到一起长大的伙伴，尤其是对方夫妇俩同时与我相见。

天上的月亮给了我信心，两个同事不停安慰，使我对前方要走的路勉强有了一点信心。我已经想好，离开学校后要去的地方是广东的东莞市。我已经打听清楚情况，那里有老乡在等着我，他们可能会帮助我。

虽然我已经三十一岁，但在这之前最远就是去过贵阳，我有些胆怯，因此约了一个比我大一岁的朋友一路同行。

出发的那天晚上，下着瓢泼大雨，我和朋友在濯水镇街上一路狂奔，本来想去住在一个亲戚家里，因为我们二人带的路费实在有限，能省一分就省一分。可是走第一家就遭到了委婉拒绝，我们冒雨奔跑在大街上，没有勇气打扰第二家亲戚或熟人，我们找了一家离长途客车站最近的旅社住下。天一直哗啦哗啦地下着大雨，下得我心里都忐忑起来。

第二天天还没亮，我们就坐上了从濯水到遵义的客车。雨还在下，但小了一些，我们到遵义，又坐上直达东莞的长途客车，整整坐了两天一夜才到。

到东莞市，天已经很黑了，我们不得不住下来，然后去找一家饭店吃饭。饭店很小（大的不敢进），但很干净，装修很讲究，两人点了最简单的饭菜，两个杯子摆在我们面前，喝酒有些大了，喝水又有点小。我对服务员说，我们不喝酒的。但服务员告诉我们,那不是酒杯,是吃饭的碗。饭是一块钱一碗,记不清我们一共吃了多少碗饭,因为囊中羞涩,只吃个半饱就不敢吃了。

第二天早晨,按照老乡给我的地址,我们坐车到了塘厦镇的138工业园区。好大的工业园啊!那些房子都差不多修得方方正正的,规模有大有小,一般只有三四层楼高,一片房子一个工厂,每一个工厂都用围墙围起来,大门口都安装了不锈钢自动伸缩门,门口是穿着制服的保安,有的门口还有一把巨伞,伞下面有个圆圆的水泥墩子,墩子上笔直地站着一个保安。

看到那么多工厂,我对在这里找份工作有了信心。这么多工厂一家挨一家,站着转一圈,四面八方都看不到尽头,这得需要多少人啊!怎么可能找不到工作?

我们在工业园区里瞎逛,顺便看了好几家工厂大门小黑板上写的招工启事。奇怪,居然招的都是女性。保安对我们的态度也十分傲慢,我的信心有点受打击了。天快黑的时候,我们就找到了老乡,老乡们都已经下班,他们多数是年轻的姑娘,难怪那些工厂招的都是女性。后来才知道,在广东,女性找工作比男性要容易得多,因此,"杀广"的人多数是女性。

他们在路边站成一排迎接我,大家兴高采烈地叫喊着:"田老师来了!"如果人再多点,阵势再大点,每人手里再捧一束鲜花,我觉得就跟欢迎外国元首差不多了。就是这样,我已经有些受宠若惊了,当时大约有十几个姑娘,五六个小伙子,比起他们,我已经不算年轻了。

其中有个姑娘,皮肤有点黝黑,但是有些气质,看起来有点成熟,有点知识女性的范儿。我不能说出她的名字来,就把她称作雪儿吧。雪儿将我们请到一个饭店里,所有的姑娘小伙子一起作陪。她没有征求我们的意见,直接点了炒田螺,别的好像没什么菜,已经记不清楚了,但炒田螺是记得很清楚的,然后就是要了一大堆的啤酒。我对所有的酒类都没有兴趣,也包括啤酒。其实那时候我们二人都已经饥肠辘辘,非常想吃饭,但是贫穷和自尊压制了坦率,都没好意思提出来自己其实最想吃的是米饭。奇怪的是那么多人没有一个人问我们要不要吃饭。现在想起来,我俩当时如同进了一个虚幻的世界。

那是我平生第一次吃炒田螺,指头肚那么大的螺蛳,里面的肉只有米粒般大小,吃在嘴里实在找不到感觉,而且那时没有经验,里面的肉根本就吸不出来,只能吮吸外壳上的油汁,吃了好久,肚子依然是饿的。最后散伙了,没有人给我们安排住的地方,他们根本无法安排,因为都住在厂里,而厂里是不让外人进去的。他们也不富裕,不可能掏钱让我们去住旅社。那时候,广东来来往往的老乡很多,谁能招待得起呢,而我们身上的钱已经所剩无几,接下来不知道什么时候可以找到工作,找工作期间是要吃饭的,身上的钱必须精打细算省着花。

我问姑娘小伙子们，他们当初来的时候，没有找到工作之前住在哪里？都说住在山上。我完全相信大家说的是真话。谢天谢地，天气非常好，秋天的广东是夏天般的暖和，即使晚上也是非常暖和的。我和朋友来到一座山上，工业园区的灯光让那里显得没有那么黑暗，我们几乎可以看见地上地毯般的苔藓，苔藓是松软而暖和的。被子是肯定不需要的。只是有少量的蚊子嗡嗡嗡叫，偶尔叮一下裸露在外的皮肤。我和朋友调侃说，比起战争年代的军人，我们这个实在不算什么，至少是安全的，我们应该感到幸福。

第二天醒来，我们找了个有水的地方洗脸刷牙，然后就走路去找工作。大约到中午的时候，我看见一个叫"东宝工艺制品厂"的公司门口有招工广告，要求是男性，三十二岁以下（好险，我三十一岁），高中以上文凭。我是一个初中生，实际上连初中毕业证都没有，但是我有一个遵义师范发的结业证书，这是我当民办教师时参加"双语"培训时发的。所谓"双语"培训，就是学习苗语。当然，我还有一个更体面的证，那就是"遵义市作家协会会员证"，双证齐出，难道还抵不过一个高中毕业证？

公司办公室的人翻来覆去看我的证件，说了些什么我已经忘记了，好像对我的作家身份感到怀疑，但无论如何，最后还是决定录用我了。

我的那个朋友是高中毕业，奇怪的是居然没有录用他，也许是他身高不够。我拿着我的行李，一步三回头走进工厂大门，朋友站在工厂大门口眼巴巴地看着我。我不知道该怎么安慰他，也不知道接下来的日子他该怎么办。我们一起出门闯荡，我只一天的时间就有了着落，我知道自己有些有利条件，这样做感觉有些不道德，对不起他，我是否应该与他共进退？工厂不录用他，我就不去上班？让他一个人孤零零地在外面漂流，我如何忍心？但是我辞掉了民办教师这份工作，是不能回去的，丢不起这个人，混不出个人模狗样就不能回去。我不能让人看笑话，我没有退路。而他实在找不到工作，还可以回去继续种地，家里有老婆孩子在等着他，他和我不一样。我只能这样安慰自己。

我被工厂安排在样品部。没想到工作那么轻松，工资是每天十二块，加班一块八一个小时另算，星期天不上班没有工资。我对这份工作非常满意，算下来一个月差不多有六百元，相当于我教书工资的十倍，一个月相当于一年。可惜我对这份工作没有好好珍惜。

我的上司是一个广西姑娘，这个工厂有很多广西人、湖南人和湖北人，贵州人就我一个。广西姑娘名叫毛雪花，一个非常爱笑的姑娘，笑声十分爽朗，单纯而又善良。一看她只有二十出头，可居然大声呼叫我"小贵州"，这让我多少有些不舒服。在老家教书的时候，人人都尊敬地叫我"田老师"，很多老人都这样称呼我的，可是到了这个工厂，一个黄毛丫头居然叫我"小贵州"。

因为我刚去，什么都不懂，毛雪花一会儿命令我："小贵州，去搬两个纸箱过来。"一会儿又命令我："小贵州，去把下面两棵圣诞树搬上来。"开始的时候，我对她对我的呼来唤去有些反感，后来慢慢的，特别愿意让她给我下命令。她的命令每次都是乐呵呵下达的，没有一次板过脸，她长得漂亮，没有真正训斥过我。我就是搞不懂，自己起码比她大八九岁，她怎么叫我"小贵州"呢？

这个厂生产的工艺品就是塑胶做的花花草草，最多的是圣诞树。老板是香港人。我所在的部门是为客户的样品设计包装纸箱，对这个我好像有一点天分，每次设计的纸箱上司都很满意。我的一个男同事是湖南人，正儿八经的高中生，每次都要我手把手地教，他的蠢笨让我有时候无比愤怒。

工厂不大，估计在两百人左右，我所在的部门有大约二十个人，多数是女性，男性只有我和那个蠢笨的湖南人。姑娘们每个都亲热地叫我"小贵州"，很少有人跟那个湖南人说话，因此我现在都想不起他姓什么了。

有几个姑娘是很漂亮的，也很有气质，也许是我们那个部门都是高中生，在这个工厂里，她们算是知识分子了。有一个广西姑娘姓李，漂亮，身材好，气质也好，身高在一米六五以上，脸上有一些青春痘。她曾经几次试着和我展开一些话题深入交谈，但我不知道应该跟她说些什么。实事求是地讲，我没有打算跟她们中任何一个展开深入交谈。我那时候心里爱着生活在贵州老家县城里的一个姑娘，明知道我们不会有什么结果，但心里就是放不下她。我给她写了一封信，她给我回了一封信，信很简短，但是意思很明确，她和我之间不可能发展到那一步，永远只能做好朋友。之后我没有再给她写过信，但我还是没有打算和别人谈恋爱。

有个湖北姑娘叫万琼，身材高挑，应该在一米七以上，皮肤白皙，五官精致，说话声音清脆温柔。有一次她冷冰冰地用命令的口气跟我下指示，她是办公室的高级管理人员，在工厂里，除了香港人就是她的权力最大吧。但我是不管那么多的，连香港老板我都敢直接顶撞，何况是她。我对她说，人长得那么漂亮，没想到说出来的话那么难听！没想到她从此以后，对我说话就格外温柔起来。

在这个工厂里，我被美女所包围。我觉得那时候自己真有点像贾宝玉的生活了，这些女孩子，大部分都美丽而且善良。顶头上司毛雪花不知道什么原因，没有多久就调走了，或者是辞工了吧？反正看不见她了，这让我多少有些抑郁。接替她的是又一个广西姑娘，姓唐，叫唐什么娥，实在想不起来了，同事们背地里都叫她"唐老鸭"。唐老鸭整天板着脸，动不动就训人，别的姑娘跟我聊天，她不敢训姑娘们，就敢训我，她见不得姑娘跟我聊天。唐老鸭像个家庭妇女，但她的老乡都信誓旦旦地说她真的没有嫁人，而且还没有男朋友，叮嘱我千万小心。

万琼有次和另一个姓田的湖北姑娘和我们一起聊天，她们两个都是办公室的高级白领，权力比唐老鸭大很多，唐老鸭在她们面前只能唯唯诺诺。万琼说父亲老是担心她，担心什么呢？主要就是嫁不出去。我大着胆子插嘴说："如果真的嫁不出去，这个任务交给我吧！"然后自己哈哈大笑了，而她假装没听见，什么也没说。也许是说者无意，听者有心，从那以后，万琼对我说话更温柔了。有次我在厂门口溜达，一个小伙子到厂门口找万琼，要我去叫她出来，也许是个追求者，我就跑到她的宿舍通知她，她让我跟那男生说，她已经睡觉了，不想出去。我去告诉那男生，人家失望地走了。

这个工厂一共有三个香港人，有个香港人很年轻，二十多岁，瘦高个，眼睛总是横着看人，很傲慢的样子，万琼她们老是喊他"娘生"。我不知道什么意思，谁不是娘生的？难道只有他是娘生的吗？她们笑得前仰后合，就是不告诉我为什么。好久我才弄明白，是梁生，而不是娘生，梁先生就是梁先生嘛，干吗要省一个字呢？据说这位梁先生在追求万琼，而万琼一直没有答应。

还有一个老板叫施生，我又差点弄成"私生"了。施先生温文尔雅，很有风度，据说开了好几家工厂，而这家工厂，他也是最大的股东。施先生非常忙，难得来一回，一来就喜欢训人，拿眼睛瞪人。很多人都怕他，但是我不怕，他训得没有一点道理，我就顶他，他的普通话说得一塌糊涂。

还有一个香港人是老头，据说在香港那边只是一个搬运工，他的背有点驼，这就是他曾经职业的痕迹。老头实际上完全不会管理，只会拿眼睛瞪人，他瞪着人的时候，那眼神好像只有他是人类，而其他人都是动物。从来没有看见他说一句对工作有指导意义的话,而他的待遇却高得惊人,每个月高达一万港元。凭什么他狗屁不通,却拿着天文数字的工资。有的同事给我解释说,香港那边的消费很高,没有一万养不活他的家人。这个道理,直到今天我才明白。

我记不得这个老头姓什么,他喜欢拿眼睛瞪我,我也喜欢捉弄他。厂里禁止吸烟的,但这个老家伙却经常吸烟,有时候在车间里,有时候在厂区通道里,只要被我看见,就用命令的口气对他说"把烟灭了",而且我会站下来,停下脚步,堵住他,直到他灭了烟,把烟头扔到垃圾桶为止。

三个香港人,我得罪了两个,而且还得罪了顶头上司唐老鸭。

公司订单基本上都是国外的,因此我们在厂里经常能看到金发碧眼的外国人。他们几乎都很高大。有次来了一个荷兰人,起码一米九的个头,我跟他站在一起,头顶跟他的肩膀齐平。我对他说"你好",他也回了一句"你好",说得很拗口,但是完全可以听懂,打招呼后他的笑容十分灿烂。

一晃就到了春节,多数人都放假回家了。我是不能回家的,出来的时候就在心里发誓,要混出个名堂才回家。何况我连路费都没有,因为厂里要求押一个月的工资才准离开,实际上我只拿到半个月的工资三百多元,而这三百多元我几乎全寄给了母亲。我只能留在厂里。

无聊的时候,跟同样留在厂里的食堂师傅聊天,我说希望在春节期间找点事干,抓点收入。师傅说正好他知道有个酒店春节期间缺少人手,我可以去那里干几天零工。

没有去干零工之前,有个四川的胖姑娘约我到她的宿舍聊天,因为贵州四川是邻居,而且乡音相同,因此四川人和贵州人在外面见面就感觉要亲切一些。这胖姑娘可能对我有些意思,告诉我她是独生女,家里希望找个上门女婿。其实我是愿意做上门女婿的,我家里弟兄多,又那么穷,没有什么舍不得的,但前提是我要喜欢对方。这个姑娘我达不到喜欢的地步,更谈不上爱,但聊聊天是没有关系的。春节期间实在无聊,我就买了一包烟偶尔抽一支,没想到胖姑娘和唐老鸭一个宿舍,我问胖姑娘,我可以抽一支烟吗?胖姑娘大度地说:"抽吧抽吧,没关系的!"没想到我刚点燃,唐老鸭就板着脸说:"不能抽烟!"我完全没把她放在眼里,说:"关你屁事,上班的时候你管我,这不是上班时间,你管得着吗?"唐老鸭脸都气肿了。

大年三十,我去东莞塘厦镇的一个酒店做杂工,晚上也住在酒店里。酒店里做杂工的有好几个男女,到了晚上,大家都住在同一个宿舍里,有的男女公开睡在一起,晚上弄出很大的动静来,搞得我夜夜都睡不好。

有个女的,有天晚上买了好多吃的请我一起吃,跟我聊天,聊到她的丈夫,聊到她如何跟她的丈夫离婚。我明白她的意思和想法,但是我假装不明白,没有像她期盼的那样采取行动。到了该上床睡觉的时候,我们各自上了自己的床。

厂里是不允许工人出去另外找事干的,晚上宿舍要查房,看留厂的人在不在，我暴露了。等我回到厂里，他们通知我，我私自去外面上班，被辞退了。没关系，此处不留爷，自有留爷处，爷再找一份工作就是了，有什么大不了的？

以为要升职了

1996年春节过后，在老乡的介绍下，我进了同一个工业园区的光弘电子有限公司。该公司生产电视机配件，我在品管部上班，负责产品的质量检查。

上班几天后，我就去原来的工艺制品厂找万琼，告诉她我已经有了新的工作，是一名品管，我希望她有时间来看看，有兴趣的话可以去我们厂应聘上班。过了几天，她真的和那个姓田的姑娘一起来找我了，我感到很高兴。只是说了几句话，她们就走了。我不知道我为什么要去找她，也不知道她为什么要来找我。

我所在的这个部门八个人，六个女生，两个男生。那个男生跟我一样，也姓田，好像叫田瑞斌，是我们的领班，一个比我还帅的小伙子，性格很温柔，女孩们喜欢他，我也喜欢他。

我们部门和生产部门一样，分三班倒。生产部门都是一些五大三粗的男人，他们生产的产品要及时送给我们检测。生产部门的员工在高温下作业，非常辛苦，而且非常耗费体力，他们的脾气就有些暴躁。工厂的管理一环扣一环，哪一环出了问题就追究哪一环的责任，一个人出问题会连累整个部门的人，谁都不敢掉以轻心。我可能是最坚持原则的一个，上班时间他们不敢把我怎么样，有个小伙子下班时间在门卫室找碴准备和我打一架。我那时候无牵无挂，什么都不怕，举起门卫室的凳子就准备和他拼命，小伙子比我年轻，还高出我一个头，但还是被我不要命的气势给吓退了。我也见好就收。

请我吃炒田螺的雪儿姑娘也在这家公司上班，我来这里，让她感到有些惊喜，她开始找机会接近我。她得知我教书的时候上过音乐课，知道我懂得一点简谱的知识，她说自己不懂简谱，希望我教她。不知道她是真不懂还是假不懂，因为她读过高中，简谱应该是学过的，不懂的可能性不大，我推脱不了，还是答应教她试试。

她把我领到她的宿舍，我说有歌本吗？简单的那种，复杂的我也不会。她说没有。我说没有怎么教呢？她说聊聊天吧，急什么呢？确实的，急什么呢？我们是八小时工作制，三班倒，有大把的休息时间，何况我们的生物钟已经完全被打乱，该睡的时候都睡不着。

她跟我聊天，说这个厂对员工很好的，厂里还专门有两个情侣宿舍，凡是夫妻（无论未婚还是已婚，无论真夫妻还是假夫妻）都可以住在一起，床上只要挂上蚊帐就行。她的话说得很委婉。但是面对她，感觉对我没有丝毫的吸引力，我无法想象和她在同一张床上的情景,于是找了个借口,慌忙逃窜,之后雪儿姑娘见我就是一副怨恨的表情。

听说她很早就开始打工了,用自己打工的钱供一个男孩子读完了大学,那男孩子大学毕业就不理她了。她是一个受到过伤害的人,我不能二次伤害她,必须将她的念头扼杀在萌芽状态。

有过来人跟我说笑,说那个情侣宿舍一到晚上所有的床都在摇晃,声音此起彼伏,甚是热闹。有几个老乡都住进了情侣房,我这个老光棍,既不羡慕,也不着急。我自己都感到奇怪。也许是那段时间身体特别差的缘故。

睡不好也吃不好,身体怎么可能好呢?厂里的饭自然是白米饭,但菜里面好像没什么油,很奇怪的是从来没有见过菜里有肉。以前的那个港资企业,我每顿都能吃到肉的,有时候是猪肉,有时候是鸡肉,虽然鸡翅膀上面经常能发现没拔干净的鸡毛,但这有什么关系呢?现在这是一家台资企业,想不通他们怎么这么抠。

我常常胃痛,但从来不认为这是病,因此没想过要吃药看医生,只是默默地忍着。我每次连一碗饭都吃不完就感觉已经饱了,可一上班就感觉饿。上夜班的时候每个人都要消夜,吃的都是方便面,他们多数吃得很香,我吃了几次就感觉反胃。实在拖得受不了,我就去外面打牙祭,吃顿好的。好的是什么呢?就是三块钱一盘的炒粉,那里面有大约三分之一个鸡蛋,广东人叫"河粉",真是好吃极了。有次我去称体重，一个大男人居然只有九十二斤，身材十分的苗条。我在贵州的时候是一百零五斤呢，掉了好大的一坨肉啊！

比起之前的港资企业，这个厂待遇也很低。基本工资都一样，但从不加班，也就没有加班费，每个月一天不耽误也只有三百多元，生活还那么差。我动了跳槽的念头。

但是来了一个升职的机会。

我们的领班田瑞斌请假回家了，我代理他的职务。我的上司是一个三十多岁的四川女人，看起来很有派头，她叫胡囧（化名），衣着时尚而高贵，经常戴一副变色眼镜，在阳光下，她的眼镜会自动变成墨镜。她表示对我很赏识。她是生产部和品管部的主管，实际上除了老板，她就是全厂至高无上的主宰。

有次台湾的李总主持我们品管部的员工开会，开会前几天就要求大家准备好会上的发言。没有人有这样的经验，大家知道我曾经是老师，如今又是领班，就推举我一个人代表大家发言，我本来有很多话要说，于是当仁不让。

到了那天，胡囧和李总以及品管部的所有员工都坐在一个办公室里，胡囧和李总讲了开场白和会议的主要议题，就让大家畅所欲言。部下所有人的目光都齐刷刷地盯着我。我准备了一个发言的提纲，当然并没有把所有要说的话都写在上面，只是几个标题和要点，我清清嗓子，看看手里的字条，就滔滔不绝开始了发言。

毫不夸张地说，我的发言十分精彩，从李总和那些部下的表情就能看出来我的发言有多么成功。李总频频点头，员工们神情兴奋，有几个女生开始用仰慕的眼神盯着我，唯有胡囧的神态十分尴尬。李总有几次甚至给我竖起了大拇指。

我讲话的中心思想就是：要重视品管部门，品管部门是整个公司最关键的部门，公司的生死存亡，兴衰与否都取决于我们品管部。可是品管部的待遇却是整个公司最低的，提高品管部的待遇，就是提高公司产品的品质，就是公司兴旺发达的开始。我的话一讲完，所有员工自发给予了最热烈的掌声。李总站起身，这是一个慈祥的老人，他跟我热烈握手，并拍拍我的肩膀，再次竖起大拇指说："人才！"胡囧的神态却越加尴尬。事后我得意地跟我的美女部下说："等着加薪吧！"

好几个女孩都对我十分温柔，我们在厂外的草坪上聊天，只有我和一个女孩的时候，她说，我眼睛里好像有沙子，你给我吹吹。但是她双眼清亮，并没有眨巴眼睛流泪的表现，我双手掰开她的眼皮仔细寻找，什么都没发现。这个问题我思考了很多年，现在大概知道了。

没有加薪，等来的却是胡囧通知我，我被解雇了。

也许是我说过，如果不加薪，我们就集体罢工或者辞职。是谁告的密？至今也不知道。我猜测，是胡囧担心台湾老板重用我，抢了她的位置。我这样的人，其实是不适合重用的，我为员工的利益考虑得太多，为老板的利益考虑得少。胡囧站在老板的角度考虑问题，解雇我是应该的。

我去找李总,他马上拿起办公室的电话打给胡囡。不知道胡囡给李总说了些什么,李总叫我还是去找她。

找也没用,我只能走人,不需要理由和解释。那时候,我也不懂得如何维护自己的权利。

好在这个工业园区里,很多厂家都有我的老乡。没有多久,在老乡的帮助下,我又有了一份新的工作。

从领班到厨工

这一次,我结束了贾宝玉似的生活,同事多数是男的,只有两个中年妇女。

这是一家台湾人开的陶瓷厂,规模非常大,全厂职工三千人左右。我在食堂上班,六个男人和两个女人给三千人烧饭。

在食堂工作,生活非常的好,鸡鸭鱼肉什么好吃的都可以吃个够。这个厂普通员工的生活都很不错,何况食堂的大师傅,但我的胃已经坏了,什么都吃不了多少。以前在老家的时候,我一顿可以吃三斤猪肉,怎么现在这么斯文?

我戴着厂牌,又去找万琼了。

我的厂牌上,职务一栏写着"总务"二字,这两个字看起来是不是身居高位?实际上只是一个勤杂工,洗菜煮饭或者炒炒大锅菜罢了。万琼看着我的厂牌惊喜地说:"不错呀，都混成'总务'了。"我知道她可能有点误会，却不知道如何给她解释，也许是虚荣心阻止了我解释的念头。

这个厂有很多规矩和别的厂不一样，等级也很多。先说吃饭吧，台湾的老板单独吃一个食堂，管理干部吃小灶，坐的地方和普通员工不一样，干部吃几个炒菜，都用盘子装着，像下馆子一样。员工自己备一个菜盆子，排队打菜，三样菜打在一个菜盆子里，六个员工面对面坐一个长条桌，中间放一大桶汤，一大桶饭。大家排队进入巨大的餐厅打菜，我看见认识的老乡，会给他们开后门多打一些，这是我手中唯一可以利用的权力。每个老乡排队远远看见我的时候，都会给我一个灿烂的微笑，然后我会提前做好给他们多打一些菜的准备。

打好菜入座，不能擅自开始吃饭，只能规规矩矩坐好等待口令。每顿饭都有那个脑袋圆圆的、高大的马总来巡视，他犀利的眼神在巨大的餐厅里扫来扫去，上千员工个个噤若寒蝉，大气都不敢出。这个威严的马总眼神就能镇住那么多人，真是让人奇怪。所有人打好菜坐好以后，斜挂着红绸带的值日官会高喊一声"起立"，大家齐刷刷起立站好；等待片刻，值日官再喊"坐下"；坐下片刻，值日官继续喊"开动"，才杂乱地响起碗筷的声音。吃饭时不允许说话，因此只有喳喳喳喳和呼噜呼噜的吃饭声，一顿饭下来几乎只有五分钟的时间。餐厅每次只能容纳一千人，因此每顿饭要分三批吃，三批人吃一顿饭，总共只需要半小时的时间，多么高的效率。

我有个学生，在校的时候调皮捣蛋，他也进了这个陶瓷厂。有次吃饭，值日官还没喊"开动"呢，他就擅自开动了，正好被巡视的马总看见，就命令他站起来。他站了起来，像个小学生一样低着头，但这还没完，马总让他站在饭桌上去，他真的站上去了，然后还没完，继续让他在饭桌上旋转三百六十度。妈的，实在太过分了，我看着我的学生眼泪都快气出来了。我想，要是这个狗日的马总这样命令我，我是绝对不会服从的。大不了开除我，有什么了不起？不就是吃个饭吗？要这么多臭规矩干什么？

过了几天，另一个老乡不知犯了什么错，被那个马总叫到办公室。马总问他："你怕不怕我？"老乡昂首回答道："哪有共产党怕国民党的？"那个马总马上就笑了。那个老乡不知道是不是党员，也不知道那个马总是不是国民党党员，但我觉得那个老乡给我们贵州的打工仔出了一口恶气。

食堂的六个男人、两个女人，两个男人是河南人，两个男人是贵州人，也就是我和另一个老乡，一个湖南人，一个四川人。两个女人好像都是湖南人，中年妇女。他们都是老员工，我和贵州老乡是新员工，最苦最累的活就都让我们两个干。我俩每天必须在凌晨五点起床，为全厂三千员工蒸饭。蒸饭并不累，但起早却是非常痛苦的事。白天十分辛苦，凌晨五点是睡得最香的时候，但是我们却必须起床，而其他人可以继续睡到七点。时间长了，我们才发现我俩不仅仅是干最苦最累的活,里面不公平的待遇实在太多,猫腻也多。

我和老乡因为要起早,因此晚上睡得也早。我没有早睡的习惯,尽管起得早,但如果早睡,我怎么也睡不着,而老乡不一样,头一挨枕头就能很快入睡。我们的宿舍就在厨房的边上,是个大通铺,六个大男人像六颗巨大的红薯排成一排睡在一起。广东虽然热,但不缺水,每晚睡觉前人人都会洗个澡,广东叫冲凉。因为实在太热了,我们每天都会用水龙头把宿舍的地冲洗一遍。厂里对卫生很重视,因为人的密度实在太大了,如果再不讲卫生,可能整个厂区都是臭烘烘的。幸好厂里对卫生管得严,我们睡觉才没有被臭味熏得晕过去。不过男人们喜欢打屁,也喜欢打鼾,夜半时分,屁声和鼾声此起彼伏,煞是热闹。

宿舍窗外是一排水龙头,窗子很低,从窗外一眼可以看到我们床上的所有景象。因为天气热,每天晚上我们都是开着窗户睡。车间里的员工经常要加班到十二点才下班,有时候甚至加班到天亮,下班的男女员工都会洗完澡后到水龙头下面打水洗衣服。有天晚上,我的老乡只穿个裤头睡着了,睡到半夜,他的生殖器就勃起了,从裤头里钻出来,他又是仰卧,那玩意就像电杆一样竖着,女员工无意间抬头看见了,立刻慌乱地低下头去。一个调皮的小伙子看见了,找来一根棍子敲打了一下,我的老乡喊一声"狗日的"翻身坐起。从那以后,就给我们把宿舍换到了二楼。

两个河南人和四川人、湖南人轮换买菜，每天买的荤菜素菜加起来都是上千斤。我和老乡经常感觉他们说话都有点财大气粗，也不将我们两个贵州人放在眼里，我就猜测，他们一定在买菜这件事情上吃了不少回扣，但什么依据都没有，于是我开始在餐厅练习骑买菜用的三轮车，准备有朝一日自己也能去买菜，弄点好处。

好事都归了他们。我们每个月发工资之前都会评分，所谓评分，就是班长一个人说了算。班长是河南人，年轻，高大，年方二十八岁，每次评分他都给他们四个买菜的人评七分，给我们两个贵州人评六分甚至是五点五分。差一分，工资会悬殊上百元，我们两个每个月只有六百多，而他们都在七百以上，甚至八百多。我给班长提了几次意见都没什么变化，有个月张榜公布评分，我发现自己又是五点五分，头"嗡"的一声，愤怒充满了我的大脑和胸腔。我手里正好拿着菜刀，班长也正好在厨房，我怒目圆睁，哐啷一声将菜刀砸在地上，菜刀在厨房的地上滑行，滑到班长的脚边停下，我愤怒地咆哮："哪个杂种下个月还敢给老子不公平的待遇，老子就用这把菜刀宰了他！"吼完，我的胸脯还在剧烈起伏。班长一声没吭。从那以后，我每个月的评分都在六分以上，但还是没他们四个买菜的高。老乡比我更老实，从来不抗争，所以他每个月的工资都是最低的。

厨房的工作辛苦而又枯燥，我想寻找一点有意义的精神生活。要知道，我以前不但是光荣的人民教师，而且还是作家，但我从来不敢在人家面前说自己是作家，谁信呢？人家只会当笑话来听，只会说我在吹牛。很多老乡知道我能写文章，但长时间跟他们在一起，什么都跟他们一样，待遇甚至还不如他们，时间久了，他们也就不觉得我是什么作家了。我在这个厂里居然还有心思写了两篇短文，我寄回故乡，发表在《务川报》上。有一篇叫《广东的雪》，其实广东是从来不下雪的，我用此文表达我对故乡的思念。

这个厂办了一个墙报，员工可以在上面发表文章，我也在那墙报上发表了一篇，好像没有什么人注意看。

因为心里浮躁，静不下心来看书，很多空闲时间都在外面闲逛。

厨房后来招了一个男性员工进来，他的形象和声音都很像小沈阳。这家伙是湖北人，个头特别高，达一米九五。也许是因为个头太高了，他的腰永远都挺不直。他的声音有点像女性，更滑稽的是腔调更像一个娇生惯养的女孩那样嗲声嗲气。我就叫他"女男"吧。

女男有个女老乡在厂部办公室上班，是个有点儿漂亮的少妇，姓王，暂且称为"朴实"吧，因为她实在是一个朴实的人，脸上永远都带着朴实的微笑。

有一天下班后，王朴实来找老乡女男去"听课"。女男平时说话嗲声嗲气，感觉没什么脑子，我常喜欢捉弄他寻开心。没想到这家伙还挺有主见，老乡让他去"听课"他居然不去，但这"听课"二字却吸引了我，我主动要求她带我去。

没想到这一听，给我死水一般平静的生活带来翻天覆地的变化，从此我几乎脱胎换骨。

传销旋涡

我和王朴实还有另外两个人，来到一套房子的客厅里，客厅布置得像一间教室，我们受到了非常热情的接待，几个青年男女都大大方方上来跟我握手。说实话，跟年轻姑娘握手我都没有过这样的荣幸，我看见姑娘就紧张脸红，怎么敢握手呢？可人家都是大大方方的面带微笑，我还没明白是怎么回事呢，人家已经握住我的手了，他们的脸上都带着纯洁的微笑，就像自己的亲人一样。我活到三十三岁了，从来没有人对我这么热情过，尤其是年轻的姑娘。大家坐下来唱了几首歌，一边唱歌一边跟着节奏拍巴掌，大家还微笑着交换眼神，我的心里充满了温暖。

客厅里人坐满了，一个年轻的姑娘在大家的掌声中走上讲台。她自我介绍说叫李秀眉，四川人。李秀眉面带从容不迫的微笑，她的笑容那么成熟，那么稳重，而且充满睿智。她在台上所表现出来的所有风采，都和她的年龄不相称。

李秀眉微微有些发胖，身高大约一米五五的样子。讲台上有一块白板，她在上面用有色水笔写字，她的板书非常漂亮，我们学校的老师没有一个有她写得好的。

她说，现在我们打工的生活多么艰难，我们打了多少年的工啊，但我们有什么呢？是不是什么都没有？台下几乎异口同声回答："说得好、说得对！"并响起热烈的掌声。"但是，"李秀眉话锋一转，"我们不能永远这样，我们不能永远一无所有！我们能做什么呢？大家一定想到过做生意，大家知道，传统生意需要具备什么条件呢？第一，要本钱吧？没有三万五万能做生意吗？我们大多数人都没有本钱，对不对？"台下齐声回答："对！"李秀眉接着说："就算我们有了本钱那又怎么样？是不是还要承担风险？如果贷款或者找朋友借了本钱，一不小心打了水漂怎么办？我们是不是有可能一辈子都爬不起来？"台下又是掌声一片。

接着李秀眉又说，如果能上大学，也算一条出路，可要是能上大学，我们还会来打工吗？我们的希望在哪里？

对啊！我们的希望在哪里？这正是我的心里话。

打工两年多了，我存钱的计划一点儿也没实现，母亲总是不停托人带信来问我要钱，两个弟弟都不给她寄钱，也许是他们自身难保，我每个月的工资都给母亲寄回去买肉和看病了。如果我找不到更好的出路，就这样一直打工，什么时候才有出头的日子呢？李秀眉的话深深吸引了我，说不定还真是个机会呢！

李秀眉说，现在有一个机会，不需要你多少本钱，不需要你多少时间，也不要你承担风险，这个机会就可以带你走向成功，大家想不想知道这是一个什么机会？

"想！"台下齐声呼喊。

李秀眉开始在白板上画了一个圈，在圈里面写一个"你"字，然后在圈的下方画两条斜线，斜线下面又各画一个圈，圈里面一个写"亲戚"二字，一个写"朋友"二字。然后又在两个圈下面各画两个圈，之后圈越来越多越来越多。李秀眉说，这就是倍增的原理。她说，如果你去打工，一家公司给你每天三百元，你一个月下来是九千，但是你的工资永远不变。另一家公司第一天只给你一块钱，但是第二天会给你两块，第三天给你四块，第四天给你八块，第五天给你十六块，就这样一直成倍增加下去，你选择哪一家公司上班？

大家不知道如何回答。

李秀眉继续说，我来给你算一个账，第一家公司，你一年下来的收入是十万零八千元，而后一家公司，一年下来的收入是多少呢？你算出来了吗？

没有人能够回答。

是的，没有人能够很快算出来，因为这个数字实在是太庞大了！李秀眉充满激情地说，那么，我们只算二十天就够了，这个我早就算过，我在这里只告诉大家结果，第二十天，你将拿到一百零四万八千五百七十六块钱的工资，多么惊人的数字！如果一年以后，那就是上万亿了，我们不需要那么多钱吧？

台下响起热烈的掌声。

我们公司就是给你这样的机会。也许你开始的时候收入非常非常少，但是每天或者每个月增加下去，就会非常可观。李秀眉继续热情洋溢地演讲，我已经听得津津有味了。

你只要花二百八十元，你就是老板了，并且这二百八十元是购买我们公司的产品啊！买产品就成了老板，多么划算的事啊！你用了我们公司的产品，觉得我们的产品好，然后将我们的产品分享给你的亲人或者朋友，他们也会来买我们公司的产品，因为是你分享给他们的，公司会对你表示感谢，你就有报酬了。然后你的亲戚或者朋友又会分享给他们的亲戚朋友，是不是很简单？倍增起来是不是很快？

"对！"台下又响起热烈的掌声。

李秀眉终于讲完了。

我已经完全相信了她讲的道理，我觉得自己可以成功。我决定加入他们公司，购买他们公司的产品。

这家公司就是完美公司，他们采用直销的方式销售产品，但实际上就是传销，不过那时候我并不知道。

过了几天，我拿出二百八十元购买了完美公司的产品。这个公司的产品有芦荟膏、芦荟矿物精、完美营养餐、洗衣粉、牙膏等日常生活用品，在李秀眉等人的讲解下，每样产品都非同一般，但是这些产品和市场上同类产品一对比，价格高得惊人。比如一包五百克的洗衣粉要三十多块，一支牙膏好像也是几十块，芦荟矿物精和完美营养餐一罐要差不多二百元。我出去跟人家分享的时候，几乎所有人都认为价格高得太离谱了，我接触到的都是最普通的打工仔，大家每天加班加点干,才十几块钱,一天能拿到二十块的已经算是高工资了,谁舍得花钱买这么贵的东西?我得想找两个能干的下线,我是那第一个圈,要找两个圈在下面和我相连,只要我下面的两个圈能够再找两个圈,就会一代一代地传下去,子子孙孙绵延不绝,没有穷尽。我不成功都是不可能的。

我想到了工艺厂的万琼,然后就去找她,我希望她能跟我一起去了解我们的完美公司。没想到她跟我说,她们的仙妮蕾德才是最好的,最值得信赖的公司。

这是一家销售模式跟我们完美公司一模一样的公司,我们谁也没有说服谁,最后她说,要不我请你看场电影吧,我想都没想就回答说:我这段时间不喜欢看电影,一想到电影我就头疼。

我说的是真心话,到了广东,我真的没有心思看电影,一点儿兴趣都没有。但万琼这样的美女请我都拒绝,这让我自己都感到吃惊,后来我多少有些后悔,但后悔没用,她之后再也没有提出过这样的邀请。

有次万琼到我们厂里找我,要我了解她们的仙妮蕾德,我则再次提出要她加入我们的完美公司,没想到她说,我要找上线也要找一个诚实可靠的人。她来见我的时候,我穿得十分狼狈,上身一件蓝色条纹员工服,下身穿条齐膝盖的绿色短裤。我们厂里的干部服装是白色条纹的,而之前万琼认为我是"总务",自然应该是干部,而且是不小的干部,没想到我只是一个厨房的勤杂工,我的厂牌也被厂办公室换了，上面写的是"厨工"。妈的，厂办公室出的错，那个"总务"害老子背个不诚实的骂名，被一个喜欢诚实的美女误会。我知道万琼误会了我，可我不想解释，觉得没有必要解释，误会就误会吧，反正我没有有意欺骗她，也没有对她图谋不轨。

那次之后，我和万琼再也没有见过面。我曾到那家工艺厂去找过她，里面的人告诉我，她已经辞职走了，去了哪里，谁也不知道。

我开始一心一意经营我的完美公司，寻找合适的下线。

有次，李秀眉因故不能上台"讲课"，跟我一起去听课的老乡知道我以前是老师，就起哄让我去讲，我也觉得不上去没有道理，没想到我一讲就非常成功，台下反应热烈，女孩子们两眼放光，两个贵州男老乡和几个四川妹子很快成了我的下线。那两个贵州老乡都是我们务川本县人，我学学香港人，一个称冯生，一个称陈生吧。两个都是比我小十来岁的年轻小伙子，冯生乖巧可爱，陈生稳重诚实，陈生对我特别崇拜。两个成了我的下线后，都没有找到他们自己的下线，是我把几个四川妹子放在了他们的下面。

我很快在厂里建立起了自己的传销网络，在短短十几天的时间就达到了十多人，但悲哀的是，这十多人全是我自己发展动员安排在他们下面的，并不像理论上讲的亲戚连亲戚、朋友连朋友。不久我就发现，我的销售网络并没有像自己想象的那样，每天或者隔一段时间就倍增一次。那些下线们基本上都没有找到自己的下线，我的网络也就没有迅速扩大，而是很快停了下来，十多个人的网络，一年过去了依然是十多个人。

不过他们都非常努力，一边销售产品，一边把找下线的希望寄托在我的身上，希望我能给他们每个人下面安排两个能以一当十的得力干将，这样就可以迅速扩大他们自己的销售网络，成功就有希望。但我显然没有那么大的本事，他们每月工资一发，留下几个零花钱就全部交给我去公司给他们购买产品。

那时候都是现金，百元面额的钞票又很少用，一万多块钱看起来是很多的。他们下班后给我的时候已经是晚上了，我只能让那么多钱跟着我过夜。我提心吊胆地把大笔现金放在自己枕头下面，睡觉不敢睡得太沉，一个晚上醒好几次，第二天抽空马上就去公司购买产品。好在这样一次又一次从没出过差错，没有钱搞丢或者被偷走的情况发生。

实际上，大家的产品基本上都没能卖出去，包括我自己。卖不出去怎么办？当然只有自己用掉，我吃了两罐芦荟矿物精和一罐完美营养餐，吃惊地发现，经常疼痛的胃居然不痛了。这是意外的收获。

我们每个月拿着五六百元的工资，消费着天价的日常用品，穷人的收入，富翁的消费。我的所有的下线们，在那一年的时间里，银行里没有增加一分钱的存款。

在传销课堂里，我们充满信心地手拉手唱着：

在我心中，曾经有一个梦，

要用歌声让你忘了所有的痛。

灿烂星空，谁是真的英雄？

平凡的人们给我最多感动……

其实我们的心里早已开始流血，已经疲惫不堪，可是每个人都在硬撑着，为了一线渺茫的希望，为了面子。

那个讲课的李秀眉，在讲台上，别的主持人告诉我们，她做得非常成功，已经是红宝石经理了，月收入有好几千。她继续努力，就会成为钻石经理甚至是金钻石经理，月收入将达到几万甚至是几十万，辉煌的前景就在不久的将来。可是我却看到李秀眉的脸色一天比一天苍白，终于有一天，她站在讲台上，讲着讲着，在众目睽睽之下，居然晕倒过去。所有人都围了上去，我和冯生将李秀眉抬进房间，我把其他人都打发走，留下冯生和我。我给李秀眉喂了几口温开水，她醒了，没有睁开眼睛，却从眼睛里流下两行泪来。

我说，李秀眉，说实话吧，怎么回事？其实我已经猜到了，因为主持人也经常在讲台上抬举我，说我做得多么多么成功，但成功不成功我自己心里是明白的。好在我是兼职，有工作，有稳定的收入。而李秀眉是专职的，没有工作和工资，她的收入靠的就是传销。

李秀眉突然翻过身，把脸埋在双臂之中痛哭起来。她终于说出了真话：她已近三天没有吃饭了。

我掏钱让冯生出去买了两份炒粉回来，我们悄悄退出房间。我知道李秀眉爱面子，不想让我们看见她失去斯文。

好在我在厨房上班，每天的任务就是蒸饭和打饭打菜，员工们吃完饭，我就可以出厂溜达了，相对其他员工，我是相当自由的。每天吃完饭，我就用一个饭盒装好饭菜，骑着自行车出厂，直奔李秀眉的住处。每天我都按时给她送两顿饭，李秀眉的脸色又红润起来，又在讲台上神采飞扬了。李秀眉不在的时候，我就上讲台，每周星期六和星期天各一堂课。奇怪的是，只要李秀眉坐在讲台下，我就讲得一塌糊涂，甚至讲不下去，而没有她的时候，我就发挥得淋漓尽致。

有一个塘厦镇本地的姑娘，姓李，个子比较高，每次我讲完课，她都会给我一瓶矿泉水或者饮料，眼里满是对我的崇拜。她曾劝我辞掉工作，出来专职做传销，我说如果到时候没饭吃怎么办？她说到我家去吃呀。那里虽然说起来是个镇，但在我眼里却是大都市，我一个农村人，怎么能到城里人家里去吃饭呢？她的父母又不认识我。她还告诉我，她是家里的独生女，父母什么都依她的，家里也什么都不缺，她每个月有八百多块钱的工资，全部被她买零食吃了。也许就是这样一句话，让我对她的好感消失了一大半。

有一天，李姑娘告诉我，家里给她找了一个男朋友，是个工程师。她问我该怎么办，我说给你找男朋友关我什么事？然后又觉得这样太不友好，就说，要不你带来我给你参考参考吧。等到周末听课的时候，她果然把那个工程师给带来了，看起来比我还老，生得尖嘴猴腮，形象比我差远了。

记不清当时我说了什么，后来到年底的时候，我工资还没发，身上一分钱都没有了，李姑娘给我打BP机，问我过年怎么样，新年快乐不？我和她半开玩笑说，快乐个屁，一分钱都没有，这年怎么过。没想到她迅速到了厂门口来找我，非要给我一些钱过年。我也没怎么客气，收了她二三十块，这钱后来也记不清还了没有，可能多半是没有还的。

李姑娘对我的好没有坚持多久，也许发现我是个榆木疙瘩，没有开窍的时候，到第二年夏天就结婚了。婚后两个月，她的身材迅速发生变化（不是因为怀孕），打扮也开始邋里邋遢，我为自己的不开窍感到庆幸。

关于那个课堂以及传销网络的消极情绪，像瘟疫一样开始蔓延，我和李秀眉表面上强颜欢笑硬撑着，我们那些自称为成功人士的上线们，也隔一段时间来给打一次气，鼓励我们坚持，坚持就是胜利。记得有次来了一个成功的钻石经理，四川人，小个子，打着金利来领带，穿着据说是价值一千多元的真丝衬衣。他印堂发亮，衬衣的价格已经十分惊人，我闻所未闻，更让我们吃惊的是他居然有一台"大哥大"，像一块黑色的砖头，他把这块砖头拿在手上，走到哪里都可以用这块砖头和人通电话，神奇得不得了。

据说这个钻石经理下面有上万人的销售网络。那么，一万人以上才有这样一个成功人士吧？

我心里这样想，但没有说出来，依然坚持每天给李秀眉送两次饭。有一次我想给她送点米和油，让她自己做饭吃，反正我们厨房里什么都多的是。我把油装在一个罐子里，绑在自行车后座上，没想到没绑牢固，到了厂门口，油罐子掉在地上，弄得满地都是。幸好保安没有找我麻烦，因为那个值班的保安正在追求管我们的总务肖登红姑娘，肖姑娘和我的关系也挺好，要不然这个失误完全可以开除我。

从1997年春天我开始做传销，到1998年春夏之交，我们的传销网络实在支撑不下去了，尽管上面采取的措施越来越多，越来越频繁，企图力挽狂澜。有时候会让我们一些精英到远一点的地方参加一些励志活动，做一些有趣的活动。比如有次让我们做游戏，男男女女在一间屋子里，用黑布蒙住所有人的眼睛，然后伸出你的双手在人群中寻找你心中希望找到的那个人。参加这次活动又是在我熟悉的传销网络中，有我和李秀眉，还有四川一个卖菜的男子。那时候我发现，我心中想要寻找的那个人居然就是李秀眉。

我本来想用手将黑布拉开一条缝，看见李秀眉，假装转一会儿就过去和她拥抱，但又改变了主意，我决定让上天和我的直觉来决定。我老老实实蒙住了眼睛，让自己在一团漆黑中摸索，让缘分来决定我的命运吧。

结果我和一个男子拥抱在了一起。而李秀眉被那个卖菜的男子给抱住了，不知道那个家伙作弊没有。

但我依然坚持给李秀眉送饭送菜。

又有一次，我们几个精英要到离塘厦镇几十公里的樟木头镇去参加活动，我希望与李秀眉一路同行，但她有点冷漠地对我说，她要等一个叫徐彬的男人。这个徐彬她以前给我介绍过，据说在做传销以前是一个无恶不作的人，自从加入传销组织后就改邪归正了，并且非常能干。我起身离开，一时间，怒气充满了我的每一个毛孔。我怒气冲冲地一个人到了目的地，一个人满面怒容地独自坐着。李秀眉到了以后，主动来和我坐在一起，但我旁若无人，对她视而不见。她坐了一会儿，就静悄悄地离开了，没有做任何解释。

从那以后，我不再给李秀眉送饭送菜，我们的关系开始疏远。

这时候，出现了一家新的传销公司。找我入伙的是一个长着一张马脸，眼窝深陷、眼神深邃、发着幽幽蓝光的四川男人。他叫张卫国，是李秀眉的老乡，他和李秀眉之前都是完美公司的精英，张卫国发现了我和李秀眉关系出现裂痕，他对完美公司已经失去信心，决心背叛完美，投靠新的公司。投靠新公司的时候，他抓住时机动员我成了他的下线。

这家公司需要投资一千二百八十元购买一盒保健品，这个保健品不需要去销售，因为价格实在太高，估计也没有人愿意买，实际上就是拉人投资入伙，拉一个人进来投资，可以赚六百元。一个星期之内我拉了两个人进来，自己的本钱就基本上回来了，还得一盒高档保健品。我把那盒保健品邮寄给母亲，母亲吃了以后，身上的毛病居然好了。但我觉得不是这个保健品有多神奇，而是因为母亲知道儿子舍得买这么贵重的东西孝敬她老人家，一高兴病就好了。

我一个星期赚了一千二，第二个星期又拉了两个人进来，赚了将近一千，上线张卫国就怂恿我辞掉厂里的工作，专职做传销。我觉得有理，一个月累死累活才几百块，干着有啥意思，不如辞掉自由自在赚大钱。于是，已经三十三岁还十分幼稚的我，给在老家的好朋友雄心勃勃地写信，说我一定要成功，一定会成功，我要赚足十万元才回家，没有十万元不回家。

有没有人赚到十万？有，我只知道一个人，她就是我们的总务肖登红姑娘。

肖登红接管厨房以后，有一天她把我拉到一边悄悄问："你认为他们买菜有没有问题？"那些买菜的龟儿子赚了钱还欺负我和我的老乡，我们每个月工资都比他们少，活比他们干得多，我当然要实事求是地说。我说肯定有问题，据说他们每天每人都可以分到两百元。肖登红的眼睛就亮了。

不久以后，厨房的班长被查到一点纰漏，就被炒了鱿鱼，接着炒掉了班长的老乡，一个大屁股的河南胖子。又过几天，炒掉了那个一脸奸相的湖南中年男人。

肖登红开始一个人买菜，卖菜的人每天自己把菜送到厂里。两个月以后，肖登红借过生日的机会请我吃饭，希望我在她的生日宴会上像在传销课堂上那样发表演讲，但我不知道该讲什么，表现让她非常失望。又过了一个月，肖登红主动向厂里提出辞职，传说她当三个月的总务赚了十万以上，于是急流勇退，带着那个当保安的男朋友回家做生意去了。

她走的时候专门跑来告诉我,说她其实不叫肖登红,那个名字出自借的身份证。

开始流浪

我从厂里辞职出来不到一个星期,人一个也没拉到,政府却开始宣布传销属于违法行为,必须予以严厉打击。我失去了工作,又不能做传销,于是开始了流浪生活。

开始的时候,我打游击,在传销网络的熟人租的房子里这里蹭着住几个晚上,那里蹭着住几个晚上,后来好像都不受欢迎了,只好自己租一间房子住下来。吃饭问题基本上都是在外面吃炒粉炒饭,每天只能吃个半饱,不敢放开肚子吃。

这时候找工作越来越难,我是男性,年纪又偏大了,很少有工厂愿意要,要么就是工资特别低,工资高的厂都要年轻小伙和年轻姑娘,我这个半老头子是不受欢迎的。那个在厨房一起上班的贵州老乡不知道什么原因也辞工出来了,他买了一辆脚踏三轮车满大街卖水果,每次碰面都逼着我吃他的水果,非常慷慨大方。

到天气最热的时候,我还是找到了一份工作。那是一家服装厂,我不会针车,所以还是在厨房打杂,并负责给每个车间送开水,工资特别低,一天只有十块钱,和原来的陶瓷厂比还不到一半,心情特别郁闷。老板是香港人,整天板着脸,看见我就像见了仇人一样,有事没事拿眼睛瞪我。有次毫无道理地训斥我,我就爆发了,指着他鼻子骂:"你为什么看我不顺眼?你不就是有几个钱吗?你还有什么本事呢?看不惯我你可以炒我的鱿鱼,为什么有事没事找我麻烦?"那香港人可能从来没有遇到一个人敢这样跟他说话。老子推着装了开水桶的四轮车,不管不顾继续气愤愤地往前走,那个龟儿子呆在原地,愣了好一会儿神。下午就有人来宿舍通知我,去财务算工资走人。走就走,老子怕过谁?

出厂后,我成了流浪汉,行李就是一个旅行箱,里面是几件换洗衣服和一床垃圾棉被。广东一年四季都不冷,这样的气候对流浪汉非常友好,随便什么地方都可以睡觉。做传销时认识的人很多,大家见了面都很亲热。我遇到一个做传销失败的陕西人,看起来比我稍大一些,他开了一家面馆,免费让我吃了一碗面。还遇到几个做传销失败的四川人,他们男男女女共同租了一间比较大的房子,屋子里分两排安放了上下两层的床。床很多,人不多,这可太好了,他们收留我在那里住下,吃饭的问题大家各自想办法。晚上睡觉,男男女女大家都很守规矩,相安无事。

有时候白天我会出去找工作,但找了几天,看不到一点希望。不知是谁有几本金庸的武侠小说,我记得有《天龙八部》《书剑恩仇录》,我就天天躺在床上看武侠小说,看得昏天黑地,一天很快就混过去了。有时候我心里很难受,但我很会安慰自己,总认为自己的好日子在后面,一切困难都是暂时的。

后来我又遇到了之前的两个下线，一个是湖南人，记不得姓名了，一个是重庆人，叫罗实。罗实个子很高，脑袋很大，戴一副近视眼镜。因为我觉得这个人很不错，我们产生了很不错的友谊。罗实和我的老乡陈生因为做传销都到了山穷水尽的地步，不但失去工作，也花光了所有的积蓄。湖南人和罗实、陈生，都寸步不离地跟着我，我也感觉他们走到今天这一步我也有一定的责任，就让他们跟着，我吃什么也要给他们一人一份，买四个馒头，我们每人一个。

他们跟着我不完全是耍赖，而是信任我，把我当成他们的亲人。在那个举目无亲的地方，身无分文的他们只能把我当成他们的亲人，只要我有一口吃的，就有责任分一小口给他们。

到了腊月，我自己身上也只有三十来块钱了，后面还跟着三个年轻小伙子。如果再过三天找不到工作，我们就会沦为乞丐，大概只能在垃圾桶里找吃的了。

谢天谢地，我们很快找到了工作，一家公司同时收留了我们四个。但这是一份什么工作啊！没有底薪，公司只提供我们住的宿舍，不管饭。我们的工作是为公司推销公墓，公司给我们一些资料，我们却不知道公墓在哪里，怎么推销呢？我们对这个可是一窍不通，再说马上就要过年了，老板都已经回家过年去了，很多问题不懂都不知道该去问谁。那个开面馆的陕西人早几天也进了这家公司，我不知道他为什么面馆开不下去了。怎么去推销呢？总不能去敲开人家的门问："你们家死人了吗？你们需要墓地吗？"这会被人家揍到墓地去吧？

我感觉我们在短期内，最少在春节以前，是无法做成一笔业务的。可是我们要吃饭呀，当务之急是要弄点钱吃饭。

公司是个很气派的门面，而我们虽然身无分文，却个个西装革履。这是我们做传销的标配，传销也培养了我们的精气神，看起来都有几分成功人士的派头。我有了一个赚钱的计划，问我们当中谁的毛笔字写得还过得去。陕西人说他写得还行，在老家经常给人写对联。我拿出十块钱交给罗实，吩咐他出去买红纸，将十块钱买完，能买多少张就买多少。

红纸很快买回来了，而我已经用圆珠笔写好了一张"招聘启事"交给陕西人，大家一看就明白了。

启事全文如下：

好消息：

招聘启事

本公司因发展需要，特面向社会招聘如下职位：

一、招聘总经理秘书一名，要求大专以上学历，女性，年龄在20-28岁之间，五官端正，身高1.6米以上。

二、办公室文秘3名，男女不限，年龄在20-28岁之间，五官端正，身高1.6米以上。

三、业务经理3名，男女不限，年龄在20-28岁之间，五官端正，身高1.6米以上。

　　四、业务员数名，男女不限，年龄在20-28岁之间，五官端正。

以上职位一经录用，待遇从优。

　　注：面试第一关合格后收取报名费30元。

最后落款是我们公司的名称以及地址。

　　几个人一起为陕西人裁纸，一张红纸裁成两张，陕西人铺纸挥毫，毛笔字果然上得了台面，一会儿就写好一张。一个小时以后，十多张红纸黑字的招聘启事写好晾干，我吩咐罗实和陈生还有那个湖南人一起出去，大街小巷张贴。这时已是凌晨一点，贴好后大家安然入睡。第二天我们八点开门上班，门口已经排好了长长的队伍前来应聘。

　　我们一个个西装革履，屏住呼吸，板着面孔，做出一副领导的派头。罗实仪表不俗，气质不错，我让他坐在办公室门口把好第一关。我和陕西人比较老练，做出总经理的派头，但不声明是总经理，坐在办公室里面把好最后一关，并收取过了第一关面试的报名费。

　　下午，我们共收到报名费一千多元。那些交了报名费的都留下了联系方式，我们承诺在正月十五后通知他们，如果没有接到通知，就是没有被最终录取，报名费不退。

　　第二天就是春节，我们几个流浪汉在这家推销公墓的公司举杯相庆，迎接新春佳节的到来。

　　到了春天，我还没有找到别的工作。有次在路上遇到一个人叫住了我，他公开说知道我骗了他三十块钱，但他不和我计较。我自知理亏，乖乖地站着等他发落，想即使他伸手给我一个耳光，我也会默默承受，因为我知道自己是有罪的，应该受到惩罚。但他说完就走了。我看着他的背影垂首而立，良久，居然找不到东南西北。

在后来的日子里，我总是找机会弥补我那一次的罪过，希望得到上天的宽恕。

老光棍恋爱结婚

那天招聘的傍晚，来了一个小个子姑娘，站在我面前和我交谈。但她不是来应聘的，她有工作，她跟我谈起了上帝，谈起了宗教。我觉得好奇怪，好新鲜，于是问了她的公司名称，所在公司的部门，她所在的宿舍编号，甚至是床位的编号，我都用笔记本记了下来。我当时的表现现在想起来也是非常奇怪的，我似乎没有这么在意过一个姑娘，我在广东认识了数十名异性朋友，但从来没有把哪个姑娘真正放在心上，我给李秀眉送饭送菜也多半出于同情心，后来和她翻脸，主要原因恐怕也是觉得她有点忘恩负义。其实那时候，我的心里还装着在县城里工作的那个姑娘，后来慢慢的，自己越来越落魄，就开始反省，不再觉得自己是一个作家，怎么能够对她痴心妄想？我的这种痴心妄想，实际上是一种不可赦免的罪恶，这不，上帝派使者来拯救我了。

到了星期六和星期天，我就去找这位姑娘，她姓黄，我就叫她黄姑娘吧。按照笔记本上的记录，我很顺利地找到了黄姑娘，然后我们一起去香港人办的教会，听牧师讲《圣经》上的道理。我觉得非常好笑，别的都没有记住，我记住了牧师说的一句话："别人打你右脸，你得把左脸也送上去。"我觉得很好笑，这怎么可能？对于我，别人打我右脸，我不但不可能把左脸送上去，如果足够强大，我还会将对方的右脸和左脸都一块儿打了。不过后来我慢慢地在努力按牧师说的去做，尽管到如今还没有做到。我先试着当黄姑娘打我右脸的时候，把左脸也呈现在她的面前。

我开始也没怎么注意去看，黄姑娘的皮肤有点黑，这让我不想仔细去看，但有一天晚上我送她回她们的工厂宿舍，她让我在厂门口等她，她要回去拿张照片送给我，我多少有点儿激动。尽管在我眼里她不是美女，但我活到三十多岁，还从来没有一个异性送过我一张照片，初中毕业的时候，班上的男女生都忙着互相赠送照片，我没有钱照相，又是全班穿得最破烂的学生，没有一个人赠送照片给我。初中一起毕业的女生，我们至今都不打招呼。因此黄姑娘赠送给我的照片，滋润了我焦渴的心灵。

那张照片，我回到厂里，一个人躺在被窝里，打着小手电偷偷地仔细端详，细细品味。这是一张怎样的照片啊！鹅蛋脸上的那双大眼睛怎么那么迷人？那双眼睛怎么会含情脉脉地看着我？这双眼睛在暗示我什么？有一次我在厂门口目送她走上宿舍楼的时候，发现她的眉宇间有一股凌厉之气，不过照片已经完全迷惑了我，我决定向她发起进攻。我开始给她写情书了，每周一封情书，我亲自送到她的厂门口，逮住一个女生就要求人家给我送达，我找到的女生都非常靠谱，她们将我的情书全部送到了黄姑娘的手中。

高傲的黄姑娘一直都没有给我回信，也不带我去教会了。但我还是坚持写情书。后来我又找到机会回到了以前的陶瓷厂，这次不再是去食堂，而是在仓库工作，相对厨房要轻松了一些，但上班时间长了很多，几乎每天晚上加班到十二点。不过待遇还是不错的，每个月有六百多元。

仓库有六个员工，三个湖北人，两个湖南人和我一个贵州人。湖北人有两个是同胞兄弟，姓廖，暂且叫哥哥为大廖，弟弟为小廖吧。每天要列队开两次会，上班时一次，下班时一次。五个员工站成一排，必须昂首挺胸，班长站在前面装模作样地给大家训话。每次小廖都要点名训斥他的哥哥，总要从他哥哥的身上找出一些瑕疵来，大廖昂着头，梗着脖子乖乖听训，从不顶嘴。

大廖有两次闹笑话，给我们枯燥的生活增添了不少乐趣。一次大家没事干，躲在那些包装箱的角落里瞎侃，不知怎么侃到了取名字的事，大家都争着把自己的名字取得高大上，让人家叫起来能占对方的便宜，有的说叫"父亲"，有的说叫"爸爸"，有的说叫"公"，有的说叫"爷爷"，有的说叫"祖宗"。我说你们这样取名字，如果是你们自己的父母叫你们呢？大廖大叫："我干脆取名'我是你父亲'算了。"我马上鼓掌称赞："这个名字好，就这么定了，以后我们就这么称呼你了！"其余人一下子反应过来，大家一起对着大廖喊："我是你父亲！"

此后除了班长小廖，我们四个人一见大廖的身影就喊"我是你父亲"，一边喊一边笑得直不起腰来。

大廖在包装车间找了一个非常不漂亮的情人，年纪好像还比他大好多岁，后来这个情人辞工出去，给他写了一封长长的情书，他居然拿出来炫耀，又不想让我们看到内容。我们就抢了过来，两个人抱住他，不让他动，另两个人大声朗诵那个女子写的情书，别的都不记得，只记得有句："昨天晚上，我给你留着门呢！等了你一个晚上，你都没有来……"

后来见了大廖，就又多了笑料："我是你父亲，儿媳妇昨天晚上给你留着门呢！你怎么就不去呢？"

那两个湖南人，一个是年轻小伙，叫戴黄金，一个五十多岁了，叫苏二和。仓库里面经常整天整天的没事干，没事干的时候就会找个角落躲起来睡觉，中午也会找个地方睡觉。有次到上班时间了，居然找不到苏二和，又有活要干，还有领导来巡查，必须找到他，找了半天，被姓钱的湖北人找到了，找到的时候苏二和居然在手淫。戴黄金有个女朋友，已经和他同居了，他每个星期二都要对我们炫耀一次，说昨天晚上又做爱了。他说的不是做爱，是非常下流的话。

在仓库上班，我每天都保持着快乐的心情，坚持每周给黄姑娘写一封激情燃烧的信。她还是给我回了一封信，非常简短，不谈爱情，说了些什么我想不起来了，反正全是一些无关紧要的废话。

最后，她还是每个周末跟我一起约会了。

有一次，在一个月光皎洁的夜晚，我们在厂外的草坪上，我鼓起勇气当面向她表白，我坦白了我家的贫穷，但是我说我会努力。我又无耻地提到了自己的作家身份，我说我们在农村实在不行，我还可以写文章挣稿费养活你。如果我靠挣稿费吃饭，都不知道饿死多少回了。恋爱中说的话都是骗人的，我也不例外。

在陶瓷厂上了两个月的班，有个老乡call我的BP机，我回电话给他，原来是以前一个做过民办教师的老乡吴生。他告诉我，他的同学甘生（也是我的同学）在广西防城港办了一所私立中学，如今他在那里教书，月工资一千元，问我愿不愿意去。如果我愿意，甘生给我一个月一千二的待遇，让我考虑两天给他回信。我矜持着说，我会考虑的，而实际上，内心早已经翻江倒海，这有什么可考虑的？这么好的待遇，教书啊！地位名声、工资待遇等等，不比厂里上班强很多吗？

过了两天，我给吴生回信，让他告诉我详细地址，我马上辞掉厂里的工作启程。我又将这事告诉了黄姑娘，说我过去安顿好了就来接她，我可以养着她，她用不着上班了。

到防城港的当天晚上,吴生的所有表现告诉我,他欺骗了我。什么学校,完全是子虚乌有,实际上他是在做传销,希望拉我入伙。我深受传销其害,怎么可能重蹈覆辙?当即给吴生等人劈头盖脸一顿臭骂,我说以你们的能力,如果都能把传销做成功,除非石头开花马长角,我的能力怎么样?你们这些草包应该是知道的吧?我最少比你们强十倍吧?可是我成功了吗?我也没有,连我都没有成功,你们掂量一下自己,有希望吗?我告诉你们,你们一点儿希望都没有。我骂得他们面红耳赤,还连连点头。当天晚上他们不但没能拉我入伙,反而被我骂散伙了,决定第二天就收拾行李各奔东西。有个老乡准备回家没有路费,我还借了两百块钱给他。

再度回到东莞塘厦,我见到黄姑娘,垂头丧气说了实情,没想到她居然提出要和我回老家结婚。

我的头一下子蒙了,怎么来得这么突然?老光棍田维堂,一无所有的田维堂居然能结婚了?我的天啊!我居然可以结婚了。

我给姐姐打去长途电话,让姐姐到我家去仔细打扫卫生,因为母亲是不怎么讲卫生的。我要让一贫如洗的家尽量少一些灰尘和污垢,干净清爽地迎接我的新娘子的到来。

1999年农历六月份,这个最炎热的季节,我带着我的新娘子黄姑娘回到贵州老家,在农历七月初六这个牛郎织女相会的前一天举行了婚礼,也由此结束了我在广东东莞的生活。

二十年过去了,我和黄姑娘再也没有去过广东。

注：

东宝工艺制品厂那些熟悉的同事，二十多年来没有任何音讯，包括万琼在内。

光弘电子有限公司的部分老乡同事，后来在老家见过面，部分人生活有了很大改变，外地的同事没有任何联系。

我在陶瓷厂的一个下线冯生，后来从塘厦镇去了樟木头，从员工做到领班，从领班到主管，从主管到总经理，工资从月工资几千到年薪十万，最高时年薪达到三十六万。后来自己开厂，一年纯利润最多时达到两百万，在深圳有了自己的房产。后来因为三角债和环保罚款而破产，人到中年再次开始打工生活。

我在厨房的贵州老乡，那个老实得不能再老实的人，和一个黔东南的苗族姑娘结婚，婚后生了一个儿子。有一年妻子回娘家居住，看上了别的男人，因此和他离婚。他离开了自己的儿子，一个人四处漂泊，靠算命为生。

其他下线均无消息。稳重诚实而又老实巴交的小伙子陈生，一直想找一个女朋友，可在我离开广东时都没有找到；重庆帅小伙罗实，要找个女朋友肯定没问题，对于他来说，渴望的是成功，二十年没音信，不知他成功没有。

老农之死

张家渝

在2022年的中国自杀率调查中,他可能都变不成一个数据。

"张礼木死了,你晓得不?"

2022年1月28日晚,我与母亲聊自家事的空隙,她漫不经心地说。

"他怎么死了?"我问。

"上吊死的。在他家二楼上。他堂客(老婆)不晓得他去哪里了,以为到广安他们儿子那里去了。死了两三天后,她上楼才发现他死了。"

"前几天已经埋了。"母亲又补充道。她没有提到的是,村里对此很重视。按照相关规定,非正常死亡的,负责综合治理的人必须上报,镇派出所的人来了多次,区里的刑警、法医都来过。最终结论是自杀,排除了他杀。

张礼洪是张礼木的堂哥,住在他家对面,隔一条河,大声喊,都能把人喊答应。他回忆:"那几天也没有什么预兆。他每天在土地上整。去世当天还在赶集,梓潼福禄璧山都去了。他是去卖红薯粉。"

2022年1月16日上午,我的小学同学张小广(化名)发微信给我:"张兄,今年春节回老家过年不?"

我回想起,已经快一年没有联系过他了。2021年8月回重庆老家,父亲说张小广已离成婚,又结婚了。是他在四川广安的妈介绍的,俩人都在广东打工,所以认识了。于是,我微信音频过去,问他在北京、固安,还是重庆。他的回答让我意外也不意外:在广安,和他现在的老婆。

我知道,他出生在广安,亲生父母也在广安。他多年前,就在广安购买了一套房子。

两口子现在都干什么工作呢?

"现在疫情闹的,没什么行业好干。荷包还得捂紧一点儿。我们啥也没干。"

我忍不住问了他一个问题:"你多久回重庆一次?"

"一两个月吧。有亲戚过生什么的,总得回去的。"他补充道,"你今年过年回家的话,一定要说一声喔。怎么着也要见一面。广安到重庆很方便。"

那时候,他的养父张礼木,还没有出事。

我最后一次见到张礼木,是2020年正月。我回老家过年,他因为感冒,到我家来,让我的村医父亲开点儿药。

他这几十年基本没怎么变:矮而瘦,说话细声细气,有点娘娘腔,衣服也薄,鞋子仿佛总是黄胶鞋。见到我,他很热情地说:"我都不知道你回来了。到我家去耍嘛,小广也回来了。"

我问张小广离婚成功了没有,回答说还没有。

我当时就说,张小广应该回县里来买房安家,这样也能照顾他和养母。

他苦笑道:"你们是兄弟。你可以跟他说说。"

第二天我去舅妈家拜年,跟张小广发微信,请他到我家来消夜。结果他有事没来,当年就没有见上面。不到元宵节,张小广就回广安老家去了。

此前2018年春节我回家过年时,张礼木路过我家,我请他在晒坝摆摆龙门阵(闲谈)。为养老,张礼木前年就开始到贵州为一老乡承包的建筑体钢管支架打工,主要是看场子,个别螺丝松了,也需要帮忙。我问他在贵州一月多少钱,回答说:"三千五百块,不包吃。"他在贵州打工的日子,其妻一人在家,种地养鸡养猪。不深入民间基层,你很难想象有这些揪心的"中国故事"。

2020年正月,我问张礼木,是否还出门打工?他回答说,不了,岁数大了,没人(敢)要了。

张礼木的家在重庆市璧山区大兴镇龙飞村,梅江河东侧,二层岩下。

璧山位于重庆西部,唐至德二载(757年)建制,因境内"山出白石,明润如璧"而得名,2014年5月2日经国务院批准"撤县设区"。全区土地面积九百一十五平方公里，辖六个街道、九个镇，户籍人口六十四万五千，常住人口七十五万五千。

1940年代，加拿大人伊莎白·柯鲁克到璧山兴隆场（今大兴镇）参加乡村建设实验项目。她笔下的璧山是这样的："四川省璧山县境内低山连绵，地形起伏。位于重庆以西六十公里处的兴隆乡与梓潼、丹凤两乡，以一条宽浅的山谷为界。山谷蜿蜒向南，在兴隆乡以南三公里处，与东面的璧山河谷相汇合。"梓潼乡（后改名梅江乡，现已并入大兴镇）的大山上则产煤矿和石灰岩。

从地理位置上，张礼木的家看起来十三不靠：离梅江乡场近五公里，离福禄镇近五公里，翻过两三百级石梯的长岭岗再走六七公里，才能到大兴镇。在十多年前，这里周边五公里都没有公路。到各个乡镇，全靠脚走。

不过在遍地丘陵的重庆，这个位置却并不算差：大院子几十户虽然在山脚下，作为自留地的稻田却非常平整。这要感谢几百米远的梅江河。梅江河发源于云雾山福禄镇境内和平村一带，由西北向南方向流经福禄镇、梅江场、石院场、马坊场、三合镇等场镇辖区，在与江津区交界处汇入璧南河。梅江河干流全长七十六点九公里，总流域面积五百五十平方公里，其中璧山区境内河长六十二点一公里，区境内流域面积二百五十二平方公里。

张家门对面的梅江河虽处上游，但并不算窄，一座石桥能有五十米长。龙飞村村名的得来,就源于河上有一座跳蹬桥——龙飞桥。可以推算,那些平整的稻田,多年前是由梅江河冲积出来的,只可惜整个大四川(重庆于1997年才成为直辖市)虽然宜居,但非平原地区的可耕种地并不丰富,在1982年9月计划生育被定为基本国策前,多子多福成为生育动力,带来了人多地少的恶果。

张礼木就是一个大家庭的一员。他生于1948年7月,排行老四,有六个弟兄三个姐妹。对男丁多的家庭来说,找媳妇并不是件容易的事。和大多数人找本乡本土的对象不同,张礼木的老婆是一百多公里外的四川广安人。她的哥哥是张小广的生父。

和邻居一样,"包产到户"后,张礼木和妻子分到了一亩水田,一亩旱地。抱养一个孩子后,可以多分一份田地。和从事传统耕作、社会化程度不高的"古法农民"别无二致,这里的水田宜种一季杂交水稻,八月熟,是为主粮;旱地则可种红薯、玉米、胡豆和蔬菜等,一年四季都有产出。旱地种的粮食,少部分为人食,大部分用来催肥为过年饲养的猪,亦可用来养鸡鸭鹅等。

一人五六分田,五六分地,实在是少,并且人民公社(1985年改为乡)分田地时采用了抓阄的方式,好田地与孬田地搭配。也就是说,张家的一亩水田往往分处于两三地,并不在一个地方;旱地更是零散分布在小山坡上,东一小块,西一小块。从产量上来说,不管用多大工夫精耕细作,增长却是微乎其微。守着一亩半田一亩半地,也就能解决个温饱。

据1996年版《璧山县志》,明朝开始在梓潼乡设市通商,为璧山境内七个明朝集市之一。不过,和璧山的其他乡村一样,梓潼乡各村几千年来都是小农经济为主流,农民们像千年的琥珀,定格在这一片起起伏伏的田地里。

在当地,很多家户的经济作物只有一种:柑橘。确切地说,主要是红橘。在1980年代和1990年代中期,个大的红橘能卖到四五毛一斤,一家四棵大橘树,一年结果能卖上一两千块。要知道,在1990年代中期,寄宿制中学的学生一月生活费不过二三十块钱。不过,因社会消费水平的提高,以及口味的多样和挑剔,红橘行情后来一落千丈。即使如此,《璧山统计年鉴(2020年)》显示,全区水果生产面积和水果产量中,甜橙位居第一位,柑橘仍居第二位(2020年为2.62万亩,2019年为2.49万亩,而2016年为1.49万亩;2020年产量为1.97万吨,2019年产量为1.78万吨,而2016年产量为1.27万吨)。这些年,当地柑橘的生产面积和产量有增有减,但仍是水果中的第二位。

无论红橘过去多么抢手,还是如今人们将其落寞地挂树上不摘也不卖,张礼木都是当地知名的苗木嫁接专家。在红橘卖得起价格的年代,他可以为那些老树嫁接新枝;红橘无市时,他可以在红橘树上嫁接柚子、脐橙。只不过,作为个体手艺人,他的业务并不如一个杀猪匠来得实惠,一来业务量并不大；二来帮人嫁接，最多吃一顿饭，再加几十块钱的工钱。放下嫁接刀，他就是一个普通的农民。

我到张礼木家去过两次，一次是我1990年代上中学时，一次是2016年。其间相隔二十多年，他家的房子没多大变化。在一个院子里，右边是别家，左侧是他家堂屋的大门，进门后一张木桌，并无多少物件，屋内很暗；再往里是厨房和卧室，同样很暗。他邀请我上楼看看，是一个露台，边上就是别人家的墙体。当时他在二楼告诉我，准备新增加一个卧室。

张礼木的家保留了原样，也是重庆农村七十年代夯土建房的样本。现在要找这样的房子并不容易，大多数土墙房已经被砖房取代，或重新粉刷、加固了。反过来看，也可以想象这些年他家的经济状况并未有大幅度提高，或者说，虽略有余钱，但仍保持了勤俭持家的传统。

从堂哥张礼洪那里得到的信息佐证了第二个判断：张礼木生前存了一二十万，"他根本不穷，就是节约"。这些存款来源，一是几年前的打工收入，二来家里种红薯然后做成红薯粉背到场镇或现场卖。在川渝两地，红薯粉用作芡粉，是家常菜川汤肉的必备材料。按2021年的行情，红薯粉能卖八元一斤，一百斤红薯能产十二斤红薯粉。在丘陵地带，红薯是家家户户喜欢种的粮食，也是经济作物。据《璧山统计年鉴（2020年）》数据，2020年全区共种红薯65942亩，总产量为20706公斤，亩产为314公斤。不过这个亩产数据有些保守，高产的品种产量高，一亩能产一千斤到一千五百斤，低产的也有近一千斤。

1982年，我在祝家村小学上一年级。学校所在地叫幺店子，想来历史上可能有个商店，也在梅江河边。那时候，村小有六个年级，每个年级一个班，张小广是我的同学。他是我羡慕的对象。

我曾在梅江乡场的供销社里看到有《新华词典》在卖，标价三块八。我觉得太贵了，因为那时候糖果才一分钱一颗，散装白酒才八九角一斤。我父亲是村里的医生，还在学校里开了间百货店，但我根本不敢向他要这钱。我家里也从来没有出现过一本课外书。但当时我就知道，张小广手里有中国四大名著。我从来没有想过向他借来看。小学六年，我是个极度内向的人，几乎从来不交朋友，也不主动和人说话。有一次，我和父亲去赶集，路上遇到了我的语文老师，我的第一反应是躲在父亲身后。大约在小学三四年级时，张小广突然主动靠近我，至今我也不知道原因，可能是都姓张的缘故，也可能是我的成绩总是第一。

我还记得，大约在五年级的寒假，张小广突然到我家院坝下，递给我一个画片折页，然后就跑回家去了。要知道，从他家走到我家，以小学生的步伐要三十分钟左右。

我打开一看，是翁美玲的介绍及剧照。1983版电视连续剧《射雕英雄传》是1985年引进播出的，老少观众都被黄蓉这个角色吸引，不只是演员有可爱的小虎牙，还因为这个角色的鬼灵精怪与现实中绝大多数人的死板差异明显。我不知道张小广是在哪里买到的，但这至少说明他手里有钱。可张礼木家并不比我家强，因为他家的主要收入是柑橘。但张小广穿着都很讲究，不像我一年才能置一身新衣。

那时我和同学们都知道，张小广是被抱养的。

张礼木结婚后无子，就领养了老婆哥哥的孩子，改了姓。张小广的家本在广安，自己还有一个哥哥。我一直记得，他曾给我一张兄弟俩的照片，哥哥很高大，戴着墨镜。他说哥哥在北京上大学。那时候，到北京、上大学，都是我和张小广不敢想的事情。

2017年4月，我有事在北京大兴拜会张小广的亲哥哥，我叫他忠哥，这也是我第一次见到真人，让我大出意外：当年我上小学时总是班上最矮的，一向对长得高的人很崇拜，包括照片里显得很高大的他，结果我现在一米七二，他才一米六。

忠哥也是有故事的人。他在北京上大学，计算机专业毕业后，曾到通县人民政府当公务员，与一个北京人结婚，后离婚，又与高中同学结婚生女。后来下海，1999年创办过计算机服务公司（现已吊销），网络查询显示其主营产品：扫描仪、PC保密锁、OA软件。他2009年创办商贸有限公司，2014年创办服装有限公司运营至今。资料显示，服装公司注册资本为两百万元，简介为"在公司发展壮大的八年里，我们始终为客户提供好的产品和技术支持、健全的售后服务，我公司主要经营零售服装、鞋帽、日用品、电子产品、办公用品、体育用品、家用电器、计算机、软件及辅助设备"。

忠哥的服装公司旗下有三个商标，在电商平台上主推其中一个针对中老年男性的。2022年2月9日，在天猫旗舰店，这一品牌的粉丝数接近三万，近三十种服装涵盖了羽绒服、西装、中山装、衬衣、马夹和羽绒裤等，宝贝描述、卖家服务和物流服务均为4.9分（最高为5分）。

忠哥是有商业头脑的人，也是爱好自由的实干家。他告诉我，一家公司请他做技术总监，开出五十万年薪，没去，理由是"坐班太烦人了"。所以他居家当老板，老婆当CEO，还请了人当客服和发货员。购房也很有想法，大平层带同样面积的半地下。地下的空间则成了服装仓库。

忠哥对张小广的影响可以用"巨大"二字来形容。张小广高中毕业后到北京来，忠哥帮助他开了一个公司，主做户外灯箱广告，地点在清河。

2001年10月下旬，我到北京广播学院参加考研专业课培训，从张礼木处要到了张小广的电话，一打就通了。我到清河，找到城中村里那个生产灯箱广告的作坊，有好几个工人在帮忙。我没有见他的媳妇小杜，因为当时他们的女儿还小，还不到一岁，她需要在家照看小不点儿。

时隔多年，2017年2月8日，我从老家到重庆，在较场口一家宾馆订了一个标间，准备住一晚返回北京。巧的是，张小广当天也到了重庆，住一晚回北京。虽然我们不是同一趟车，但我邀请他和我住同一个房间，当晚聊了很多。他回忆起当年在清河做灯箱广告的日子，"刚开始真穷。孩子出生后很长时间皮肤出疹子，老不好。到医院，医生一看就问：'你们是不是住地下室？'还真是说准了。我们就赶紧另寻住处，孩子就没事了。"

因为有忠哥在北京，张小广有了落脚地，有了事业和家庭，也有了别的故事。

打拼几年后，大约在2004年左右，张小广就在昌平购买了一套一百平米的新房。那时候的房价才三四千块一平米。我2007年在朝阳区东四环外购买的二手房，1980年代建的，每平米八千多。

在北京，我们大抵一年也就联系两三次，多在春节前后。大约在2008年左右，我受邀到他家做客，是我第一次也是唯一一次到他家里。我第一次见到他的媳妇小杜，她的个子应该有一米六五，显得比不到一米七的张小广还高，长得很漂亮。小杜个性非常突出，在饭桌上会大声说："还是张哥这样有个正经工作的好。"头次见面，就明着在外人面前贬低自己的丈夫，在常识里是社会大忌，但她并不觉得这样不对，即使当着八九岁女儿的面。张小广并不吱声，可能已经习以为常了。

之前我曾问过张礼木，知道小杜也是广安人，是远房亲戚，也是张小广亲生父母首肯的。两人都是高中毕业生，小杜到北京便是因为和张小广耍朋友的关系。搞户外灯箱广告生意时，孩子还小，小杜照看小孩没有去打工，孩子大了才到药店打工。记得小杜那天送了一盒同仁堂的蜂王浆口服液给我。

对小杜的火暴脾气，张礼木生前感受很深。几年前我曾问他，怎么不到北京去耍？他一脸尴尬地回答："去耍过几个月的。"问还去不去？答："不去了。"据他生前跟我父亲的吐槽，小杜在家里气势上老是压着张小广，他有些看不过，引发了激烈冲突。严重到什么程度呢？小杜骂张礼木是孤人（反讽没有亲生子女），张礼木火冒三丈，准备拿菜刀去砍她。

父亲记得，因为我和张小广的同学关系，张礼木有时会特意走到村卫生室去跟他摆龙门阵。张礼木到北京小住之前，他对我父亲说，自己的儿媳妇漂亮得很，"皮肤好，不用购买化妆品"。后来从北京回到老家，对儿媳妇的评价就变了，说她太厉害了。

事实上，小杜仅结婚才回过张礼木的家一次。出了这桩事后，我猜想张礼木就断了到北京养老的心。

2011年，张小广又邀请我去他家附近吃自助餐。这次没有去他家，吃饭时也没有见到小杜。当时张小广已经赋闲在家，由于北京地铁十三号线周边公共交通不发达，他有一辆现代伊兰特轿车，正好可以跑一跑业务。小杜仍在药店工作，由于卖保健品有提成，一个月有七八千块，而张小广没有正经工作，收入不稳定。

这一次，张小广突然问我："你在炒股没有？"

我不好意思地回答说："我有几支股票。"实际上是，我1998年本科毕业开始工作，2000年在重庆就开了证券账户（那时还要开户费），存的一万五千块都放股市里，到2007年回重庆销户，余额还不足本钱。到北京工作后，仍然买股票，属于瞎玩。

他显得很兴奋："小区里有一个高中同学，是重庆老乡。他炒股，我跟着他，他购啥股，我也购买啥股。"他又补充说："一天就能挣几千，过瘾。"

我记得很清楚，当天我回到自己家后，他还在电话里问我选的哪几支股票。对他赚钱的热情，我当时以个人的操作教训告诉他，炒股都是纸上烟云，赚得快输得快，而且最终挣到钱的还是少数。我还特别告诉他，"最好不要听别的人推荐去购买股票"。

事实证明于事无补，后面的几年里他都在炒股，不只是用自己的钱，还借钱炒。他甚至在养父张礼木那里拿钱炒股。张礼木透露的数字是十几万。问题是炒股亏了。

想来炒股激化了家庭矛盾，导致小杜提出离婚。2017年4月，在忠哥家，我见到了张小广。其时，他在帮忠哥到大红门服装市场进货，曾经的小老板变身成了跑腿工人。忠哥私下说："张小广太懒了，不学习。我自己还有一个公司，也有品牌，想让给他做，可他不学。"说起弟弟的离婚，忠哥说:"这都分居大半年了,离就离呗,再找一个新的。可他就是不想离。"

我跟张小广聊天,才知道他们的女儿已经考上大学了。我问女儿跟他亲,还是跟妈亲?他说一直跟她妈走得近。问他为什么不想离婚,他的回答很含糊,说感觉没到那个份上。另外,他说小杜提出的离婚条件他不能接受,因为她想多吃多占。由于他住在哥哥家,小杜也已经搬出家住,张小广就把昌平的房子租出去了。

我很疑惑,为什么不协议离婚,把财产对半分呢?虽然房子是张小广挣钱买的,但因是婚后财产,所以算共同财产。不过,一般而言协议离婚因具有自由、高效、低成本等特点,成为夫妻离婚的主流方式,可实际生活中,二人虽已离婚,但对于离婚协议中约定的共同财产分配等并未实质处理,后续通过诉讼来解决的情况也不在少数。2021年7月20日,昌平区法院在"涉离婚协议纠纷典型案例"新闻通报会上透露,2016年至2020年,该法院共受理涉离婚协议案件719件,呈现逐年增长态势。

2019年9月15日晚上,忠哥突然联系我,说张小广小杜离婚的一审判决下来了,并将扫描件发给我。他和张小广认为小杜动了些关系,因此他们对判决不服,想让我介绍一个律师来代理。北京市昌平区法院南口法庭的判决显示:小杜要北京的房子,给张小广现金补偿;小杜还要广安的房子(购买后是她弟在住);他们购买的河北固安的房子还是期房，没有办房产证，给张小广；女儿已经成年，所以没有抚养费一说。

我找朋友推荐了两名律师，让忠哥直接和他们联系。隔了一段时间，两个律师反过来问我，忠哥到底是什么意见，官司打还是不打了。我问忠哥，他说不打了。因为研判后发现，打下来无非是现金补偿增加一些，也不会太多，反倒让律师挣了钱。说来夫妻一场，算了。另外，他们认为小杜也拿不出现金来补偿，所以房子也不会给她。

和其他人的离婚一样，其后就是漫长的拖延战。

2020年春节，我在老家，张礼木告诉我说，张小广已经在谈对象了，"以前在外打工，离婚后有个孩子。对方倒是满意，就是要看离婚证"。

我附和说："挺好的啊。以后张小广在璧山安个家，对你们俩也有个照应。"

他一笑："你们是兄弟，你跟他说说。"

我真给张小广建议过：离婚后拿了钱，不要在北京漂着了。至少两百万在手，在璧山也算是富豪，可以用不到一百万买两套房子。还剩下一百万做点生意。或者当个网约车司机，日子过得也会很好。这样对养父母也有个照顾。

好多人不知道，法院判决离婚后不需要再去办离婚证，生效的判决书或调解书，与离婚证有相同的法律效力。一般情况下，如果今后再婚，可以拿着法院的判决书或调解书和法律文书生效证明办再婚登记。2021年，张小广和小杜终于把近六百万的家庭总资产（含房产）分清楚，他在生母介绍下，又交了一个对象，结婚，一起住在广安。

2022年1月下旬，张礼木在自家二楼上吊自杀；张小广两口子在广安生活。前几年，张小广在老家住过一段时间，可能由于生活方式和生活理念的不同，也有冲突和不快。

此前一个月，我收到了父亲从福禄镇快递来的两大箱脐橙，吃了一个很甜，更重要的是，是无籽型。我都忘记家里有脐橙这个品种了。听到张礼木上吊自杀的消息，我才想起一定是他某一年为我家嫁接的。

根据世卫组织2021年6月17日在《2019年全球自杀状况》中发表的最新估计，自杀仍然是全世界的主要死因之一。2019年，有七十多万人死于自杀，即每一百例死亡中有一例是自杀，这促使世卫组织制订了新的指导方案，以帮助各国改善自杀预防和护理。

在我的家乡，因为常年在外求学和工作，我还头次听说自己认识的人自杀。2022年3月2日晚上，我请父母回忆这几十年村里有多少人自杀，他们一时都想不起来。几分钟后想起了一个，接着是另一个：

1971年前后，吴清贵（音）的老婆上吊自杀；

二十多年前，吴清贵儿子吴炉（音）的老婆喝农药自杀；

十多年前，王才忠（音）老婆喝农药自杀；

七八年前，八村王老五的老婆上吊自杀。

吴清贵离我家步行十分钟,他老婆自杀时,我还没有出生。这些自杀的都是女性,原因都是家庭矛盾。喝农药和上吊,各占一半。

我国的自杀率在过去二十多年出现了一个明显下降的趋势,世卫组织估算指出,2019年,中国自杀人数为116324人(6.7/10万),其中男性72515人(8.6/10万),女性43809人(4.16/10万)。在世界范围内已处于较低水平,低于日本(12.2/10万)、印度(12.9/10万)、韩国(21.2/10万)等亚洲国家。

龙飞村村支书曹廷孝告诉我,从2021年起,村里才开始建立非正常死亡数据库,当年十月,有一个人在河边钓鱼,结果意外溺水身亡。他坦言,现在自杀的少多了,"一是信息化的发展让人们想得开了,以前太闭塞,现在人们看到的案例多,思想解放了,眼光也不一样的;二来家庭矛盾已经很少很少了,一方面是村里居住的人少了,另一方面是他们的觉悟和认识也提高了"。

目前,龙飞村户籍登记人口3100人,实际居住700多人,以六十岁以上的老人为主。据国家卫生与健康委员会公布的数据,这几年中国农村居民自杀率高于城市居民的自杀率,而中国老人的自杀率远高于平均值。以农村像张礼木这样七十出头的人为例,2002年中国农村居民自杀率为12.32/10万,七十到七十四岁农村居民自杀率为61.83/10万;2019年中国农村居民自杀率为7.04/10万,七十到七十四岁农村居民自杀率为23.34/10万；2020年，中国农村居民自杀率为7.47/10万（男8.65，女6.25），七十到七十四岁农村居民自杀率为23/10万。也就是说，七十到七十四岁农村居民的自杀率这些年比十多年前已大幅下降，但比七十岁以下的人来说，这一数值则高太多。

2018年10月，台湾地区精神科专家范佩贞在"柳叶刀——中国医学科学院医学会议"上宣称，2015年，中国六十五至八十五岁及八十五岁以上老人的自杀率分别是一般人群的2.75倍和7.08倍，其中农村自杀率显著高于城市。男性老人自杀率远高于女性。对于个中原因，范佩贞认为，老年人自杀原因复杂，一部分可能与年轻人走向大城市，而老年人都要留守村里有关，他们感到孤独、焦虑，对生活可控程度低，造成了轻生的念头。

听到张礼木自杀的第二天，我翻开法国社会学家涂尔干关于自杀的名作《自杀论》——他把自杀称为"宁可死而不愿活的行为"，并将其分为利己主义的自杀、利他主义的自杀和反常的自杀。

张礼木属于哪一种呢，他为什么会自杀呢？

我在书里看到"利他主义的自杀"部分有这样的语句："利他主义只是在环境的协助下才促使一个人去自杀。死亡一定是社会当作一种义务强加于人的，或者是某种与荣誉有关的事在起作用，或者至少是某种令人不愉快的事件导致受害者贬低生命的价值。"

问题是，如果是利他，张礼木的死对谁有利呢？对老婆，对张小广，还是都有利？几年前，我曾到过张礼木家，才知道他家里还和几十年前一样，种地种水稻，甚至还养年猪。而养年猪自己吃是最不经济的行为，成本奇高（一头猪半年多要吃掉一两千斤红薯，还有玉米蚕豆大米麸无数。冬天还要煮熟了吃。劳动力成本无法计算），我家已经有十多年不养猪了。张礼木去世，种庄稼的重活则全压给了瘦弱的老婆。对张小广来说，张礼木的去世减少了他养老的压力，但问题是这么多年，张小广没有在老家住，生活同样也过来了。

再看"利己主义的自杀"："自杀人数的多少与个人所属群体一体化的程度成反比……利己主义不仅是自杀的一个辅助因素，而是引起自杀的原因。在这种情况下，把人和生命联系在一起的纽带之所以松弛，是因为把人和社会联系在一起的纽带松弛了……女子能够比男子更容易孤独地生活下去，是因为女子和男子相比是生活在集体之外，所以受集体生活的影响较小：社会对她们来说不是不可或缺的，因为她们不太爱交际。"

对比两种自杀，涂尔干指出："利己主义的自杀"是由于个性太强，"利他主义的自杀"则是由于个性太弱。前者是由于某些部分或者甚至整体已经瓦解的社会允许个人离开社会，后者则是由于社会过分使个人从属于社会。也就是说，一个人融入社会或群体的程度过低或过高，都有可能自杀。与女人相比，男子更不容易孤独地生活下去。

旁观者为张礼木的低融入程度提供了一些例证。其堂哥张礼洪生于1948年5月，比张礼木大两个月，曾在大兴镇粮站工作多年，十多年前内退后回老家过上了田园生活。他觉得张礼木比较自闭，一辈子都这样，这跟他的学识和见识有关。"我们都一样，高小（当时小学四年在村里读，高小两年在梓潼场读）都没毕业。我们读书的时候正遇上1960年大饥荒，吃都成了问题，老师也没有了。"

查询《璧山县志》可以得到佐证，在所谓"三年困难时期"，1958年粮食收成1.43亿公斤，但九万"钢铁大军"和公共食堂社员"放开肚皮吃饭"，年底已显荒兆，除公粮、统购粮外，库存仅1145万公斤。按当时在家人口33.29万人、每天一斤粮计，接下年小春粮需2463万公斤，缺口1318万公斤。据大兴、大路、八塘等十一个公社调查，库存粮食每人仅39公斤，只能吃到二月底。

1959年，在全县45万亩耕地遭受旱灾的情况下，仍继续发动农民亩产万斤粮，全县粮食产量要求突破4亿公斤。可当年粮食产量下降到0.9亿公斤，全县农民交完征购后，人均口粮仅54公斤，小春刚入库，就有19万社员缺粮。大春分配后，年底就有26万社员需要供应。9月20日，开始实行城镇人口粮食定量供应，每月9.5公斤。1960年虽然雨水正常，但由于生产上的瞎指挥，延误了季节，粮食产量再降至0.8875亿公斤。1961年全县遭旱灾，粮食产量0.3583亿公斤，计划征购3750万公斤，连续减少五次才勉强完成1270万公斤。

在天灾加人祸的年代，能活下来就已是运气。我的外公外婆就是在这期间饿死的，一个后果是我母亲的学历教育停止在小学二年级，成为终身的文盲。我的父母都是1951年生人，在闹饥荒的三年里，吃过野菜，吃过树皮甚至观音土（即"高岭土""白陶土"，俗称"白泥巴"，其中含有大量的氧化铝。吃了抗饿，但吃土后容易肚子疼，不能消化也拉不出来。从1959年春开始，四川很多地方有大量吃观音土的记载，也有因胀气而死的案例。治疗腹泻的蒙脱石散主要成分即观音土），侥幸活了下来。

作为时代的产物，在张礼洪看来，张礼木文化水平低，没有多少见识，而个性又要强，"他老婆也是文盲，算账都算不了，又是个老坎（死板、老实、不圆滑的人），所以两口子老割裂（闹矛盾），摆龙门阵都摆不到一起。他又喜欢充老大，引起人反感，所以跟周围的人都处不好关系"；"一个院子里，住着张礼木两口子和大嫂仨人。就这样，他和嫂子的关系都不好"。

还有一种说法是，张礼木很较真，别人跟他开玩笑，他都要当真。当地人跟他开他老婆的玩笑，他就以为是真事，找人家理论。就身体来说，一年到头，张礼木找我父亲看病的次数少，多是感冒之类的小病。张礼洪回忆，这几年张礼木身体要差些，老说这痛那痛，就劝他少种庄稼，他也不听，还把别人荒下的田拿过来种。外人无从知晓他是否有抑郁症。龙飞村村支书曹廷孝事发后跟警方去现场配合调查，他的推断是，"张礼木精神压力大"，但他没有提出论据。

涂尔干在《自杀论》中总结说："利己主义的自杀产生于那些人再也看不到活下去的理由，利他主义的自杀则产生于这些人认为这种理由超出了生命本身，异常的自杀产生于这些人的活动失常并由此受到损害"；"不过还应该补充一点，这些类型在实际生活中并不总是以孤立和纯粹的状态表现出来，而是往往互相结合，从而产生一些复合的类型，属于几种类型的特点同时出现在同一起自杀中。这是因为自杀的不同社会原因可以同时作用于一个人，它们的影响在他身上混合起来"。按此推论，张礼木的死也可能是多种因素促成。

仿佛罗宾·斯特恩提出的"煤气灯效应"也有参考价值："煤气灯操纵是一种情感控制，操纵者试图让你相信你记错、误会或曲解了自己的行为和动机，从而在你的意识里播下怀疑的种子，让你变得脆弱并且困惑。煤气灯操纵者可以是男性或女性、伴侣或恋人、老板或同事、父母或兄弟姐妹，他们的共同点就是让你怀疑自己对现实的认知。"是否有一种可能，人至老年，张礼木愈发深度怀疑自己大半生所做的一切？

还记得2016年春节，张礼木从我父亲处知道我回老家了，特地走了二十多分钟到我家来，说想让我给张小广带点香肠腊肉到北京，不知可以不？我说当然可以了。我主动跟他回他家去取。一路上，他说，家里也没啥可带，自家养的猪，给孩子带点儿。

2022年3月4日晚上，住梅江河对岸的张礼洪对我说："张礼木确实稀奇（宠爱）张小广。生前他还曾专门打电话给儿子，说自己还有钱，存折放哪里了，告知了密码。他死后，张小广确实找到了的。"

1月31日上午，我发信息给张小广："今年不回老家了。祝虎年大吉！"他回复："好的。新年快乐！"我没忍住，又追加了一条："春节你还是应该多回璧山多陪陪你两个保保（干爹、干妈，有时候也用于相互称呼亲家。四川广汉还有一年一度的保保节），毕竟他们岁数大了。一点小建议。"

张小广回复我："年前我男保保刚过世，大年初六下去把我女保保接上来。"

我故作惊讶地回道："我觉得他身体挺好的啊。"

他回："没什么病，就是腰痛和胃病。经常吃冷饭和冷菜弄起的胃病"，"在老家楼上，自己上吊死的"。

我回："唉，有啥想不开的。节哀顺变。"

他回："别人想办法，哪怕多活个十年八年的，他生怕自己活久了。"

当天，我还觉得这一回答过于冰冷；隔了几天，我开始和张小广的想法一样了。

事后我才知道，因为张小广的新媳妇怀孕，张礼木专门喂养了二十只鸡用于她坐月子时吃。喂养家禽家畜本就是拴人的事，张礼木老婆居家不外出是常态，2022年3月3日，她和张礼木的大嫂还到我父亲诊所看病。父亲了解到，2021年张礼木的姐姐去世，张小广两口子回到龙飞村老家住了一段时间。张小广提议把老房子拆了重新建，张礼木说老房子好，没同意，叫他在璧山买房。最后父子俩不欢而散。

在张礼洪看来，张小广是闯过社会的，处事方式和思想观念跟张礼木不一样。张礼洪不认同"养儿防老"的老观念："我五十多就内退了。两口子就单独回老家住起了。我俩六十多岁就四世同堂了，曾孙都已二十几岁。俩儿子也有车，时不时回来一趟。我们住不惯县城，不自由。真和孩子们住一块，还可能产生矛盾。"不过，拿着几千退休金的他也说，张礼木想法可能跟他不一样。

人已入土。在2022年的中国自杀率调查中，张礼木，这个重庆市璧山区龙飞村的一介古法农民，可能都变不成一个数据；而这篇溯及他过往的文章，无法访谈他本人成为永远的遗憾。

在多个村并为龙飞村前，张礼木居住的这个村庄，名叫"佛安"。

给郑渊洁写信的孩子

冯 翔

这本影响一代人的杂志停刊了,围绕它的争论恐怕还会持续很久。

2021年12月15日,郑渊洁在自己的微博上宣布,1985年创刊的《童话大王》将于2022年1月停刊。这本由他一个人支撑三十六年的杂志,要跟读者说再见了。

同一天,我又买了一本《郑渊洁与皮皮鲁对话录全集》。三十年前,我是《童话大王》杂志的小读者,"郑渊洁与皮皮鲁对话录"是这本杂志里一个很特别的栏目,印象颇深。如今再翻开这本1993年出版的合集,看到一段段藏在记忆中许多年的文字,甚至是错别字,都那么亲切。

重新读过几遍,情感很复杂,不仅是温馨怀旧那么单纯。它像一面镜子,以非常独特的角度反映那个时代;又像冰箱一样,把很多现实保鲜储存至今。我总结了几个关键词:触目惊心,哑然失笑,若有所思。

残酷

1988年,创刊三年的《童话大王》发行量已经突破百万大关。按照当时的一般行业经验,一本杂志平均有六个读者,这就是六百万人。皮皮鲁、鲁西西、舒克、贝塔……在一代孩子心中有着巨大的共鸣。

这一年9月,《童话大王》增加了一个全新类型的"郑渊洁与皮皮鲁对话录",对话人物,是郑渊洁和他笔下的男一号皮皮鲁。

第一句话就开门见山:"我平常收到大量读者来信,他们向我提出各种各样的问题。过去我尽量做到每信必复。但随着来信量的猛增,'每信必复'对我来讲已是心有余而力不足了。你说怎么办呢,皮皮鲁。"

"没错。我经常看见你的桌子上摞着那么多来信,我都替你发愁。我给你想了个好办法,你看行不行。我从你的笔下已经诞生六年多了,这六年来,我一直同全国的少年朋友生活在一起。他们想些什么,哪些事情使他们苦恼,哪些事情令他们高兴,我都一清二楚。咱们在《童话大王》上开一个我同你的对话录专栏,把你对读者的答复通过咱俩对话的形式发表出来。"

"对话录"从此诞生。它的内容,一方面是读者来信,一方面是郑渊洁对这些来信内容以及社会新闻、历史故事等进行点评,顺便讲讲自己的人生故事。它实际是一个刊登在童话杂志上的时事评论专栏。

从这些来信的内容,可以看到当时社会的一个侧影。

很多人认为,八十年代是一个朝气蓬勃的玫瑰色年代。然而从"对话录"上刊登的孩子来信看,那个年代也有极个别极度野蛮与残酷的一面。

第一期"对话录"就讨论了这样一个残酷事件:1988年12月,青海一名九岁的男童夏斐因为一次考试成绩不好,被亲生母亲活活殴打四个小时,最后身亡。此事经《人民日报》头版报道,震惊全国。郑渊洁借皮皮鲁之口说:"我只要一闭上眼睛,脑海里就出现这样的场面——一个九岁的男孩子被妈妈打得遍体鳞伤,跪在地上向她求饶……""对话录"一共刊登了四十多期,其中谈及死于亲生父母之手的孩子竟不下五个,甚至还有一位《童话大王》的小读者:1992年11月,武汉一个十一岁的男孩子夏辉因为逃课,被父亲用尼龙绳五花大绑吊在横梁上,半小时后父亲回来,夏辉已因大脑缺氧身亡。

在生前,每当夏辉不愿意写作业时,其父都用绳子将儿子的双脚绑在桌腿上,强迫他写作业。之前一个月,郑渊洁刚刚去武汉会见了一批小读者,夏辉或许就在其中。

这些读者来信中,控诉自己被家长和老师残酷对待的孩子还有一些。

海南儋州一个初中生来信写道:"有一次我偷了爸爸两毛钱,被他发现了,他打了我一顿(这我心甘情愿让他打），可之后，他却想用汽油倒在我身上点火烧我，幸亏妈妈救了我，要不然……我真不敢往下想。郑叔叔，我就是在这种情况下，迷上了您的童话。"

郑渊洁在"对话录"中提到：他外甥在北京某小学上学，一天上课时嫌热，就脱掉了外套。老师说："既然你热，你就把衣服全脱光了！"他只好把衣服都脱掉，光着脊梁上完了一堂课。

1991年，《童话大王》上印制了一张《民意测验表》，三个月内共收到读者邮来的十一万三千六百五十四张测验表，其中一半是初中生，剩下的又有小学生和高中生基本各占一半。很多人邮寄时用上了挂号信，甚至还有当时最为昂贵的特快专递。测验表上有一个问题：你赞成评选"三十差"——"十差爸爸十差妈妈十差教师"吗？高达百分之九十一的人，也就是十万余人投了赞成票，"无所谓"的占百分之八，反对的只有百分之一。郑渊洁宣布评选活动暂缓，"应该给他们一次机会"。

那个时代为何如此残酷？首先大概是有传统。郑渊洁在"对话录"中回忆，他这个五〇后也有类似的童年经历。郑渊洁的幼儿园中班是在石家庄上的，一次，同班一个小朋友不小心打碎了一只碗，女老师坐在椅子上，把那个小朋友的裤子脱下来，让他俯卧在自己的膝盖上，让同学们排着队走过去，每人打他一下屁股。"这件事直到今天还经常出现在我的梦中。"而且，那所幼儿园是石家庄最好的幼儿园之一。

直到"对话录"开始刊载的四年后,也就是1992年1月1日,全国人大通过的《中华人民共和国未成年人保护法》正式实施,"不得虐待、遗弃未成年人"在新中国才第一次成为明文规定的法律。有了法律又如何?全社会的人权意识,并不是一朝一夕能跟上来的。

可能正是因为这样的现实,才有了一位读者的幸运经历:1992年7月,徐州师范学校一年级女生冯明丹的名字出现在"对话录"里。那年3月5号学雷锋纪念日,学校鼓励人人给心中的偶像写一封信。她选择了郑渊洁:"我从《童话大王》里知道我们的儿童很不自由,是《童话大王》使我下了决心,长大当一名好教师,让学生们在学到知识的同时得到最大的快乐。功夫不负有心人,去年九月,我考上了师范学校,我从心底感谢您和《童话大王》。将来,我一定是一名好教师,我从《童话大王》中知道了教育在一个国家中的位置,我一定不干那种在教师的位置上摧残学生的事。"

郑渊洁对冯明丹的信点评道:"我希望今天《童话大王》的读者朋友将来当了教师后,学生的日子好过一些。"

冯明丹的幸运在于,郑渊洁不仅给她回了信,而且是手写的。大概是看重她的身份。

"冯明丹同学:看了你的信,我觉着你们这一批人走上教师工作岗位后,中国的教育战线的面貌定会改观。向喜欢我的童话的朋友们致意,我的童话就是为你们这些人写的。郑渊洁,92.4.6。"信封上也是手写的"江苏徐州师范学校

911班 冯明丹 同学 收"，落款"北京通州260信箱 郑渊洁"。

之后，郑渊洁再给读者回信，多用一张印制好的统一回信，签上自己的名字，而更多的人则没有得到回信，因为他每天都能收到几百封来信，实在回不过来。邮局特地为他设立了一个收信的信箱。信越来越多，家里很快就放不下了，郑渊洁在北京一口气买了十套房子，专门用于收藏来信。当时北京的房价，一平米大概是一千四百元，三十多年过去，它们的身价如今翻了少说百十来倍。郑渊洁说，这些房子从来没有卖，也没有出租过："我从来不理财，不会买股票，不会买理财产品，从来都不会。现在这些房子都是学区房了，现在一想，这就是最好的理财。"

追溯那些给郑渊洁写信的孩子，我与冯明丹有过几次电话交流，可以明显感觉到她是一位耐心、温和的女性。十九岁那年她师范毕业，到今天整整当了二十八年的一线小学老师、班主任，都在城乡接合部的几所小学。继《童话大王》之后，这些年她的名字至少又上了两次媒体——当地的《徐州日报》，因为她多次被评为区优秀辅导员、十佳班主任和"徐州市师德先进个人"。"无论是人见人爱的优等生，还是暂时落后的调皮鬼，她都尽自己最大的努力去悉心栽培、去亲切关照、去大力培养，让每一朵花都尽情绽放，让每一个孩子都露出自信的笑容。"一篇报道如此形容她。

到今天，冯明丹还记得自己迷恋《童话大王》的原因。

她小时候生活在农村,父亲是个性格强势、在家说一不二的煤矿工人,对子女的管教方式很粗暴;上学后,班里有的同学没写完作业,或者是成绩不好影响到老师的考评,结果被老师拿教鞭抽屁股。小学五年级那年,她发现了《童话大王》,从此一发不可收拾,每个月都去书摊寻觅。她最爱看的童话之一是《驯兔记》,一个荒诞又透着真实的故事:上学的第一天开始,学校和家长的任务就是把孩子的个性砍光、磨平,让他们变得失去自己的思考,失去独立的人格,对老师的话只会唯唯诺诺、亦步亦趋,从肉体到精神都变成一只兔子,一只胆小、听话、循规蹈矩的动物。"我就想,为什么小孩子非得把自己的个性抹平呢?"她从小立志当老师,考了师范学校。

"我从小就立志当老师,但郑渊洁影响了我当一个好老师。"

当然,几十年下来换位思考,冯明丹也理解了当年的老师为何如此严厉。只要老师稍微放松一点,很多孩子就反弹得很厉害,比如你今天不严格检查作业,下次很多孩子就不写了。至于体罚——如果不认真学习、不守纪律的孩子得不到惩罚,那下次谁还认真呢?

对郑渊洁的承诺,其实冯明丹并没有完全做到。她刚当老师的时候,气急了也拿教鞭抽过学生:"我打过学生以后,自己心里也很不舒服,也有自己反省,确实是违反了郑渊洁给我的影响。"

二十八年后的如今，再有学生不写作业，她只能把他们带到办公室督促补上，再就是找家长。在她待的这几所城乡接合部的学校，有些家长也不怎么重视孩子学习，不写拉倒。幸好，学校对老师的考核也不再是过去那一套分数、升学率挂帅的打法，学生成绩是保密的，只有"优""良"，也不公布排名。虽然老师对任何一个孩子的成绩都心知肚明，但再不较真了。"当年你成绩不好，被老师打了，回到家还得被家长再打一顿；现在老师要敢打学生，家长来找老师都是轻的，老师的职业生涯有可能都得结束。谁敢冒这个险？"

看起来，孩子们眼中那个野蛮残酷的时代过去了。

真的吗？

1992年被亲生父亲活活打死的那个武汉男孩子夏辉，跟我同岁。我上网搜了一下，当年，武汉乃至全国的媒体对这起悲惨事件有过很详细的报道。那位亲手打死儿子的父亲，他的名字、身份，被非常具体地公布出来。这一点也可以看出，当时的社会确实没那么明确的隐私保护和人权意识。

这位父亲的名字很特别，是一位工人。被抓后，他泪流满面："我有罪，是我害了他，可我是为了他好啊！"

这个名字，整整二十年后的2012年，出现在《武汉晨报》的一篇报道中。也是一位父亲，当选为某中学"我最可亲可敬的家长"之一。

这次当选家长的年龄普遍是"年近半百"，而这位父亲已经五十八岁。他的女儿说，父母对自己的期望特别高，她压力很大，经常跟他们发生口角，有时还离家出走，但不管怎么任性，"父母都没有放弃她"。

在报道中，这位父亲"悄悄拭去眼角的泪水"，说："我们没读过什么书，一生也没拿过什么奖，没想到今天成了明星。"

循环

"对话录"的另一块内容，是郑渊洁的个人经历。

1976年4月4日，刚从部队退伍的他站在天安门广场，拿着小本子抄讽刺四人帮的诗词，"人民是历史的主人""水能载舟，亦能覆舟"等，一抄就是几个小时，发誓自己也要当一名诗人，一名作家。

随后，郑渊洁被分配到一家国有工厂的水泵站当工人，每天只需要按两次电钮，上班一次，下班一次。这样的生活显然不能让他有多少成就感。

第二年，他发表了第一篇文学作品。那是一首讽刺诗，看题目就知道它的内容——《姚文元的笔》，刊发在《汾水》杂志上。《汾水》是一份山西省的文学双月刊，存在只有短短几年。如果没有抓住这个窗口期，大概郑渊洁还得继续每天按电钮，上班一次，下班一次。

那个年代,社会出路的极度匮乏,孩子身上巨大的压力,也许可以解释《童话大王》走红的原因。

在"对话录"开始刊登的1988年,中国的人均GDP是二百多美元,不到世界平均水平3749美元的百分之八;邓小平还要四年后才视察南方;中国高考的毛入学率是百分之三点七——每一百个适龄青少年里,能上大学的不到四个人。

那一年,中国的民营企业还没多少机会,创办"傻子瓜子"的年广九被当地政府立案侦查,投身商海的柳传志被骗得天天晚上做噩梦,马化腾还是一个爱好天文的高中生。上大学,去争取那不到百分之四的机会,是几乎每一对中国父母为孩子设定的人生目标。除了内卷,别无他途。

这时孩子们发现,世界上居然还有一个大人理解他们,为他们说话,说出他们敢怒不敢言的话,于是一股脑儿地涌向他——郑渊洁。

"对话录"上刊登的孩子来信,大多是诉说生活中的苦闷和压力,希望郑渊洁帮忙伸张正义。

1989年11月,在泉州一中读初三的男生潘海天上了"对话录"。

中考考完,他整理出六月份发的五百三十七张练习试卷——平均一天要发十七点九张,还不包括各种名目繁多的书面作业、练习册。"我真怀疑这些教师没当过毕业生,难道他们当年没受够罪吗?我们整天这样奔命于书堆、作业之中,怎么会有愉快的心情迎接中考呢?"

潘海天生长在闽北一个小县城,后来因为父亲工作调动来到泉州。他听不懂同学们讲话,没有一个朋友,备感孤独,外加父亲本身就是老师,从小管他特别严,动画片都不让看。长大以后,每当同龄人聊起《变形金刚》《太空堡垒》这些脍炙人口的动画片,他都茫然无感,仿佛童年记忆生生被切掉了一块。

幸好有《童话大王》。初中的时候,潘海天就开始给《舒克和贝塔历险记》写续集,主角们开着玩具航母环游地球,写了满满一个笔记本;还写过《五个苹果折腾地球》的续集,让那个全人类都没找到的神奇苹果最后又长出一棵新的树。"虽然职业规划可能有过很多打算,画家、程序员、建筑师……但写作是我很早就确定的人生目标,这个始终没有什么疑问。"

从考上清华大学建筑学院的那年也就是1993年起,潘海天在《科幻世界》上开始发表小说。如今,他被称为"中国第三代科幻代表人物中的佼佼者",先后五次获得中国科幻小说的最高奖"银河奖",作品被译为英文、意大利文和日文在海外出版。他的代表作《大角快跑》就宛如一篇童话:瘟疫在城市蔓延,一个孩子的母亲被感染。这个孩子毅然独自出发,去一座座魔幻的城市寻找灵药,克服种种艰难险阻,最终满载而归,拯救了母亲和城市。因为这篇作品,潘海天在科幻爱好者中的外号就叫"大角"。

郑渊洁给你的影响有多大?我对潘海天提出这个问题。

他想了想，用这样一句话来回答："你往前走的时候，一路上会遇到很多人，会和很多人说再见，但影响是潜移默化的，有些人离开了，但一直都在。"

名字登上《童话大王》后，潘海天收到了郑渊洁寄来的一封回信——打印的，配上一个潦草得看不清的签名。这件事没在他身边造成什么轰动效应。

下一期的"对话录"上，登的一封信就不一样了。这封信来自广东汕头市华新小学五（2）班的女生张跃瑜。郑渊洁给了堪称奢侈的篇幅，用来展示和点评她的痛苦。

"尊敬的郑渊洁叔叔：我总觉得我是一个可怜的人。我从小到现在可以说足足流下十大桶泪水。我六岁时，在爸爸的逼迫下，不得已学了小提琴和钢琴。爸爸的理由是，姑姑、姑父、外公都是搞音乐的，不能放弃这么好的条件。可我不喜欢搞音乐。

"学琴很苦，每天要学六七个小时。我有时坚持不住，就坐下来休息一会儿，爸爸竟说我是'咳嗽多过念经'，我真想大声喊：'爸爸，我的手实在太酸了，让我歇会儿吧！'可慑于爸爸的威力，我又不敢喊，只能把苦水往肚里咽。

"1989年7月份爸爸带我到四川成都参加全国少儿小提琴比赛，因为我紧张，只得了个优秀演奏奖。回来后，爸爸就一直念叨说'都因你不好好练琴'。我何尝不想得第一名？可强中更有强中手，能怨我吗？再说我天生对小提琴没什么兴趣，让我怎么好好练琴呢？每次我只要拉错一个音符爸爸就让我重来,拉得我险些要晕过去了还不罢休,还说这是为我好,有这么为我好的吗?爸爸常常把我关在家里练琴,不准我跟小伙伴玩耍,还说'音乐家是没有童年的'。我失去了人最宝贵的东西——童年,我只有您的《童话大王》做伴。

"我从一年级到现在,成绩一直在班里名列前茅。可是有一次,我的语文中考(期中考试)只得了九十一分。当我战战兢兢把考卷交给爸爸时,他大动肝火,说:'你还有脸活在世上,有脸来见我?你的脸皮真厚!'我大着胆子说:'爸爸,你为什么不能理解我的心?'爸爸竟说:'怪只怪你瞎了眼,投错了胎。你既然生在这个家庭里,就得听我们的话!'

"他们总是利用年龄上的优势逼迫我干我不愿意干的事。为此,好几次我想到出走,甚至想到死。可我如果出走,去哪儿呢?要死,我才十一岁啊!难道我就要从此离开这个美丽可爱的世界吗?我真是进退两难,最后不得不选择继续受大人打骂的道路。"

郑渊洁点评道:

"……这封信文笔流畅,用词准确,字里行间的真情实感深深打动了我。这样的学生即使语文考试不及格我也认为她是语文尖子。

"爱好是最好的老师。孩子不喜欢干的事你强迫他干,他也许能拿个名次,但不会干得特别出色,况且他心里并未感到愉快和幸福。从张跃瑜同学想到过死这一点，可以看出她享受的父爱母爱实在不多。

"能对自己十一岁的亲生女儿说出诸如'你还有脸活在世上'这种话的人，我实在不愿和他共同享有'爸爸'这一称呼。"

这封信也让我印象非常深刻。能写出如此优美文字的人，三十多年过去了，如今她在做什么呢？于是，我搜了一下张跃瑜的名字，结果让我哑然。

第一个结果，是广州星海音乐厅的网站上对她的介绍："自幼学习小提琴，1992年以优异成绩考入星海音乐学院附中……"如今的她有两个头衔：广东省小提琴教育学会副秘书长、广州广电少儿艺术团副团长。显而易见，她最终还是走了当年父亲逼她走的那条路。

我联系上张跃瑜，加了她的微信。发现她的朋友圈里处处是音乐和小提琴，整天忙着到一所所学校或机构推广指导小提琴教育，组织各种各样跟小提琴有关的演出活动，只恨分身乏术。她在各种网站上的照片，大都是跟琴童们的合影，或是她自己小提琴独奏的场面。当年让她痛苦不堪的事情，如今已经甘之如饴。

谈起往事，她发来一个捂脸的表情："当年不懂事啦，觉得练琴好委屈，现在不知道多感谢我爸妈。"

当年她发表在《童话大王》上的那封信，把父亲气得卧床不起。他本以为自己在亲友同事眼里是一个好父亲、教育女儿成功的榜样，结果竟然从别人嘴里知道：女儿给杂志写信投诉了他！

张跃瑜吓得躲到了姥姥家。

另外一个后果她没想到：自己的人设因为这封信有些崩塌。她当时的琴艺在汕头算是数一数二，得过不少奖项，很多家长或老师都会拿她为榜样，鼓励孩子好好学琴。结果《童话大王》上这封投诉信一登出来，看过的那批孩子就拿来怼自己的家长，理直气壮："你看，人家张跃瑜还不是被逼的而已，根本都不是自己喜欢，不是自己主动练琴的！"

她是怎么发生了这么大的转变？

原来，写完那封信不久，张跃瑜就要上中学了。不愧是从一年级开始就名列前茅的学生，她同时考上了本地最好的重点中学，以及广州星海音乐学院附中小提琴专业的公费生。后者在全省只有两个名额。

机会难得，张跃瑜接受了这条路，不久想法就发生了巨大转变。独自来到异地寄宿生活，每天课室—琴房—宿舍三点一线，周围不乏刻苦练琴的同学，学校里的琴声从早到晚不绝于耳，琴房练琴要靠抢时间。在这样的氛围下，她练琴自然而然地越来越主动，最终彻底走上了音乐道路。看《童话大王》的日子，不久也就结束了。

今天的她评价自己道：回过头看，其实还是蛮感谢父母的严格和坚持，没有他们这种严格和坚持，就没有今天桃李满天下的成就感，和每天跟高雅艺术、孩子们打交道的舒适感，"所幸我的'叛逆'也是有度的，小小的反抗过后还是坚持下来了，说实话还真是庆幸"。

潘海天和张跃瑜，这两个给《童话大王》写信投诉压力的孩子如今都长大了，他们对孩子的态度，都跟自己失去的童年有很大关系。

潘海天的儿子想看什么、想玩什么，他都很放任，也知道这是一种代偿。"不对儿子有任何期望，我只希望他能快乐。'期望'这个武器只能对自己使用，想要什么，要自己去努力。"

张跃瑜始终收藏着那期《童话大王》，也记得郑渊洁给她的点评："爱好是最好的老师。"自己教学生的时候，她会先放慢进度，放低专业技术要求，设计各种游戏、童谣、故事来激发孩子们的兴趣。

她的家庭却似乎进入了一个循环。当年她五岁被父亲强迫学琴，理由是家里有几位亲戚是搞音乐的。后来她自己的儿子刚刚两岁时，她就拿着一把特制的小提琴让他比量："我看我的学生，家长风里来雨里去带着学琴，花那么多学费；而且现在国家不是提倡素质教育，掌握乐器吗？我这么好的先天优势，为什么不教自己的儿子？"

这些年她逼迫儿子学琴，导致母子关系很紧张，儿子学得也三天打鱼两天晒网。当年她十一岁给郑渊洁写信说要离家出走，结果十一岁的儿子也曾离家出走。她只能叮嘱自己："讲道理，尽量不动手。"

而且这种叛逆还更倔强。当年她不敢还嘴顶父亲，儿子却敢当面顶她：为什么我妈妈是小提琴老师呢？为什么我妈妈是小提琴老师，我就一定得学小提琴呢？尽管他不读郑渊洁，但看过了母亲当年"告状"的那本杂志。

母子为学琴争吵时，外公常常在一旁观看，还插嘴："你妈小时候，哪怕我再骂她，她都是不敢顶嘴的，她只敢流着眼泪，偷偷写信给杂志社告状……"

传奇

六年内，《童话大王》一共刊载了四十四期"对话录"，跟郑渊洁对话的人物，从皮皮鲁一直扩展到鲁西西、舒克、贝塔等，内容也变得包罗万象。

其中很重要的一块，是各种名人的成功故事。比如郑渊洁给皮皮鲁讲：台湾地区的著名漫画家蔡志忠初中毕业不想上学了，想去台北闯荡。征求意见时，父亲正在看报纸，眼睛始终没有离开过报纸，听完忐忑不安的儿子陈述意见，点点头同意了。后来，蔡志忠成为闻名中外的大漫画家，据说世界上每天有十几部印刷机在印他的作品。

皮皮鲁评价："假如蔡志忠的爸爸一听儿子说不想继续上学后就大发雷霆，继而动用'强权'逼他继续上学'深造'，今天中国可能就没有这位著名漫画家了。于是他的爸爸也就成为一名扼杀人才的凶手,而且是扼杀自己亲儿子才能的凶手。也许他一辈子也意识不到这一点。我们今天的不少父母可能正干着这种事。"

郑渊洁把这些名人的故事讲给小读者,为的是传播自己的价值观:要有独立性,尝试走一条独特的人生之路,不要循规蹈矩。

不知有多少人受到他的影响,最终走出了一条独特的路。我想,在当年名字登上《童话大王》的小读者当中,至少有一个是这样,而且是其中故事最传奇的那个。

这个名字,我一直记到三十年后的今天,以至于联系上这个人的时候,激动得能感受到自己的心脏怦怦直跳。

1991年4月19日晚间,在省重点中学武汉六中读初一的男孩汪成志对父亲说,我想去北京看长城,外加见郑渊洁。

他的父亲、一个工艺装饰服务部的经理竟然同意了,给了他二百元钱:"准备充分了再出去就没意思了,你最好现在赶快走,要不一会儿我细想后准变卦不让你去了。"就这样,十三岁的班级宣传委员汪成志书包里背着三本书——《中国地图》《童话大王》和《人性的弱点》——一个人上路。到武汉火车站买车票时,售票员见这么小的孩子一个人去北京,叫来了警察。他们判断汪成志是从北京离家出走的孩子,就把他送上火车"遣返",于是汪成志一分钱没花,就到了北京。

更令人惊奇的是,汪成志到北京的当天,就见到了深居简出的郑渊洁——凭《童话大王》上登的郑渊洁通信地址,"通州260信箱"。

在"对话录"里,郑渊洁把汪成志的故事完整地讲了一遍,忍不住大加称赞"可见他的本领之大","独立生活能力的确很强,脑子应变力也不错,运气也好"。

回武汉后,校方没有给汪成志任何处分,高二一位班主任还请汪成志去班里讲了三个小时这次"历险记"的经过。

不知道有多少孩子像我一样,瞬间产生一股强烈的好奇心。按郑渊洁自己的说法,当时的他每个月要为大陆和台湾各写出一本《童话大王》,为集中精力创作,他不见记者、不参加社会活动,甚至连亲友和同事都找不到他,简直可以用"狡兔三窟""深居简出"来形容。这个比我大两岁的同学,是怎么找到郑渊洁的呢?

三十一年后的2022年,通过几位朋友的不懈帮助,我拿到了汪成志的电话号码。

如今的他,是深圳一家智慧园区公司的常务副总。用他的话说,公司在这个行业"能算个一点五线吧"。

"我当年啊?纯粹是无知无畏!"电话那头的汪成志笑起来爽朗热情,一听就是惯于在商海中左右逢源的角色。细聊之下不免令人感叹,他的人生,恰如郑渊洁推崇的那一条不循规蹈矩的路。而正是这趟独闯北京寻访郑渊洁的经历,改变了他。

在去北京的火车上,汪成志就打听明白了,靠一个信箱就想找到郑渊洁不啻天方夜谭。但他也并没有害怕。正如在武汉火车站，售票员和警察问他是不是北京来的孩子，他将计就计哼哈答应一样。"当时我想啊，我要是跟他们实话实说，这趟旅程估计就over了。"

到北京，汪成志开始各种街头访问，光小卖部和卖冰棍的就问了三四个：怎么从火车站坐车去通州？到了通州怎么去邮电局？到了通州邮电局，人家并没有告诉他怎么能找到那个"260信箱"。他也不急，坐下跟人家喝水聊天：我不是简单的追星，他是个作家，很有想法，我想跟他交流一下……不愧是班级宣传委员。有个工作人员觉得他有趣，下班时把他用自行车驮走，带到了260信箱。

这个信箱其实位于通州一个干休所。在门卫处，那位邮局的工作人员照着一个内部电话簿挨家打电话，说有这么个小孩从外地来，想找作家郑渊洁……一连问了三五家，问到了。

在门卫处的屋里，汪成志听到外面有人哈哈大笑一路过来，那是郑渊洁的父亲郑洪升。那天正好是郑老爷子过生日，包括郑渊洁在内的家人都来吃饺子。

这样，到北京的当天，他见到了笑眯眯的郑渊洁。

晚上，汪成志被安排到郑渊洁弟弟的邻居家住，第二天跟郑渊洁待了一天，第三天又去了长城。一切顺利。"现在回想起来，当时大家的提防心理没有那么高，一看这个小孩来找郑渊洁，觉得挺有意思，能帮就帮了一把。"汪成志感慨自己的好运气。

那时,他是第一个找上门来的郑渊洁读者。接下来,许多信件陆续邮到学校,向他表示钦佩,说他是英雄,要跟他交朋友。后来,他发现郑渊洁开始在杂志上呼吁:你吃了一个鸡蛋,没必要去见那个下蛋的母鸡……"大概后来这样找他的人越来越多了"。

这次寻访极大推动了汪成志的性格发展。他小时候是个很乖的孩子,但从这件事之后,变得越来越不循规蹈矩。"郑渊洁的作品,以及这次去北京找他,给我最大的感受就是:人生是没有定式的。"

听完汪成志讲述他的人生故事,我甚至想:如果世界上真有皮皮鲁,大概就是他这样吧。

初中毕业,汪成志并没有考重点高中,而是上了同样能参加高考也可以直接工作的一所职业中专,学美术。这时候,他对计算机产生兴趣,很快上手了3D设计这门技术,做装修设计图。1994年武汉的平均工资水平不过七八百块,他一个月可以赚七八千。这种财务自由的兴奋感让他觉得不能放弃,外加读了比尔·盖茨的自传,发现世界首富居然也是大学退学开始创业,于是他干脆没参加高考。

单干几年,汪成志又进入互联网领域。他给自己的公司做了网站,被雅虎收录后排在中国内地公司的第一位;1999年他又搞了中国最早的电子商务网站之一,跟阿里巴巴的十八罗汉在杭州创业同步。思路也一模一样,想帮中国的企业把商品卖到国外去。

结果，命运在这里出现了分岔口，他没能成为马云，后来又去深圳闯荡，打过工、创过业，最后在智能互联网行业站住了脚跟。在许多网站上，都能找到他对这个行业的一次次思考分享与主题演说。他不在乎文凭，但重视知识，全靠自学成为一个互联网技术专家。在工作间隙，他修了一个本科的法律文凭，还拿了律师资格证。

汪成志总结说，那个时候的社会封闭得很，只能走高考一条路，所以孩子们才有那么激烈的反弹和郑渊洁这个唯一的出口。如果没有当年独闯北京寻访郑渊洁这件事，他八成会考重点高中、考大学，走另外一条人生之路。"今天回头看，当年我是个不懂事的小孩，给他也添了很多麻烦。但他还是很平等地对我，言行合一。现在，我对我们公司的年轻人，也尽量平等地和他们交流、相处。这大概是郑渊洁对我人生潜移默化的影响。"

反思

现在，说说我和郑渊洁的缘分。有开始，就有终结。

我读《童话大王》，大概是不到十岁，一生中记忆力最好的时候，郑渊洁笔下的许多人物，至今我还能张口就来，阿奔、力力士、朱力克、车生落芙……此刻写下这些名字，我都会情不自禁地微笑一下。这次我寻访到的那几位给郑渊洁写过信的朋友,大家素昧平生,但聊起来没多少生分之感,大概是因为我们都享有一部分共同的童年记忆。

如果你也是郑渊洁的铁杆读者,很容易就会发现一个问题:你说的,怎么都是郑渊洁八十年代末九十年代初创作的角色?

是的。因为从1997年也就是我上高中那年起,主动戒掉了郑渊洁。

一个原因是,当时《童话大王》有几年在重复刊登郑渊洁之前的作品,之后的也越来越不对我的胃口;另一个原因是,我隐约觉得,再继续读他,对我的人生未必是好事。

郑渊洁宣扬的许多观念,至今是我的行为准则,比如自信、诚实、守法、讲信用等,连我喜欢崔健的音乐这一点都跟他一样。但,《童话大王》上也有一些文字,当时就让我觉得不太可信,今天看来更成了笑话。

比如在"对话录"上,他说苏联有个人,身上的皮肤能从白变黑、红、绿、黄,能短时间在沸水中游泳,能在水下屏气十分钟;说尼泊尔人为捕猎珍贵的雪貂,让一个全身赤裸的少女躺在雪地上当诱饵,当善良的雪貂们赶来用自己的身体为少女御寒时被一网打尽,"这种演苦肉计的少女在当地被称为'貂女'"。

今天回过头来看这些文字,大概可以用改革开放之初的信息隔绝、民智未开来解释。这方面不应苛责郑渊洁。然而，另外一件事是交代不过去的：在"对话录"中，郑渊洁用四页篇幅为骗子王洪成站台。没错，就是那个"水变油"骗了十几年的大忽悠。

郑渊洁写道：王洪成今年三十九岁，只上过四年小学，由于淘气和考试不及格，在四年中被开除过两次……还引述一位记者之口说："正是因为王洪成小时候淘气，他才避免了在毫无分辨能力的情况下接受过多的填鸭式灌输。"

而且，郑渊洁鼓励的不只"水变油"，还包括"永动机"。在这次对话里，皮皮鲁说："我就不信人类是由猿进化的。我认为人类是外星人的后代，而且来自不同的外星。黑皮肤的来自黑星，黄皮肤的来自黄星，白皮肤的来自白星……"郑渊洁回道："我支持你的看法……我从小就被告知世界上没有永动机，而王洪成则认为人类就生活在一个巨大的'永动机'——地球上，地球虽无外力推动，却在永不停息地旋转。据说，王洪成的下一个研究目标就是永动机，而且已经有了眉目。"

郑渊洁甚至写到，王洪成的"水变油"1983年就成功了，但"对话录"谈及此事已经是1992年，此事仍不为人所知，"回顾人类文明史，任何超越人类知识常规的伟大发明总需要给人们一个认识的过程。有些科学家甚至因此惨遭厄运。如哥白尼、布鲁诺、伽利略等。所幸的是，王洪成的发明在成功九年后终于被承认了……"

科学常识的匮乏只是表象。郑渊洁的教育观念，让我这些年开始更多地反思。

初中时，我是个贪玩的差生，这也让我格外容易热爱郑渊洁，因为他一直在鼓励我们差生，告诉我要有自信，不必太在乎分数，只要有真才实学，不上大学也能成为人才。简单地说，反对世俗教育。在他的作品里，随处可见这样取得人生成功的角色。我记得一个初中毕业的女孩，仅凭"讲诚信"、努力工作，就成了一家"狮虎无限公司"的总经理。

等到我中考顺理成章的失败，收到一张"汽车驾驶与维修"专业的中专录取通知书时，自己突然被刺痛了，开始思考一个问题：郑渊洁的话也许是没错的，但不上大学，我去哪儿学"真才实学"？

郑渊洁反对世俗教育的思想、安慰和鼓励差生的那些话固然很好，但某种程度上，是被我当作了借口，继续偷懒。再这样下去，难道我要告诉自己：等以后开汽车、修汽车的时候，再修炼"真才实学"？于是，在报名一所自费高中的同时，我主动戒掉了《童话大王》，开始用功读书。后来，我考上了大学，当了记者。才有今天你看到的这篇文章。

一点巧合是，我在大学里遇到好几个同龄人，都是高中开始就断掉了《童话大王》。

今天回头来看，郑渊洁举的那些例子，都有另外一面。

蔡志忠只是初中毕业，当时一年大概有成千上万的人初中毕业辍学，他们都能成为蔡志忠吗？反过来，像我当初一样，用郑渊洁的话给自己当作借口偷懒的差生，又该有多少？他们中有多少人继续躺平下去，又学到了"真才实学"、取得了世俗成功？

这是个没有答案，却细思恐极的问题。我去搜了一下，发现有类似反思的读者，还不止我一个。

比如，豆瓣上有一篇针对郑渊洁作品的书评说：郑渊洁一边反对世俗的教育方法，一边却又认同、追求世俗的成功，"在他笔下，皮皮鲁是神一样的物理学家，贝塔的儿子成了总统候选人，大灰狼罗克的儿子更进一步，直接成了总统"；"如果你真的对世俗教育不屑一顾，那就别屡屡意淫什么物理学家、总统之类的世俗精英；如果你真的想让自己的孩子成为一个健康的人，就不要让皮皮鲁长大之后变成'神'"。

今天来看，郑渊洁的成功，在当时的中国社会有其必然性。那时的教育就是弊端多多，社会给人的出路很窄，但这并不等于说就应该彻底否定教育，个人更不能完全放弃。那等于走向另外一个极端，放弃教育红利带来的阶层流动机会。当年因退学名噪一时的韩寒，现在也公开表示后悔，说这是一件很失败的事情，"说明（我）在一项挑战里不能胜任，只能退出，这不值得学习"。

后来，我看过一些对郑渊洁的报道。他倒是身体力行地用这套思想教育自己的儿子郑亚旗，让他小学都没毕业就退了学，第一份工作是去超市扛鸡蛋。当时看着很让人兴奋，但转念一想，如果郑亚旗没有郑渊洁这样一个成功的父亲，备不住真要扛一辈子鸡蛋。有几个家长有能力敢让儿子这么玩儿?

成年后,郑亚旗并没有走出一条特立独行的人生之路,而是继续在父亲的羽翼下生活。他掌管着一系列以皮皮鲁命名的公司,负责把父亲创造的这些品牌IP变现。凭这一点,郑渊洁的教育观,用最客气的话说:至少是不能复制的。

2018年,中国高考的毛入学率已经是百分之五十四点四,跟"对话录"开始刊登的1988年比,三十年间上升了十倍有余。有这样的现实基础,外加整个社会给人的出路宽了,才谈得上不那么片面追求升学率,《童话大王》受欢迎的社会基础,也就渐渐消亡了。

郑渊洁宣布《童话大王》休刊的宣言,至今在他微博上的阅读量是七百五十多万,评论却不到五百条,而《童话大王》的真实销量,已经很久没有公布过。

这本影响一代人的杂志停刊了,围绕它的争论恐怕还会持续很久。不管怎么说,它起码给了我们一个快乐的童年,也改变了许多人的人生。

有时候我也在想,如果我当时没有读高中,而是去了那个中专学汽车驾驶与维修专业,会怎么样?

有一天我把这件事发了个朋友圈。留言的人很多,其中一条是:"说不定已经在家乡坐拥两个汽车4S店了,混得比现在好很多。"

人烟稠密处的惊悚

沉 舟

《后窗》和《怪房客》,这两部电影都把镜头对准了"都市型惊悚"。

惊悚有两种。直觉上最容易反应过来的一种来自人烟的稀疏,一个人或者一群人,从更广泛的社会中被分离出来,安置在一个相对封闭——往往通过遥远来实现——的环境中。既有的社会规范在这个缺乏监护的环境中逐渐从内部崩坏,人需要在新的规范或者无规范下寻求自我的保全;而面对外来的侵犯,这个缩小后的社会又只保留着相当脆弱的抵抗力。典型的惊悚电影里,偏远的古堡(《诺斯费拉图》《吸血鬼》《弗兰肯斯坦》)或庄园(《没有面孔的眼睛》《死亡之夜》),汪洋中的一座岛(《金刚》《辛巴达七航妖岛》)或一条船(《怒海孤舟》),远离尘嚣的寄宿学校(《浴室情杀案》)或边境岗哨(《共同警备区》),乃至门外站着法警的陪审团室(《十二怒汉》),着力制造的都是这种"乡村型惊悚"。

阿尔弗雷德·希区柯克和罗曼·波兰斯基则引入了另一种相反的惊悚，它恰恰来自人烟的稠密。

《后窗》（1954年）开启了希区柯克导演生涯中最辉煌的十年，他的《电话谋杀案》在同年上映，接下来又连续地拍摄了《迷魂记》（1958年）、《西北偏北》（1959年）、《惊魂记》（1960年）和《群鸟》（1963年），这几部作品全部入选"AFI百年百大惊悚电影"，并且跻身前七名的三部杰作也都在此中（希区柯克一人在该榜占据九席）。波兰斯基的《怪房客》（1976年）作为"公寓三部曲"的终章，是对其前期艺术思考的一个阶段性总结。上映次年，波兰斯基就陷入至今未能摆脱的法律风波，所以该片也可视作他履历表上的一道分割线。

一个典型的稀疏社区，惊悚电影的情节常常设置在这样的环境当中。住宅之间距很大，每栋建筑物里的人，都可以视作从整个社会中孤立出来，自成集体。

《后窗》和《怪房客》，这两部电影都把镜头对准了"都市型惊悚"。它们在那个年代出现不无道理，彼时战争结束有日，一个或好几个十年的和平让城市有机会迅速而持续地扩张，直到变成一种真正的怪物。这个怪物皮肤光滑无毛，呈灰色，浑身遍布流淌着电脉冲的神经，输送煤气的肺管，负载自来水的血液循环，散发恶臭的消化道，以及由警署、法院、监狱和惩教所组成的庞大淋巴系统。它的各种体腔内寄宿着大量、密集的细菌，细菌对寄主的生存必不可少，但直观上，寄主总好像可以完全排除掉它们而维持运行。它们就是通常所称的市民。在这个拥挤的共同体中，制造惊悚的遥远距离，不是物理广延，而是心理广延。

《怪房客》开场不久，波兰斯基亲自饰演的男主角抬头仰望，看到的是数十个规律性排列的窗户。每位屋主的一切性格，都湮灭在这积木一般的全同外表之下。而与其他窗户别无二致的其中一扇背后，就是他刚刚租定的公寓。《怪房客》与《冷血惊魂》（1965年）、《罗斯玛丽的婴儿》（1968年），分别发生在巴黎、伦敦和纽约三座最早国际化的大都会，并称"公寓三部曲"。"公寓"这个词，精准地概括了三部电影的惊悚神髓。公寓是绝对的城市化产物，是典型的与乡村熟人社会相反的"生人社会"。住在公寓里的人，可以做了几年邻居却不交一语，可以鸡犬之声相闻却未曾往来。在城市里，所有个体的存在都是可疑的。李沧东执导的《燃烧》（2018年）中，住在一间能看到观光塔反射太

《怪房客》剧照。

《盗梦空间》(2010年)剧照。

西方城市一个典型的密集社区。一个街区(block,这个单词的另一含义是立方体)通常包括四面建筑和由建筑围成的一个中庭。画面上,梦境中的意念正在将整座城市折叠。神奇的是,"折叠"的意象总会在城市化走向极端的时候跃入创作者的脑海。它的影像化代表或许是这个奇观镜头,它的文字化代表或许是郝景芳的《北京折叠》。想来,城市本身就是"折叠"的隐喻:原本散处在原野上的社会单元,现在被折叠成几层、几十层乃至上百层的高楼,然后放进一个狭隘高效的"占地面积"。值得注意的是两幅画面一致采用的失衡角度,为理解这点,不妨想象一下,如果把镜头摆正,在美学上会发生怎样的改观。

阳光的公寓里，后来人间蒸发的女主角，她的曾经存在，真的那样确凿吗？

苏轼诗云："惟有王城最堪隐，万人如海一身藏。"（《病中闻子由得告不赴商州三首》其一）

在城市中，公共空间和私人空间的界限，远比乡村分明。乡村的私人空间自带一定的公共性，拿中国的情况来说，村里通常是不关门的。曾有文章写道，自己的母亲下乡居住，把城市里大白天关门的习惯带了回去，结果遭人议论。另一方面，极高的人均面积和丰富的自然掩蔽，又给乡村的公共空间赋予了一定的私密性，你可以在随便哪片高粱地里野战（《红高粱》，1988年），但是一进城就不那么好挑地方了。对于城市，防盗门里就是使用面积，防盗门外就是公摊面积，分得清清楚楚，精确到平方厘米。这种囊泡式的界限划分，同时带来了城市生活的安全感和疏离感。自然，模糊这种界限也就威胁了安全感，从而构成惊悚。而模糊界限的典型元件之一，就是"窥视"。

《后窗》和《怪房客》选择了"窥视"这一共同剖面，切开城市生活的惊悚性。但在剖开的一双截面中，《后窗》选择了窥视的主体侧，《怪房客》选择了窥视的客体侧。所以《后窗》归成一部喜剧，而《怪房客》滑向悲剧。

《后窗》是一部很有野心的作品。它的一切剧情，就发生在被骨折限制了行动力的男主角那间狭小的公寓当中。一般剧情片在追车戏和动作戏中都采用高参与度的镜头，而

间区段：傍晚　　　　第八个时间区段：同一个傍晚　　第九个时间区段：又一个傍晚

第一个时间区段：下午	第二个时间区段：傍晚	第三个时间区段：雨
一对度蜜月的夫妇新婚燕尔，希区柯特意把唯一一间前景中有树枝掩映的公寓安排给他们，颇添东方式的情调。	新婚夫妇的窗户很长时间再未打开。	
一名每天早上练舞的芭蕾舞演员。	芭蕾舞女众星拱月。	芭蕾舞女拒绝不知爱者。
对芭蕾舞演员制造的噪声颇为不满的女雕刻家。	雕刻家喂她的猫。	雕刻家早已熄灯（带扫过）。
喜欢在阳台打地铺的夫妇。		打地铺的夫妇在雨收拾铺盖。
承担影片主要惊悚情节的推销商夫妇。	妻子长期卧病，越丧失行动力疑心越重，生活的苦闷也更让她满口抱怨和指责，推销商则早有外遇，夫妻关系名存实亡。	推销商提着大行李外出数次。
一位"寂寞芳心小姐"。	寂寞芳心小姐独自排练了一次幻想中的双人晚餐。	寂寞芳心小姐同样生活。
孤独忧伤的钢琴作曲家。	钢琴家独奏。	钢琴家大醉而归。

第四个时间区段：清晨	第五个时间区段：傍晚	第六个时间区段：清晨	第七
	在希区柯克前两个时间区段都有意将它绕开之后，新婚夫妇的窗户终于回到观众面前，然而仍旧紧闭。	新婚夫妇的窗户第一次开启，男子微露疲态。	新启气
芭蕾舞女晨练。	爱美的芭蕾舞女对镜梳头。	芭蕾舞女晨练依旧。	芭男
雕刻家创造名为"饥饿"的作品。	雕刻家继续打磨她的"饥饿"。	镜头扫过雕刻家的窗户。	雕
爱打地铺的女人每天早上把狗用篮子从阳台吊到楼下院里。	爱打地铺的女人每天这个时候把狗从篮子吊回去。		爱备
篮子依次经过昨夜刚刚发生凶杀的推销商公寓和寂寞芳心小姐的公寓（注意这一段的镜头调度）。	发生凶杀的公寓仍然关着百叶窗，可以结合新婚夫妇的窗帘以及寂寞芳心小姐唯一一次放下的百叶窗（未在此处展示，那次她经历了一场失败的约会）分析希区柯克对窗帘、灯光和影子的妙用。	推销商窗户大敞，不见人影，唯见香烟从背靠窗台的沙发上升起（左侧窗户右下角的白色斑块），暗示着推销商心情的复杂。	推
		镜头一扫而过寂寞芳心小姐的窗户，可见院子里对花坛充满兴趣的小狗。	寂芳
	由于天气闷热，钢琴家光着膀子在家里拖地。这里潜含着一种对男性孤独的过时表达：在影片的年代，家务依旧默认是由主妇来完成的。		钢他器

个时间区段：傍晚	第八个时间区段：同一个傍晚	第九个时间区段：又一个傍晚
婚夫妇的窗户第二次开，男子不但探出身来透，而且还点了根烟。	这列是唯一一次所有窗户被一桩单一事件联系起来；爱打地铺的妻子发现自己的狗遭到谋杀而大声哀嚎及控诉，大家都从各自的公寓内赶出来围观（这里给了芭蕾舞女唯一的一次仰角镜头），但推销商除外，他的客厅一片漆黑，只能看到一星悬浮在空中的烟头的火光，而这个细节被男主角看在眼里，坚定了他的推理。这一星火光，是第六个时间区段里烟雾的进一步凝练。随着意象的体积向着极限收缩，剧情张力也濒于绷断的阈限。	遵循大部分喜剧片的规律，所有人或关系在最后都获得了发展和更新：新婚夫妇进入厌腻期；拈花惹草的芭蕾舞女原来有一个去当兵了的矮丈夫；创造"饥饿"的雕刻家享受餍足的小睡；爱打地铺的夫妇买了条新狗；推销商的公寓正在全面粉刷。
蕾舞女在教师指导下和舞伴练习。		
刻家在做饭。		
丁地铺的丈夫打上领结准外出（镜头附带扫过）。		
销商的家漆黑一片。		
寞芳心小姐依旧对镜孤自赏。		
琴家在家举办了一次让的孤独进一步增加的喧派对。		没有再给寂寞芳心小姐的公寓安排画面，为什么呢？因为她的镜头和钢琴家并在一起了！

这部电影被限制只能使用高旁观度的镜头。尽管如此,希区柯克仍然把故事讲得扣人心弦,张弛有度。从这一点来说,《后窗》可以看作是对1948年上映的《夺魂索》里那种"一镜到底"技艺的还魂,而后者恰恰有着一面巨大的、可以平眺城市全景的长窗。

当然,晚六年的《后窗》在广度上比《夺魂索》提高了不止一个档次。男主角透过七间公寓的窗户,窥视我相、人相、众生相、寿者相。

统计力学有一个"系综理论",认为系综平均可以替换时间平均。应用到这里来的意思就是,这七间公寓里横向展现的世相,大可理解成某一个人的社会关系随时间而纵向历经的各态:从独身到热恋(第六排的"寂寞芳心小姐"),从新婚到蜜月期结束(第一排的新婚燕尔),接下来发生分岔,要么形成新的平衡(第四排爱打地铺的夫妇),要么在谎言中维持危险的平衡(第二排的芭蕾舞女),要么平衡彻底打破(第五排的推销商夫妇),然后进入离异状态(第七排的钢琴家),并通往下一次怦然心动,形成一个都市爱情的完整轮回;再不然,就像第三排的女雕刻家那样,以落拓不羁的午睡,超越于这个轮回之外。

如《后窗》片名所示,"窗户"是公共空间侵入私人空间的首选突破口。在由四面建筑围成的"街区"里,"后窗",指的就是这些建筑朝向中庭那一面的窗户。从空间心理学上讲,这些窗户打一开始就是内省的,窥私的,朝向各人生活背面的。窗户的建筑学初衷,是采光,通风,并供屋内人外望。然而初衷之外的目的达到了:窗户也为屋外人内窥提供了一个渠道。

卞之琳《断章》诗云:

> 你站在桥上看风景,
>
> 看风景人在楼上看你。
>
> 明月装饰了你的窗子,
>
> 你装饰了别人的梦。

最接近诗的镜头是推销商独自坐在漆黑的客厅里抽烟,从男主角的角度唯一能看到的,就是黑魆魆的窗洞深处有一个橘红色的光点忽明忽灭。这个镜头在片中一共出现过两次,我们把另一次专门用大图展示出来。

《后窗》剧照。注意中间窗户里的暖色光点。

这个镜头是简洁的天才手笔。为了凝练而容易想到的，是用整个画幅来传达尽可能多的信息；希区柯克反过来，他把所有信息收缩到一个像元（pixel），一个电子显示屏上的色点，一个视觉所能分辨的最小几何单位。漆黑的窗户是"无所可看"的窗户，但只因为这一个点，它整个反了过来，变成故事最多的窗户：在那暗影中汹涌翻腾着的，是一个罪犯行凶之后的五味杂陈。

与《后窗》类似，《怪房客》里也有数不尽的、受到强调的窗户。早在男主角看房的时候，女门房就以一种非常低下的趣味指示他，他的窗户正对着这层楼的公共厕所，"可以看到很多风景"。厕所窗户，原本就是偷窥欲最典型的客体化。而男主角搬进来之后，却反过来发现租户会几小时几小时地站在厕所里，一动不动地盯着他这面看。波兰斯基把男人小便时无处安放的彷徨目光无限期地冻结了。在男主角和厕所对望的五组镜头中，都包含从男主角身后向外拍摄、把两个窗户相叠涵盖进去的画面。这种景深突出了每扇窗户所代表的"窥视-被窥视"的双重身份，当男主角从厕所看见自己站在房间的窗户后面拿起望远镜时，身份的淆乱在这种神经错乱中达到了顶峰。

窥视意味着"他者目光的在场性"。《怪房客》从一开始，就利用这种目光所具备的尽管透明，但却能实际发生作用的巫术特质，营造出一种贯穿全片的压抑氛围。开场不久，男主角就和这种目光频繁遭遇。他和女主角在电影院

《怪房客》剧照。五组"窥视－被窥视"镜头。

《怪房客》剧照。窥视意味着"他者目光的在场性"。

《怪房客》剧照。

《冷血惊魂》剧照。无处不在的窥视（及凝视），都包含"窗户"的元素。

的时候，任何亲密举动都受到周围一名男子的监视——除了"监视"没有恰当词语。后来他去教堂，又有一名少女目不转睛地盯着他看。《怪房客》中这些后来再也没有二次出现的配角，或者代表了城市生活的不可理喻性（城市的生存法则是：你不可能追溯每一起随机事件的来龙去脉，即使它对你的心态产生重大影响），或者隐喻了戴维·迈尔斯在《社会心理学》里曾经提到过的效应，人会放大他人对自己形象的在意，实际上关注自己的主要只有自己。考虑到男主角身为刚到巴黎的波兰裔青年，第二种解释显得尤为可信，但是心理感受在感受的层面总归是真实的，这种城市生活的冲击就给他后续的失常垫下了第一块砖。

在此之外，电影就充满了各式各样的窗户，窥视的，和被窥视的，时而有窗帘，时而没有。作为《怪房客》的前奏，《冷血惊魂》在窗户的运用上也非常铺张。

卞之琳的《断章》提到了一个关键词："装饰"。被一个窗户框起来的"你"，对别人来说是具有装饰（观赏）性的。这也就是为什么，无论《后窗》还是《怪房客》，窗台最终都将被镜头修辞转喻为剧院里的看台，而与看台相对的就是舞台，舞台永远是观赏性的，用来装饰视野的。

爱打地铺的女人控诉宠物惨死，钢琴家派对上衣着光鲜的人物聚到露台上看热闹，恍惚中就像盛装华服到歌剧院去社交的贵族社会，在弄清就里之后，便大感无聊地陆续回屋；波兰斯基则直接把一个窗台布置成了超现实主义看台，

《后窗》剧照(上图)与《怪房客》剧照(下图)。
窗台最终都将被镜头修辞转喻为剧院里的看台。

房东、租客和女友坐在一起，欣赏乃至鼓励男主角的自杀表演。这两座窗台把与它相对的窗台上发生的事情，衬成了一出无法共情的戏剧。实际上，与画框天然形似的窗户和阳台，包含着与生俱来的表演隐喻。君不见直到当今，热情奔放的意大利人，还在疫情期间举办"阳台音乐会"；而讲究情调的人们，也始终像收拾衣装一样收拾凸窗上的植物，并把它视作发表个人生活理想的符码，邀请他人窥视。

随着剧情推进，两部电影的男主角都拿出了望远镜；《后窗》的男主角更进一步，最后端起了他的看家宝贝照相机。每当他把脸凑近取景框，擦得锃光瓦亮的镜头，就清晰地反映出对面公寓楼上的许多窗户。"窥视-被窥视"的双向关系于此昭然若揭。在另一个场景中，这个有着浮夸长焦镜头的相机，与半杯牛奶、一片三明治放在一起。

作为食欲的延续，窥视欲似乎代替或霸占了性欲应有的位置。这恰是整部电影男主角情感生活的主要矛盾：他似乎对近在身旁的靓女缺乏兴趣，倒是念念不忘以记者身份去观察世界未知的角落。相机在他那里，可能也在所有人这儿，成为一种性欲的升华。它以长度为骄傲。它不使用时会缩短，而使用时会先伸长。它的使用步骤包含瞄准，而瞄准是从射击上借来的词。它的高潮来临，就在长久屏气缺氧之后全身定住按下快门的刹那，而那时画面总是陷入漆黑，浑似一片空白的大脑。如果附带闪光灯，这种雷同将会更加神妙。或许这解释了，为什么摄影主要是一种男生的爱好，以

《后窗》剧照。
由于职业关系,男主角拥有超轶绝尘的长焦镜头。

《后窗》剧照。
看片器中两个不同时刻的相同场景,宛如"找不同"游戏。

及他们为什么对于把镜头越换越长有一种无法自制的痴迷。当男主角在女伴的身旁摆弄相机,他手中长得与机身不太协调的镜头,就是克莱德在路边偷偷掏出来,让邦妮轻轻抚摸的枪(《雌雄大盗》,1967年)。

相机的特性包括两方面,一方面是放大,一方面是定格。放大的这部分,与望远镜功能重合;而定格的这部分,则被男主角后期用到的一个小众工具所代表,也就是胶片看片器。借助看片器,通过对比两张在不同时刻拍下的、同一场景的底片,男主角找到了罪案的端倪。毕竟,这个世界上很少有什么事情,经得起放大或者定格,更不用说两者加起来了。十二年后才上映、题目就叫"放大"的电影《放大》(1966年),讲一个摄影师把照片不断放大之后,看到了一具尸体和一个拿着枪的人,玩的都是希区柯克在这里就玩剩下的。

相机的隐喻同样解释了,为什么影片结尾正反派之间是以那样一种特殊、科幻,甚至有些文戏的方式交锋:男主角不断地向凶手使用镁光灯以拖慢他的进攻。光明就是黑暗的克星;一切见不得人的事情,都会在强烈到刺眼的日光下融化;男主角作为记者,对待(被人格化为一名凶手的)罪恶的最佳方法,当然就是——"曝光"它。

窗户之外,第二个窥视渠道是门镜,就是门上俗称"猫眼"的那个东西。《后窗》并没有用到这个元素,但波兰斯基对它非常钟情,在不同的电影中都有使用。

与窗户不同,门镜可谓"窥视专用"。当有人来敲门(尝试突破公共空间和私人空间的界限),为提前预知来者身份以便做出开门或不开门的决策(减小信息不对称带来的劣势,因为身为主动方的敲门者更了解自己敲门的动机,既然对方更了解敲门的动机也就更了解为什么敲这一扇门,亦即了解门内的人,而门内的人只了解自己),人们发明了门镜。然而门镜的功能要求它被安装在通常与来访者面部等高的位置,这就使得当门里的人透过它向外望去,看上去就像门外的人也正在透过它向内窥视。另一方面,同样是门镜的功能要求它被设计成度数很高的凹透镜,从而把走廊内的情景收缩到一个很小的视域中。这种"鱼眼效果"导致门外的人脸看上去总好像被扭曲成了丑恶、阴险或狂躁。一双透过极细的小孔向内窥视的眼睛,加上一张比例失调的脸庞,就足以勾勒出城市生活者对于私人空间脆弱不足凭依惶惶不可终日的焦虑征候。

《冷血惊魂》用门镜贡献了一处达到《后窗》推销商在漆黑的客厅里抽烟高度的笔法。电影刚开场,女主角敲响与姐姐合住的公寓房门,观众看到门镜暗了一下,然后重新变亮,接着门就开了。只用一个光点的一次闪烁,导演就交代了她姐姐听见敲门,凑到门镜上看一眼,见是妹妹,于是把门打开的这整个过程。只这一个开场镜头,就奠定了整部电影女主角被窥视、私人界限反复被侵犯的基调。但另一方面,通过门镜的明灭了解门后故事这一"观看"行为,反过

《怪房客》剧照。望远镜视野。

来也把观众（或门外之人）放置进一个窥视者的身份中。

与窗户最常见的方形视域不同，和门镜相似的圆形视域，几乎带有一种本质性的窥视意味。无论是中国武侠片里糊窗纸上舐破的小孔，抑或作为电影前身的"拉洋片"（又称"西洋景"，它的英文是"peep show"，peep意为窥视），一个窄小、圆形的孔洞，永远和窥视行为密切地联结在一起。《后窗》中的护士问男主角借用相机时，打的趣也恰恰是："我可以看一下那个'移动钥匙孔'吗？"这个转喻源自欧洲曾经普遍采用的钥匙孔，的确是门上的一个从正面直通到背面的圆形小洞，为偷窥提供了很多便利。时至今日，如果你前往欧陆旅行，在一些上了年头、又以欧洲人的家风不愿意替换任何旧物的老宅内，仍能看到它们的身影。

惊悚电影《万能钥匙》（2005年）有一处经典镜头，就是一只正在透过钥匙孔向里张望的眼珠。由此可见，《后

《怪房客》剧照（上图）与《冷血惊魂》剧照（下图）。
两部电影中的门镜。

《冷血惊魂》剧照。
门镜暗了一下(上图),然后重新变亮(下图),接着门就开了。

《怪房客》剧照（上图）与《冷血惊魂》剧照（下图）。
门缝是线的逼近。

《冷血惊魂》剧照(上图)与《白日焰火》剧照(下图)。
门缝和女性小腿。

窗》和《怪房客》中应用于望远镜和相机的圆形视域,应当归在门镜一类,皆属内涵明确的窥视符号。一个有力的证据在于,希区柯克"错误"地将相机所见的视域偷换成与望远镜相同的圆形,然而直觉不曾注意的是,相机尽管镜头是圆的,视域却从来都是方的,看片器下的图像证明了这一点。那么希区柯克究竟为什么要做这番偷梁换柱呢?答案就只能到突出窥视感中去寻找。而正是"相机=窥视""窥视=圆形视域"这样两个潜意识联结的传递,让所有观众对这处移花接木集体无知无觉。

所以当冯小刚在《我不是潘金莲》(2016年)中把圆镜头对准民妇时,就总好像把观众拖入了那种充斥着家长里短、鸡毛蒜皮、闲言碎语、隔墙有耳的农村社会,拖入了一种与正统叙事相对的民间叙事,与集体经验相对的私密经验,与官方话语相对的个人话语。

窥视的第三个渠道是门缝。窗户是面的逼近,门镜是点的逼近,门缝是线的逼近。

《怪房客》并没有用到这个元素,但《后窗》和《冷血惊魂》都用到了。《后窗》的男主角根据门缝透射进来的灯光熄灭,判断凶手已经接近;反之,《冷血惊魂》里的女主角根据门缝透射进来的暗影移开,判断闯入者已经离去。

从高度上讲,门缝和女性小腿(或脚踝)这两个意象是天然成对的。《冷血惊魂》就把它们并置在一起,同时进入画框的还有一把靠近地面位置、通常只在加强防卫时才用上、只能从里面打开的门闩,对于私人空间的不安感呼之欲出。《白日焰火》(2014年)里开场未久的一个镜头,与此可成同素异形体。在那里,门被替换成了半透明的门帘,离地稍高的距离成为门缝的衍化。这部晦涩而充满隐喻的文艺电影刚刚上映时,就有影评从"窥视"的角度谈论过这个镜头里的女性小腿。

好奇引起窥视,窥视加剧好奇,于是有了放大和定格。窥视者像插上蜡做的翅膀飞向太阳那样,飞向窥视对象的"真实",并最终在接近到和这种"真实"相互直面的程度时,与之同焚。《后窗》开端,就展示了一架损毁的相机,那是从男主角试图站在赛车道中间拍摄"引人注目的照片"而引发的事故中遗留下来的。这架艺术品似的相机似乎就暗示着真相与毁灭之间的伴生关系。

《后窗》剧照。男主角为拍摄"引人注目的照片"而损毁的相机。

"如果你拍的照片不够好,那是因为你靠得不够近。"罗伯特·卡帕如是说。他死于为拍照而误踩的地雷。

任何窥视的目光,当它与被窥视者的目光相遇,叙事就必将坍缩,犹如正反电子对撞后的湮灭。《后窗》中,镜头保持随人类眼动的方式运作,当推销商的双眼直视镜头,也就是与男主角四目交汇的时刻,剧情也就迎来了最后的高潮。

片尾男主角打上石膏的第二条腿,预示着他似乎陷入了一个在被真相之火烧成的灰烬中重生的涅槃轮回。没错,就是那个直视镜头的阴暗眼神,揭示出上述铁律与摄影师经常对生手演员吼叫的"不要看镜头"之间,有着怎样的共通关系。摄影的艺术,就是"让相机不存在"的艺术。

《后窗》剧照。推销商的双眼直视偷窥他的男主角。

尼采《善恶的彼岸》中说："当你凝视深渊，深渊也在凝视你。"希区柯克更将《后窗》上升到哲学的高度，变成了一出"元电影"。电影里的螳螂窥觑蝉，而坐在银幕前的黄雀则同时窥觑两者。对男主角而言，那些方形的窗洞，何尝不像一个个自由切换的电影频道？而观众在"第四面墙"上凿孔，审视角色的一颦一笑，有时甚至审视他们的性，这又与窥视何异？推销商投向男主角的目光，在同一时刻打破"第四面墙"，投向了观众。

我心安处

傅 谨

这些义仆与其说是尽仆人的本分,还不如说是尽"人"的本分。

戏曲界有一类被称为"义仆戏"的剧目,其中大凡京剧唱的,基本都是周信芳大师的保留剧目。二十世纪五十年代,这类戏荣幸地被特别拎出来批了一通,把周大师那么拎得清的人也搞到拎不清。批评者说这类剧目"宣扬奴隶道德",这个说法不是毫无根据,因为被划归这类剧目里的那些戏,比如《一捧雪》《九更天》《南天门》等等,都是说仆人心甘情愿地替主人付出自己或亲人的生命,按照阶级叙事的逻辑,主子和仆人是压迫和被压迫的关系,被压迫者的经典姿势是反抗,现在这些义仆戏不仅不写这些仆人的反抗意识,居然还要让他们心甘情愿地为主子替死,其心何其毒也。而且,这些戏既感人又流行,千百年来无数普通劳动者岂非就是因为看了这些戏,受了这些戏的蛊惑,所以才丧失反抗的斗志,由此导致人压迫人的世界延续了几千年,真真是罪该万死，不禁不行，所以各种义仆戏一度被完全禁演。

不过，人民群众对优秀艺术作品的渴望，真是不易抵挡，即使这些戏被理论家们揭穿了其"反动本质"，但还是有人想看，还有人冒着"调和阶级矛盾"的风险，为义仆戏的上演说情说理。戏曲艺术家们也总是能找到一些机会，趁机就让义仆戏隔三岔五地以各种理由存在于舞台上，直到改革开放，虽然没有正式的文件通知，但对各类传统戏的理论束缚，与"左"的教条一同退出了历史舞台，义仆戏终于有了堂而皇之演出的机会。

只不过新的问题又出现了，这些优秀剧目既然很少有上演机会，年轻一代演员也就很少有机会学，有机会演，甚至很少有机会看到前辈艺人的舞台演出实况。演戏这种事儿，熟能生巧，不学不演，甚至都不看，就很难达到较高的水平，而没有高水平的表演，即使看莎士比亚、关汉卿，也不过尔尔，所以，这些义仆戏虽然没有了上演的禁令，但可惜没有好的表演，意思就差很多了。所以，就当作剧本聊聊吧。

我是不相信那种看戏就会把人带坏的理论的，那多半是一种威胁，是文艺理论家、批评家遇到自己不喜欢的作品时一种带修辞性质的威胁。文艺理论家、批评家总是有自己的趣味和好恶，也必须有自己的趣味与好恶，而通过对具体作品的评论表述这种趣味与好恶，对那些不佳甚至不良的艺术内涵与艺术形态提出直接而尖锐的批评，原本就是他们的权利和职责。但这依然只是个人趣味好恶的表达,这样的表达如果确实能说服和打动多数读者,就有可能形成社会共识,进而推动一个时代某种特定的文艺价值观念的形成或转变。只不过要实现这样的目标,最好是通过说理的自然途径,而不是借"一言兴邦,一言丧邦"式的威胁性语言,说假如这类作品继续存在,天地就要变色,江山就要颠覆,人类就要沦亡云云,用这类恐吓大众的语言,甚至借助权力禁止某些戏剧作品的演出。

文艺作品要顾及社会效果,这个道理抽象地说,当然是无可争议的,但还需要更具体地看,一部文艺作品究竟能产生多大的社会效果。记得鸦片战争后,清廷有位爱国心爆棚的大臣给皇帝上了一个奏折,说是针对蛮夷把鸦片输入中国的恶劣做法,最好的应对措施就是把《红楼梦》译成外文以示报复,这一招肯定就把他们给毁了,一旦老外都迷上《红楼梦》,那国力岂非要一落千丈,我大清八旗子弟一路征战过去,全世界都被荡平了啊。这个故事就是夸大文艺作品社会效果的范本,故事的结局大家都知道了,愚昧如慈禧太后也不会信这样的鬼话。当然,凡事总是有得有失,假如太后真的被说动了,英法德俄意西日各种文本的《红楼梦》齐刷刷出版的景观也煞是可喜的,就算外国人读了《红楼梦》后举国上下萎靡不振的理想不容易真正实现,但至少也算是中华外译工程的先声,只有好处没有坏处。总而言之,文艺作品的社会效果是要讲的,只是不能把它们提高到不切实际的地步，无论往好里说还是往坏里说，都是如此。

说回义仆戏，当年禁它的理由，是说这些作品具有欺骗性，是麻痹或迷惑古代劳动人民的迷魂药。其实就算如此，现在也不是古代了，劳动人民的觉悟也提高了，不再那么容易受欺骗。

周信芳的代表作之一《义责王魁》，是在所有义仆戏都遭受激烈批判，然后又稍显缓和的时代出现的，仿佛为证明义仆戏并没有被一扫而尽，仍有存在的空间。《义责王魁》剧里的王魁，当然就是著名的《焚香记》（《情探》）的主人公，在这出戏里"义责"他的，是王魁的仆人王中。

众所周知，王魁故事是中国戏曲成熟时期最早的剧目之一，王魁负桂英的故事流传千古。花花公子王魁进京赶考，留连青楼，与妓女敫桂英恩爱无比，可惜家里带来的钱糟践完了，大冷天的被鸨母赶到大街上，幸有桂英不弃且相助，才有后来进京赴试得中状元的荣华富贵。"贵易交，富易妻"，改变身份的王魁早就忘记了与桂英的山盟海誓，但是他的仆人王中看不过眼了。王魁当然是可以有一直跟随的老仆人的，不过真的计较起来，他被青楼赶出来后那段流落街头的日子，仆人其实并不好安顿。不过我们不要太当真，戏者戏也，反正王魁高中，回到府里，老仆王中当然跟着高兴，不仅为主人高兴还为桂英高兴，佩服她眼光精准，庆幸她终得福报。听说王魁要给桂英写信，他当然更高兴啦，天真地认为这封信一定是要去迎接桂英，她终于苦尽甘来，

"一封喜信送裙钗,桂英夫人笑颜开"。想不到这封信却是要休弃敫桂英,只因她是烟花妓女。王中难以接受王魁这样的作为,在堂上历数当年桂英的恩义,搬出王魁当年曾经发过的毒誓,怒斥王魁。但王中毕竟是仆人,如此指斥主子,使得王魁恼羞成怒:"老奴才,我要不是念你这样孤苦伶仃,定然将你赶出门去!"

经历了对义仆戏的批判之后,老仆人不能再那样毫无觉悟了,他回忆过往,反观今朝:"王魁呀!王魁!只因当初太老爷待我不薄,才怜你父母双亡,穷途潦倒,无人照看,这才患难相从直到如今。我随你也不知受了多少苦处,苦来苦去,苦到今日才苦出你这一个状元。你可记得,三年前,落地出京的时节,你在中途路上,身染重病,那时天降大雪,倒卧路旁,看看就要穷困而死。哪知道绝处逢生,来了一位就是你讲的那个青楼妓女,好一个仁慈的敫桂英,将你救到院中,亲奉汤药,延医疗治,百般卫护,你病体痊愈,起死回生。她见你品貌清秀,文质彬彬,不顾鸨儿责骂,姐妹讪笑,与你结为夫妇,深闺伴读,彻夜不眠,指望你出人头地,她也可扬眉吐气。谁知你,一旦得志,忘恩负义,你还要口口声声妓女,奴才!你要想一想,你在雪地之中,要没有那个妓女,我这个奴才,你早已身葬沟渠,死于非命。你还能中状元吗!"听到王魁要赶他这个"老奴才"出府时,王中更是义无反顾:"你还骂我奴才!患难相从,扶你成人,要没有我这个奴才,早把你饿死了。你虽然戴乌纱,插宫花，身穿锦袍，衣冠楚楚，一见高官，忘却根本。哪个要你怜悯，我把你这名教败类，衣冠禽兽啊！苍松翠柏不畏冷／傲骨峻嶒比你强十分／急忙解下丝鸾带／这奴才的衣服脱下身／我虽然年迈有血性／不似你卑鄙无耻下贱的心／哪一个要你来怜悯……"

在这里，主奴之间的关系有了新的时代特点，不过这样的戏就不是经典意义上的义仆戏了，如果说仆人看到主人走上人生歧途，主仆的身份高下也不管不顾，忍不住痛骂一顿，或许还能把他骂醒也未可知，尽管那样的可能性很小，至少从仆人的角度看，也算得上有情有义。不过这样的痛骂，观众听了好像也是解气的，但要论主仆关系的实质，似乎让人有些疑惑。马克思说"人是所有社会关系的总和"，主人和仆人都是如此，像"苍松翠柏"那样有一身傲骨的人，天生就不适宜做仆人的，何况还做了一辈子。当然，这个像有威严的爹娘训儿女那样训主人的土中，本是那个特定年代的产物，说这是"义仆戏"，古人是不答应的。

所以我们还是要谈真正意义上的义仆戏，在这些剧目里，仆人始终知道自己是仆人。

明末清初的李玉，是昆曲历史上最受欢迎的著名剧作家，没有之一。他留下数十部优秀戏曲作品，传播最广的当推《千钟禄》，清初所谓"家家'收拾起'，户户'不提防'"，俗语里的"收拾起"，就是《千钟禄》里的名段。除此之外，在他所有作品里还有所谓"一人永占"的说法，

"一"就是经典作品《一捧雪》。

《一捧雪》是义仆戏的标本之一。故事起源是明嘉靖年间的权臣严嵩之子严世藩,逼索进京候补官员莫怀古家里名为"一捧雪"的珍贵玉杯。莫怀古既然正在朝中候补,对严家权倾天下的势力和他们家的行事风格自然一清二楚,他也太明白当严世藩说是想"借"自己这只玉杯欣赏欣赏时,那就和索要没有任何区别了,不只是"老虎借羊,有借无还",而且,多少聪明的同事,尤其是正在京中候补,巴巴地就赶紧送府上去了,那还不是得个肥缺的好机会?莫怀古也不是没有这样的心思,但毕竟玉杯是祖上传下的宝物,心里还是有点不舍。于是想出个歪主意,请人做了一只假的玉杯应付严家,而且果然骗过严世藩,得以升任太常正卿。

这个主意原本天衣无缝,而且故事直到这里,莫怀古做人都是算不上光彩的,他旧友戚继光后来有句话:"这就差了。"但是,人大凡做了如此得意的事,难免有炫耀的冲动。莫怀古曾经给严府推荐过一位做文物古董生意的商人汤勤,在中国古代,商人的地位很低,汤勤也不例外。戏里是说这位汤勤原本在杭州做文物古董生意,擅长裱画,因此有绰号名为"汤裱褙"。莫怀古提携他到了京城,多少有讨好严家的意思吧,就把汤勤推荐给同样喜好文物古董的严世藩。如此说来,莫怀古对汤勤既有知遇之恩,又有同行之谊,都是古董行里的老江湖,有次多喝了几杯酒,就向汤勤透露了自己这换杯的得意之举。想不到换了新主子的汤勤立马向新主子果断举报。严世藩大怒,这股火发得一点都不突然,你莫怀古不借杯也就罢了,还造了只假杯来哄我,不只不肯孝敬,还把我当傻瓜呢,还果真骗上了官。结果不难预料,他点动人马查抄莫府,决心翻出那只真杯,所幸玉杯被莫府家人莫成藏起,得以保全。莫成在这里第一次为莫府涉险,但这只是他的第一桩义举。

莫怀古知道严府不会就此罢休,顾不得前程,携玉杯匆匆出逃。严世藩即刻派人追捕莫怀古,而且为防人犯递解进京途中有变,下令拿住之后就地斩首,只需解送人头入京。莫怀古逃至蓟州,被严世藩的追兵赶上,自然是要押到当地军营。蓟州总镇就是著名的抗倭名将戚继光,于是莫怀古就落到了戚继光手上,戚继光虽然与莫怀古有旧,但在严家派来的人马面前,只能按朝廷旨意监斩莫怀古。

这里迎来了莫成的高光时刻,他在戚继光的协助下,自愿代主人受戮,让严府派来的人携带自己的头颅进京复命。虽然此后有关这头颅是真是假还有一番波折,但是从莫成的角度看,这位义仆完成了他的壮举,莫怀古得以逃脱,最终等到了严府势败的那一天。

《南天门》里的义仆名叫曹福,当年京剧大师谭鑫培和王瑶卿合演该剧,名动一时。《南天门》又名《曹福登仙》《走雪山》,主人公曹福是吏部尚书曹正邦的家奴。故事讲述明朝天启年间,宦官魏忠贤专权,曹正邦谏奏魏忠贤,皇帝不从,曹无奈之下要辞官,魏忠贤力主要将曹斩首,幸被其他朝臣营救，得以生还，被贬为平民，削职还乡。魏忠贤仍不肯放过，派遣心腹刘司羽在曹回乡途中必经之地官庄堡等候，暗杀了曹正邦。曹妻愤而跳井自尽，老仆曹福在乱中救下曹女玉莲。剧情从此走向最为重要的部分，曹福和玉莲虽然逃脱了性命，但一个老人一位弱女，前路茫茫，思来想去，曹玉莲自幼被许配给大同总镇的公子为妻，便决定雇个脚夫，送他们逃往大同投奔未婚夫家。

去大同有两条路，一条路平顺，一条路险恶，平顺的路好走，但是要远三天，险路难走，倒是能快三天到达大同。而且不只是快慢的事儿，走平顺的道路还可能遭魏忠贤的走狗继续追杀，逃难途中，总是怕路上又有个好歹，那条险路虽然能尽快到大同，但是要路过崇山峻岭，路途险恶，且要过雪山，还有野兽出没，没有人愿意把牲口雇给他们。曹福和玉莲主仆两人只好相扶步行，一老一女冒险上路，途经广华山，又遇风雪交加，这就是该剧又名《走雪山》的由来。山高路滑，冻饿难忍，这一路是跌跌撞撞的。曹福看到小姐曹玉莲难以抵御雪山的寒冷，便脱下身上的衣服给玉莲，自己不幸冻死在雪山上。戏里是说曹福因为善行救主，感动了天上的神仙，王母娘娘感其舍己护主，封曹福为南天门土地。到这时，玉莲的婆家大同总镇派来接她的人才将将赶到，曹福却已经魂归天府。

更惨烈的是《九更天》马义救主的故事，即使在所有的义仆戏里，这样的故事也不多见。民国年间周信芳演出的

《九更天》轰动一时，是以他的艺名"麒麟童"命名的麒派最具代表性的剧目之一，亦属马连良的马派艺术代表作。民国年间京剧舞台上盛行的《九更天》，基本是戏曲各乱弹剧种的同名剧目改编的，其剧目的来源则是清初朱素臣的《未央天》传奇。看来清代几个世纪里，该剧已经在各地演出了很多年，目前所知，至少川剧、秦腔均有该题材的演绎，《九更天》还是粤剧的"江湖十八本"之一，不过粤剧版剧情除马义救主的核心情节之外，另有变异。

朱素臣最优秀的作品是《双熊梦》，该剧就是广为人知的《十五贯》，其剧情非常奇特，说明作者擅长创编曲折异常的戏剧故事。而看《未央天》，这个特点同样鲜明。《未央天》讲了一个惨绝人伦的古怪离奇的刑案。

主人公马义是米新图家的老仆，他向朝廷察访使闻朗申诉冤情时叙述："我家主有个胞兄米新国，侨居秣陵，捎书远接，临终嘱咐，将妻陶氏归宗。我主人要会同族长，搬丧接嫂，登程未已。不想陶氏被杀，首级无存。地方罹罪，移祸主人……那问官暗昧，罗织成招，律斩无疑。"故事的实际内容比这要稍复杂一点，说是有杭州籍的米家兄弟，久住秣陵，哥哥米新国病重，捎书让远走他乡避祸的弟弟赶紧回家见最后一面，米新图自然是匆匆归来，兄长临终前将小妾托付给兄弟照顾。而这个小妾陶氏本是个不正经的女人，早与隔壁的浪人侯花嘴有私情，米新国一病而亡，却碍着小叔叔在，无法相见。她想和米新图勾搭一番，夜半敲门，却被米新图拒之门外。清晨起来，米新图感觉此地不宜久留，匆匆回转故乡，想着还邀族人一同前来接取嫂子为宜，这倒恰好给侯花嘴创造了一个和陶氏继续私通的机会。

米新国既然亡故，侯花嘴又嫌自己的结发妻子既丑又恶，就想了一个坏主意，要对自己的老婆下狠手，他和陶氏好做长久夫妻。侯花嘴果真回家实施，平日里他这老婆蛮横霸道，拈酸吃醋，让侯花嘴不胜其烦，只好步步退让，如今不仅是不在乎给老婆留什么脸面，连命都不想让她留了。这个平日里见老婆像老鼠见到猫的侯花嘴，居然毫不费力地就把老婆给杀了，不只如此，还把老婆的头颅烧毁，然后将这无头尸首搬到米家，套上陶氏的衣裳，至于陶氏，就接到家里来藏着。有村民来到米家凭吊，发现这具无头尸首，难以分辨是哪位，总以为既在米家，必定是陶氏被杀了，又发现他兄弟米新图突然离去，再有侯花嘴添油加醋，说是昨夜晚听到邻居家里的动静和陶氏的哭声，看来突然离去的米新图极具逼奸嫂子不从后杀人潜逃之嫌疑。一众告到官里，那县官一听，立马派人捉拿米新图。米还未走远，天上掉下这宗官司，糊里糊涂被抓回秣陵。县官大刑伺候，将米新图屈打成招，真是"暗室不欺，反遭冤狱"。但这尸首的头颅不知去向，终究无法结案，这县官也算认真，想了个更绝的招：三天一次拷打米新图，逼问陶氏头颅的下落。这就是马义说的"问官暗昧，罗织成招"，但其实整个故事，到这里才进入最关键性的情节。

主人系狱，马义当然要去牢里探望，他对主人是否犯案的情形和原由并不清楚，只不过看到主人如此痛苦，尤其是三天一次的酷刑，真有感同身受的不忍。他一心想着主人必定是冤枉的，要想法子搭救，要去京里告御状。米新图无法忍受三天一次的苦刑，但因为人确实不是他杀的，就算可以屈招杀了陶氏，然而如何招得出死人头颅的下落？比起主人的冤情，马义更急的担忧是米新图要经受三天一次的刑讯，恐怕等不到自己京城告状雪冤，主人就要死在这酷刑之下，纵然没有被打死，也会因受不了苦刑而自寻短见。马义回家，和自己的家人提及此事，言语中透露出自己一家如何尽受主人米家恩惠，老妻明白了他的意思，毅然服毒自尽，马义强忍悲痛，割了妻子的首级去到县衙，说是首级已然寻到。

故事讲到这里，有许多显而易见的漏洞，且按下不表，接下去的情节发展，就是马义来到京城朝堂专门为纠正各地冤案所设的登闻鼓院告状。从魏晋到唐宋，朝廷有设"登闻鼓"的制度，于朝堂外悬鼓，以使有冤抑或急案者击鼓上闻，从而成立诉讼，《未央天》说的是汉代的故事，那时似乎还没有登闻鼓院，不过既是戏曲，我们也不必过于追究这些细节。戏里清正廉明的御使闻朗刚刚入值登闻鼓院，这桩奇案就刚好落到他手上。只不过在闻朗看来，县衙这官司断得清清楚楚，"米新图强奸杀嫂，首级现获，御批即时处斩"。如此说来，马义断送了老妻的性命，反倒是将主人送上了断头台；其实米新图也是这样想的，他听马义来报，破口大骂说："原来你是个狼心的狗才，见我遭此奇祸，在荒郊野外，寻此首级，入我之罪。罢罢，我拼得这性命，就死在你身上罢！"似乎完全忘记自己因无法承受三天一次逼交出死人头颅的酷刑，早就起了要自尽的念头，他并不知道那头颅居然是马义老妻的，在他看来，马义"你陷主悖家奴，害我埋冤千丈也"。马义一片忠心，只是想着既然主人蒙冤，终究有真相大白的地方。他在登闻鼓院向御使闻朗面诉真情："只为问官酷刑追比，小人妻子，不忍见主人血比之苦，服毒身亡。小人断取首级，诉称陶氏，略宽主人比限的。"但这样的说辞并不容易令人信服，即使是心如明镜的御使闻朗，也感觉这说辞匪夷所思，几次三番下令把这胡说八道的老儿"叉出去"。但马义坚持要告状，最精彩也最血腥的一刻就在此处。

登闻鼓院是个规矩特别大的所在，要在这里告状，可以啊，先得过上一关，滚钉板。这乌台初建，先选官员，再造钉板，要上这里告状的人，先要经受滚钉板之考验，通常不是天大的冤枉，或者是胡搅蛮缠的主儿，这一来就被吓回去了。这当然是民间演绎，但对老百姓而言，倒不失为一种具有想象力的制度设计，"四大奇案"之一"杨乃武与小白菜"的故事中，杨乃武的姐姐进京为弟弟申冤告御状时，就是先经受了滚钉板这血淋淋的考验后才得见慈禧太后，为弟弟取得赦免的，这虚构的情节，想必就是受了朱素臣《未央天》的启示。我不敢肯定在《未央天》之前是不是就有类似的民间传说，如果要到古代正式的法律制度中找，恐怕是找不到这个规定的，因此它只是戏说而已；不过同样的戏剧情节，用在《未央天》里的马义身上，比在杨乃武的姐姐身上要更合适一点，因为按这戏里的说法，告状人是要赤膊滚钉板的，那钉板上全是尖头的铁钉，一路滚过去，要多痛有多痛，浑身是血，真是半条命先丢在这里，然后再讲官司的事儿。民国年间麒麟童的《九更天》之所以常演常满，除了周信芳表演的精彩之外，演出广告也不免要特别强调一下是要"当场出彩"的，意思就是要在台上见红，演员必须果真赤膊上阵，一路滚钉板地表演过去，身上还必须血红一片。办法大抵是旁边扮皂隶的演员事先暗藏颜料包，当主演在假的钉板上一滚而过后，趁观众不注意时喷在他身上，看起来煞是惊人，每演至此处，剧场里都是一阵轰然。上世纪五十年代禁演这个戏，与此也不是没有关联，"宣扬奴隶道德"固然是它被禁演最主要的原因，但舞台上血腥刺激的场面，已经不止于少儿不宜了，"净化舞台形象"的风刮到它头上，禁演的理由也足够足够。现在重新演出的《九更天》，包括秦腔的名剧《滚钉板》，当然不再那么夸张血腥，连带着在舞台上当场出彩的窍门也已经失传。传奇《未央天》从清初就有演出，当年的表演不至于如此耸动，无论如何，对主人忠心耿耿的马义，就这样"除巾帻，解佩囊"，一路往钉光密密上滚了过去。闻朗这才为之所动，觉得"如此下贱之人，有此忠肝义胆，拼命前来，为主申冤"，看起来恐怕是真有冤情也未可知，不重新审理是说不过去了，即刻上奏朝廷，请旨再审此案。

故事在这里又有新的波澜。闻大人确实有主持公道的意愿，而且他真的从皇帝那里请来了再审的圣旨，并且迅速赶往案发地秣陵。但是既然县衙里已经找到被害人的首级，案子已经定谳且上报朝廷御批复核完成，行刑处决之期定在十七日寅时三刻，闻大人即使要再审，那也得人还活着才有意义，他便立刻发下公文，要地方官"停刑等候"。可惜千里迢迢的，算来算去，公文最快要十七日未时才到县里，堪堪迟了四个多时辰。人都死了四个时辰，再要重审，那就只能算所谓"迟来的正义"了。

美国《布莱克法律词典》里收录了一条法律谚语：正义既不能缺失也不能迟到，学者一般理解为，"迟到的正义不是正义"。放到《未央天》米新图的案子里说，我宁愿相信后者——迟到的闻大人即使经过再审，发现县官确实判错了案子，米新图的性命又如何救得回来呢？马义的钉板基本上不就白白地滚了，更遗憾的是他的老妻就白白地死啦。

此情此景，闻大人无计可施，只能尽力而为，但神仙有办法。戏里的神仙是一种奇妙的存在，平时不见踪影，总在关键时出场，平日里我们总以为天道人道并存，但在人事所不尽之处，要实现正义，就需要天道的力量。这是人世间的无奈，也是一种善意的心理期待，假如马义救主，竟然还是以主人被冤枉屈杀为结局，岂不是太让人遗憾，这样写戏，观众是通不过的，所以就无须忌惮，请出神仙灵怪帮忙吧。

前面已经早有铺垫，病故的米新国因日常操行优异，就被封为城隍，他知道啥时天亮是由未央天宫主主管的，于是奏请未央天宫主，让他们想个施救的方法。宫主邀集日月两宫风云两府商议，怎么办呢？让天晚些亮吧。原本五更天亮，可这天足足拖了四个时辰，到九更才亮。天亮才好行刑啊，然而等到九更，闻大人要县官"停刑"的公文就追到了，命悬一线的米新图因此得救，他的冤情终于得以查清，所以后人又有把这个戏叫作《九更天》的。

故事到这里，就基本上圆满了，至于真正的罪犯形迹如何败露，又有另外的枝节，让人不得不佩服朱素臣的编剧才华。但即使如朱素臣，在如此复杂的情节中，还是不免有很多不太合理的部分，后人在该剧的演出中就陆陆续续地加以改编和调整。比如京剧《九更天》就把马义取其妻头颅改为杀了女儿，毕竟米新国的小妾年纪尚轻，用老太太的头颅提交上去，岂非立刻露馅。朱素臣为补这个漏洞，特地让戏里马义的妻子自述容颜年轻得很，但毕竟驻颜有术得令人难以置信。京剧改成马义用女儿的头颅给县官交差，换得主人免受酷刑之苦，顾了情节的合理性，然而马义要亲手割下女儿脑袋，实在过于残酷。其不长的演出史上始终伴随激烈的争议，从这部分看并不奇怪。

如果要说广义的义仆，《铁冠图》也值得一提。《礼记·礼运》说"仕于公曰臣，仕于家曰仆"，那么在皇宫里仆就是太监了。李自成大兵即将破城，崇祯帝无路可走，他遍招文武官员，无人理睬，只能仓皇中在煤山上吊，陪伴着他的只有太监王承恩。我们当然应该把太监看成是皇帝的奴仆，不是因为他们经常自称为"奴"。整个清代，满族大臣在皇帝面前都是自称"奴才"的，说起来这还是一种特权，汉臣在清代后很长一段时间里，都只配称"臣"而无权称"奴才"，因为"奴才"就是家里人了，"臣"是外人。乾隆皇帝还因有汉人随满人后面一同称"奴才"而大光其火，就是一证。至于明代，宫里的太监按例都是自称"奴才"的，所以说王承恩是崇祯的家奴，应该没有什么疑问。当然，王承恩没有替崇祯死，他只是陪着崇祯死。但我们也要看到，偌大一个明代的帝国权力体系，朝房后宫男女无数，崇祯掌权十数年，提拔重用了多少官员，但是到大厦将倾之时，居然没有人哪怕是象征性地装装样子，陪着皇帝走完人生最后一程，陪他死的只是这个太监。当然，宫里还有一位普通的宫女贞娥，她既非皇帝的血亲，亦不是什么嫔妃，她没有死的原因，只是为了活着替崇祯和大明朝报仇，比起王承恩更有担当。就王承恩而言，他能够做到陪崇祯自尽，已然是做奴才的极致。

如果要问众多的义仆戏里，仆人们是不是都如此单纯，满心里只有对主人的报恩之心，无论在什么情境都会义无反顾地牺牲自己成全主人，如同"君要臣死，臣不得不死"那样？答案是不。其实每部优秀的义仆戏，仆人之牺牲，都有比纯粹的主仆关系更复杂的内涵。

《南天门》里的曹福带着玉莲翻越雪山,这位忠诚老仆带着的是一位千金小姐,双方的沟通实在不易。自幼娇生惯养的千金小姐,哪里经历过徒步过雪山这样的苦楚,冷了累了,哭哭啼啼就是她最自然的反应,曹福看在眼里,愁在心里:"小姑娘啼哭坐道边,点点珠泪洒胸前。难道你冷我不冷,哪个多穿几件棉?"他脱下身上衣服给小姐,不只是仆人对主人家的忠心,更是一位历经贫寒的老人见小姑娘楚楚可怜时的相助。他图的是什么?锦衣玉食的小姐许他将来同享荣华富贵,老奴的回答是:"送姑娘到大同与公子配下,我不过吃一碗闲饭闲茶。"玉莲说"老哥哥百年后身归泉下,曹玉姐愿与你戴孝披麻",曹福的回复是"我死后四块板将我埋下,胜似你与老奴戴孝披麻"。虽然他也唱道"奴欺主就应该千刀万剐,怕的是五阎君差鬼来拿",但真正让他动心的却是这位小姐的不知世事。就像《一捧雪》那样,莫成自愿为主人替死,却谈不上有感恩的意思,《一捧雪》的某个演出本里,莫成是这样对主人说的:我有个儿子一直在服侍世子,可是世子的脾气有些不好,成天开口就骂举手就打,假如我替你死了,你能眷顾一下我儿子,让他过上好日子,那我死得就值了。一则固然只有莫怀古活着,尤其是莫家世子将来有个好前程,作为仆人的莫成的后代才有可能过上安稳日子;另一方面,莫成的一生得到如此结果,就是家族地位上升的最好机会了。

因此，如果要推究戏曲里许多替主而死的仆人的心理动机，实在并不容易。每个人的生命都一样珍贵，古今中外概莫能外，即使是在人分主仆的年代，这也是最基本的道理。人生道路上，难免遇上各种特殊的情境，优秀的戏剧作品要营造的就是各种奇情奇境，让主人公面对常情常理无法解决的困难，此时仅靠背诵一般的"人生指南"就不够了。这些义仆之所以为主而死，与其说是尽仆人的本分，还不如说是尽"人"的本分。人有智有愚，有贤有不肖，智愚并不是分辨贤不肖的依据，有学者认为《九更天》歌颂"愚忠、愚孝"，如果仅从字面上看，说马义对主人是"愚忠"并不为过。为救主居然杀了自己的女儿，孔子说"智可及，愚不可及"，从任何角度看，马义的行为确实都"愚"到了极点。然而人世间值得尊敬的也并不都是聪明人，"非关当世无青眼，自是人间少赤心"。这个世界上的所有一切有价值的，绝不是全靠那些聪明人成就，人的行为准则也绝不只是靠精心的算计。还有很多一般以为的笨人，他们只是按自然的方式，做了正确的事情，有很多并不知道或者无意去斤斤计较的人，托举着我们这个星球。

这些义仆，只不过在极端状况下，做了自己感觉应该做的事，无论莫成、曹福还是马义，假如在那样的场合不那样做，他们会内心不安。做好自己，我心安处是家乡，大抵说的就是这个意思，也算这些义仆们的心理支撑罢。

图书在版编目(CIP)数据

读库. 2203 / 张立宪主编. —— 北京：新星出版社, 2022.6
ISBN 978-7-5133-4932-1

Ⅰ. ①读… Ⅱ. ①张… Ⅲ. ①中国文学 – 当代文学 – 作品综合集
Ⅳ. ①I217.61

中国版本图书馆CIP数据核字(2022)第084206号

读库2203

主　　编：张立宪
责任编辑：汪　欣
责任印制：李珊珊

出版发行：新星出版社
出 版 人：马汝军
社　　址：北京市西城区车公庄大街丙3号楼　100044
网　　址：www.newstarpress.com
电　　话：010-88310888
传　　真：010-65270449
法律顾问：北京市岳成律师事务所
经销电话：010-57268861
官方网站：www.duku.cn
邮购地址：北京市海淀区万寿路邮局67号信箱　100036
印　　刷：北京雅昌艺术印刷有限公司
开　　本：770mm×1092mm　1/32
印　　张：11
字　　数：220千字
版　　次：2022年6月第一版　2022年6月第一次印刷
书　　号：ISBN 978-7-5133-4932-1
定　　价：42.00元

版权专有，侵权必究；如有质量问题，请与读库联系调换。客服邮箱：315@duku.cn

我们把书做好　等待您来发现

读库微信

读库天猫店

读库App

读库微博：@读库
读库官网：www.duku.cn
投稿邮箱：666@duku.cn
客服邮箱：315@duku.cn